国家出版基金项目
NATIONAL PUBLICATION FOUNDATION

"十二五"国家重点图书
出版规划项目

U0627399

来西亚经济社会地理

XIYA JINGJI SHEHUI DILI

《研究》第二辑

唐元平 编著

中国出版集团
世界图书出版公司

图书在版编目（CIP）数据

马来西亚经济社会地理/钟继军，唐元平编著. —广州：世界图书出版广东有限公司，2015.1

ISBN 978-7-5100-7525-4

Ⅰ.①马…　Ⅱ.①钟…　②唐…　Ⅲ.①经济地理—马来西亚　Ⅳ.①F133.899

中国版本图书馆CIP数据核字（2015）第010002号

马来西亚经济社会地理

项目策划：陈　岩
项目负责：卢家彬　刘正武
责任编辑：程　静　李嘉荟
出版发行：世界图书出版公司
　　　　　（广州市新港西路大江冲25号　邮编：510300）
电　　话：020-84459579　84453623
　　　　　http://www.gdst.com.cn　E-mail：pub@gdst.com.cn
经　　销：各地新华书店
印　　刷：广东虎彩云印刷有限公司
版　　次：2014年12月第1版
印　　次：2020年12月第2次印刷
开　　本：787mm×1092mm　1/16
字　　数：250千
印　　张：16
ISBN 978-7-5100-7525-4/K·0282
定　　价：64.00元

总　序

　　东南亚(Southeast Asia)位于亚洲的东南部,分为中南半岛和马来群岛两大部分,包括位于中南半岛的越南、老挝、柬埔寨、泰国、缅甸和位于马来群岛的菲律宾、马来西亚、文莱、新加坡、印度尼西亚、东帝汶共11个国家。东南亚地处亚洲与大洋洲、太平洋与印度洋的"十字路口"。东南亚各国拥有丰富的自然资源和人力资源,为经济发展提供了良好的条件,形成了以季风水田农业和热带种植园为主的农业地域类型,但经济结构比较单一。20世纪60年代以来,东南亚各国大力发展外向型市场经济与国家宏观调控相结合的经济发展模式,一是大力发展制造业,二是扩大农矿产品的生产和出口,三是深化各个层面的区域经济合作,这使得东南亚成为当今世界经济发展最有活力和潜力的地区之一。

　　东南亚是中国的南邻,自古以来就是中国通向世界的必经之地。在历史上,绝大多数东南亚国家就与中国有友好往来,在政治、经济、文化上关系密切,中国人民和东南亚各国人民结下了深厚的友情。在未来的历史进程中,随着中国和东南亚国家经济建设的飞速发展和社会的进步,以中国—东盟自由贸易区为代表的双边和多边的友好合作关系也将进入一个不断发展,更加密切的历史时期。

　　作为一个地理范围广袤、地缘位置重要、人口众多、多样性突出的地区,东南亚各国的经济和社会发展也各具特色。在未来新的世界政治、经济格局中,东南亚在政治、经济上的作用和战略地位也将更加重要。而加强对东南亚国别和地区研究,特别是加强对东南亚经济社会的研究与交流,可以帮助中国人民加深对东南亚的理解。为此,云南大学东南亚研究所在相关高校和研究机构同仁的大力支持之下,与世界图书出版广东有限公司成功组织并申报了2014年国家出版基金项目——《东南亚研究》第二辑,本丛书即该项目的最终成果。

　　本丛书试图从经济地理学的角度,结合社会经济因素、自然因素和技术因素三要素，来研究东南亚国家经济活动在一定地区范围内的时空分布、形成和发展规律。具体而言，就是研究东南亚国家及其境内各地区的农业、工业、交通运输业、旅游业、贸易、投资等的布局规律。本丛书认为，在一定生产力条件下，人类总是把争取以最小的劳动消耗，取得最佳的经济效益，作为发展生产的基本目标。为实现这个目标，除了劳动者和劳动手段的有机结合以外，还必须进行经济布局，即把经济活动的场所选择在生产条件最好的地区或地点进行。但是，经济布局不是凭主观意志来确定的，而是社会经济发展的需要与客观条件相结合的产物。东南亚国家的地理环境及其与周围地区或国家的关系，对该国经济的发展起着不可忽视的作用。优越的地理环境，良好的区位优势能为其经济发展提供便利条件，反之则会制约其经济的发展。

参加本丛书编写的作者主要为云南大学东南亚研究所的专家学者，解放军外国语学院、广西大学、广西社会科学院、华南农业大学的专家学者也参与了本丛书的编写工作。本丛书参编人员长期从事东南亚经济和社会研究，精通英语和东南亚语言，有赴东南亚留学、工作或访学的经验，并与东南亚各国相关专家长期保持交流与合作关系，也掌握了大量资料和数据，这为完成本丛书的编写奠定了坚实的基础。我们希望本丛书的出版有助于国人加深对东南亚经济和社会发展的认识，有助于深化中国—东盟自由贸易区、21世纪海上丝绸之路以及南方丝绸之路的建设，从而为夯实"亲诚惠容"周边外交新理念、打造周边命运共同体添砖加瓦。

由于丛书涉及面广，和资料收集、学术水平诸多因素的限制，书中的分析与论述难免存在疏漏与不足，恳请各位专家和广大读者批评指正。

《东南亚经济社会地理》丛书编辑委员会

2014年11月 于昆明

引　言

马来西亚联邦（Federation of Malaysia），俗称大马，是东南亚一个具有悠久历史的文明古国。马来西亚位于亚洲大陆和东南亚群岛的衔接部，亚洲、大洋洲大陆与太平洋、印度洋的交汇处。马来西亚是一个群岛国，处于赤道附近，靠近马六甲海峡，其地理位置优势十分明显。马来西亚自然资源和矿物资源丰富，林业、渔业、畜牧业和野生动植物资源也很丰富。近几十年，马来西亚社会、经济发展迅速，由原先的农业国转变为以制造业为主、第三产业快速增长的新兴多元化经济国家。

建国后，马来西亚人口一直保持快速增长，远高于世界和发展中国家的平均水平。目前马来西亚的人口结构仍属年轻化，但也呈现出进入老龄化社会的趋势。

马来西亚是个多元种族国家，有塞芒人、赛诺伊人、贾昆人及少量欧亚混血人等32个民族和部族，以马来人、华人、印度人三大民族为主体。马来西亚政府全面推行"马来西亚化"政策，与民族有关的规定都是为了实现"马来化"，而在政治、经济、文化教育等方面对华人、印度人和其他民族进行限制。民族矛盾和种族冲突成为马来西亚社会稳定和经济发展的一大障碍。随着马来西亚政府采取务实态度和积极举措，国内的民族关系也逐渐朝着更和谐的方向发展。

历史上，马来西亚是以经济作物出口为主的农业国家，农业结构过于单一，国家粮食自给率低。近几十年来，政府采取一系列振兴农业的措施，取得了较显著的成果：以水稻为主的粮食作物生产与供应保持稳定，以油棕为主的经济作物产量及其出口量继续保持国际领先水平，以渔业为首的副业发展取得一定成效，初步实现了农业结构的多样化发展，农业集约化和机械化程度提高，农村人口贫困率逐渐下降。总体上，马来西亚农业经济结构不平衡局面得到改善，农业经济朝多元化方向发展，但也面临一些困境和挑战：粮食作物供应依赖国外进口，农业劳动力流失严重，耕地面积不断减少，农业部门内部发展不平衡，等等。

经过近30年大力改造旧的经济结构,马来西亚快速建立了规模完整的工业体系,工业在国民经济中所占比例最大,成为一个新兴工业化国家。马来西亚重点发展出口导向型经济,工业向技术密集型转型,并且注重增加工业产品的附加值,现已成为东南亚地区主要的半导体组件产销国和汽车装配、钢铁、石油化工生产国。马来西亚制造业以食品加工、电子电器业、木制品业、炼油业、橡胶产品业和非金属矿产品业为主,其中精炼石油产品、化工产品、电子元件及电路板制造和动植物油脂制造所提供的产值最大。马来西亚政府还在全国多个地方设立自由贸易区和工业发展区以推动工业发展,2006年以来相继启动了伊斯干达发展区等五大经济发展区的建设。

服务业在马来西亚国民经济中的地位不断上升,传统服务业的比重逐步下降,现代服务业的比重日益提高,金融业发展稳健,旅游、商贸服务业发展良好,已成为马来西亚经济增长的重要力量。政府实施国内金融制度改革,采用先进技术设备,大大提高了金融效率;旅游业持续发展,成为服务业发展最快的行业,实现了可观的外汇收入,提供了大量就业机会。马来西亚交通设施比较发达,已经形成了以首都吉隆坡为核心,由铁路、公路、海运及航空组成的完备的交通网络,具备了比较完善的交通体系。交通运输业排名依次为公路、铁路、空运、海运。道路运输在运输行业中占据重要位置,客货运量均保持第一;铁路运输在全国交通中占据第二位;马来西亚的港口设施较为发达,装箱港的吞吐量超过2 000万标箱;2012年,马来西亚航空运输量达到34.4万次。

马来西亚经济对国际市场的依存度高,对外贸易在国家经济中占有很大比重。马来西亚政府长期以来实施开放的贸易政策,仅部分商品的进出口会受到许可证和其他限制,马来西亚成功利用了生产国际化和世界贸易,有效发展了本国经济。2013年,外贸总额达13 688.8亿马币,创历史最高记录,其中出口额7 198.2亿马币,进口额6 490.7亿马币。出口产品主要是电气电子产品、棕油及棕油制品、石油制品、液化天然气、石油、木材及木材制品等,进口产品主要是电子电器、机械设备及零配件、化学化工品等。马来西亚一直欢迎外商在制造业领域的投资,2013年外来直接投资额达387.7亿马币,主要投向领域为制造业、服务业及矿业。马来西亚政府对本国资本的海外投资也持鼓励态度,2013年马来西亚企业海外投资额达1 328亿马币,主要涉及服务业、采矿及采石业、农业、制造业、建筑业。

目　录

第一章　自然地理及经济区划

一个国家的地理环境及其与周围地区或国家的关系，对该国经济的发展起着不可忽视的作用。优越的地理环境、良好的区位优势能为其经济发展提供便利条件，反之则会制约其经济的发展。对此，马来西亚的地理环境对其经济发展的作用同样不可低估。

第一节　地理条件

马来西亚（马来语：Malaysia①），全称"马来西亚联邦"（The Federation of Malaysia），俗称大马，是东南亚一个具有悠久历史的文明古国。马来西亚是一个由前马来亚联合邦、北婆罗洲及沙捞越所组成的联邦制国家，目前全国共13个州。1957年8月31日在英殖政府的赞同下，马来亚联合邦宣布独立。同年，以君主立宪成立一个新的国家。1963年8月31日，英属的新加坡和北婆罗洲宣告独立，1963年7月22日，英属的沙捞越宣告独立，并于1963年9月16日加入马来亚联合邦，改名组成马来西亚。至此，马来西亚成为一个由马来族、华族、印度族及东西马原住民族等多民族共存的国家，缓慢进入和平与发展的新时期。

一、区位与国土

马来西亚的领土面积排世界第66位，土地面积329 847平方千米。位于亚洲大陆和东南亚群岛的衔接部，亚洲、大洋洲大陆与太平洋、印度洋的交汇处。位于赤道北部，纬度介于北纬1°与8°（有一小块区域在1°以南），经度介于东经99°与120°之间，地处东南亚地区的中心位置。②

马来西亚主要由东马来西亚（简称东马）及西马来西亚（简称西马）组成，中间隔着南海。陆地相接的邻国有西马北部的泰国，以及与东马相邻的文莱和印度尼

---

① 《马来西亚联邦宪法》第一条第一款：联邦的马来文与英文名称为"Malaysia"。
② 该数据采用维基百科CIA. The World Fact Book：Malaysia。

西亚，并与南方的新加坡通过柔佛海峡相连接，领海邻接越南与菲律宾。西马西部与西南部隔着著名的海上重要通道——马六甲海峡——与印度尼西亚的苏门答腊岛相望，东濒碧波万顷的南海，是马来西亚的政治、经济、文化和交通中心，面积13.2万平方千米。东马位于加里曼丹岛（婆罗洲岛），包括沙捞越、沙巴2个州，分别与文莱及印度尼西亚的加里曼丹相连接，面积19.8万平方千米。具有长达2 607千米（1 620英里）千米的海岸线。东马、西马两地间距离最远处约1 500千米，最近处约530千米。马来西亚海岸线总长约为4 830千米，陆地边界线总长2 700多千米。

马来西亚是一个岛群国，处于赤道附近，其地理位置优势十分明显。从马来西亚向北，可以穿越柬泰、柬老之间的众多山口，经由泰国或老挝进入中国，进而深入亚洲大陆腹地。从马来西亚向东，可以进入南海，进而通达东北亚诸国乃至太平洋彼岸的美洲各国。从马来西亚向南，可以前往大洋洲澳大利亚。从马来西亚向西，则可以穿越泰国、缅甸，然后进入孟加拉国和印度等南亚国家。马来西亚一直以来是东西方交通的要冲。

马来西亚的地理位置优势在20世纪末再次凸显。在1981—2003年马哈迪担任总理期间，马来西亚经历了经济的快速成长。由于地理位置便利，马来西亚由原先以农业为基础的经济，转变为以制造业为主的经济，特别在电脑与消费性电器产品制造业方面发展迅速。在这段期间，马来西亚的地理景观也因着多项大型计划而发生改变。在1991年6月17日，马来西亚总理穆罕默德·马哈蒂尔向议会提交了一份长达177页的《第二个前景规划纲要》。这份新规划描绘了马来西亚今后十年的经济发展蓝图，制订了新的发展目标和发展战略，以消除贫困和国内经济的不平衡，从而缓解国内各种族间的紧张关系为目的。

二、地形地貌

马来西亚地形特点非常鲜明，看过去像是一大片树叶漂浮在太平洋和印度洋之间，成北高南低走势，全境属丘陵地带，三面环水，境内多山。中央山脉由北向南延伸，把西马分割成东西两部分。中央山脉以东的土地比西部土地广阔，为低矮的丘陵，海拔在50米以下，分布着宽窄不等的冲积平原，平均宽20—30千米，地势低平，土壤肥沃，是主要农作物区。东马地势从内地向沿海逐渐降低，沙捞越地势由东南向西北倾斜，其西部沿海为冲积平原，宽8—80千米，内地为森林覆盖的丘陵和山地。沙巴的海拔高度由中巴向东西两侧递降，其西部沿海为冲积平原，内地大部分地区为森林覆盖的山地。

马来西亚大部分的沿海地区都是平原，中部则是布满茂密热带雨林的高原。西马约占全国陆地面积40%，从北到南延伸740千米，最宽的部份是322千米。东西海岸地区是由蒂迪旺沙山脉所区隔。蒂迪旺沙山脉是属于半岛中心地带的一系列山脉的一部份，是西马某些河流的源头。围绕西马的海岸平原最宽达50千米（31英里），半岛的海岸线长度将近1931千米（1200英里），但只有在西海岸才有港口。

东马位于婆罗洲，具有长达2607千米（1620英里）的海岸线。其地形可分为海岸区域、丘陵与河谷，以及内陆山区。克罗克山脉由沙捞越向北延伸。穿过沙巴中央，将它分成东西两边。京那巴鲁山位于这座山脉，它海拔4095.2米，是马来西亚最高的山峰，由京那巴鲁国家公园所保护，是联合国教育、科学及文化组织指定的世界遗产。这些山脉的最高一层构成了马来西亚与印度尼西亚的疆界。沙捞越拥有姆禄洞穴，这也是世界最大的洞穴群。

当然，马来西亚岛屿众多，其中有许多风光绮丽、物产丰富的海岛，如槟城、兰卡威、乐浪岛、邦咯岛、刁曼岛、诗巴丹岛等等。但是大部分面积较小，其中较大的岛屿有三个，分别是槟城岛、浮罗交怡岛和邦咯岛。

总体来讲，马来西亚境内有高山，有平原，背靠山川，面向海洋；内地既有湖泊，也有河流，水网密布，土地肥沃，发展种植业具有得天独厚的条件。但另一方面，马来西亚农业也经常遭受季节性洪涝灾害和部分地区干旱的影响，这在一定程度上影响着马来西亚农业经济的发展。

三、气候条件

马来西亚地处北纬1°—7°之间，靠近赤道，由于深受海洋影响，形成了独特的热带雨林气候特点，无四季之分，全年高温多雨，温差极小，相对湿度大。平均湿度为60%—90%。月平均气温低地在26℃—27℃，各地相差仅1℃—3℃。山地平均气温不低于18℃，仅最高的峰岭地带月平均气温在15℃以下。中部金马伦高原一带，是马来西亚最凉爽的地方，终年气温在15℃—25℃之间。其他地区的气温由于受到海洋的调节，也不是太炎热。在沿海地区，白天平均最高气温为31℃—32℃，很少超过34℃—36℃，霹雳州的红毛丹是西马最热的地方，中午气温最高也不会超过40℃。首都吉隆坡气温一般在30℃左右。位于吉保山脉中段、吉隆坡东北方50千米处的云顶高原,海拔2000米,全年平均气温约22℃,空气清新怡人,是著名的旅游避暑胜地。东马一些海拔较高的山地,气候也比较凉爽。马来西亚年温差较小,但是日夜温差较大。白天炎热,夜晚较凉爽。而且几乎每天午后都有一阵骤雨,并伴随着惊天动地的雷声,这是马来西亚的特有的自然景象。日温差大,有利于农作物生长发育。夜晚温度较低,作物叶子呼吸强度低一些,碳水化合物的消耗量也相应减少,这使得作物生长旺盛,衰老迟缓,产量高。一般说来,马来西亚没有明显春夏秋冬四季之分,故有"四季皆夏,一雨成秋"的说法。

马来西亚雨量充沛,平均年降雨量达2000—2500毫米,东马平均年降雨量则在3000毫米以上,但一年中降雨比较均匀。西马最高降雨量可达3000毫米,而东马最高可以达到4000毫米。从每年的10月到次年的3月,受来自亚洲大陆东部的寒冷的东北季风影响,形成雨季,降雨量大,月降量可达500—600毫米。这个时期的降雨量占全年降雨量的45%—65%。但是因为气候等的影响,使有些地方在某一时期出现缺水现象。如每年的5—9月,受印度洋及爪哇海吹来的暖湿的西南季风影响,降雨量较少。有时甚至一周才下一次雨,并且气温较高。其中6—7月份是降雨量最少的月份。但是即使是在降雨量最少的7月份,月降雨量也不会低于100毫米。[1]

马来西亚位于赤道,风力微弱,地面风速不大,一般在3级以下,特殊情况也一般不会超过5级。马来西亚基本保持一年两次的季风期,即4月、5月和10月的东北季风和西南季风。这对古时候满载布匹及杂货的船舶行使来说非常有利,曾被商人称颂不已。除这两个季风外,还有海陆风。白天风从海上吹向陆地,夜晚风从陆地吹向海洋,有利于出海航行。但是在刮西南季风时,马六甲海峡南段东岸一带,常在夜间或黎明前发生猝发性风暴。

总体而言,马来西亚的气候条件有利于经济特别是农业经济的发展。在这种优越的自然条件下,马来西亚人民很容易就能获得生活资料。但是,马来西亚农业以热带经济作物为主,产品绝大部分都是出口,导致农业中粮食生产相对不足。世代生活在这种优越的自然环境中的马来西亚人民,同绝大多数热带地区的民族一样,形成容易满足的民族性格。此外,马来西亚地处热带,气温较高。常年在

---

① 马燕兵、张学刚、骆永昆:《列国志·马来西亚》,北京:社会科学文献出版社,2011年版,第8页。

高温下生活，会使人产生惰性。例如，在气温较高的旱季，马来西亚人在田间劳作的时间比较短，午休时间相对较长。因为闷热的气温常常使人昏昏欲睡，打不起精神，更无法从事田间劳动或其他体力劳动。

第二节　自然资源

马来西亚自然资源丰富，盛产热带硬木，橡胶、棕油和胡椒的产量和出口量都居世界前列。马来西亚石油储量丰富，此外还有铁、金、钨、煤、铝土、锰等矿产。而且曾经是世界产锡大国，但因过度开采，产量逐年减少。马来西亚原始森林中，栖息着各种异兽珍禽，如善飞的狐猴、长肢棕毛的巨猿、白犀牛和猩猩等等，鸟类、蛇类、鳄鱼、昆虫等野生动物数量也很多。兰花、巨猿、蝴蝶被誉为马来西亚的三大珍宝。

一、水资源及其利用情况

在各种自然因素中，水资源对马来西亚农业生产的布局，特别是对农作物种类和品种的分布、复种指数和产量有着较大的影响。马来西亚的水资源主要来自降雨以及南海水系。由于马来西亚地处热带雨林气候，全年高温多雨，加之境内水系发达，大小河流犹如蛛网，纵横交错，造就了肥沃的土壤，构成了丰富的水资源供应网络，为马来西亚经济特别是农业经济的发展奠定了重要基础。

（一）河流

马来西亚境内的河流众多，水资源丰富。西马的河流顺地势高低，呈南向走势，全境河流以吉保山脉为分水岭，分别向东西两侧流入太平洋和印度洋。西马的河流大体上可以分为两大水系，其一是"南海水系"，即山脉以东较长的河流，多东向注入南海。其二是"马六甲海峡水系"，即山脉以西的河流，流程较短，多注入马六甲海峡。而东马的河流大多较长，水量也很大。马来西亚的河流水系有一个比较明显的特点，就是河流水深量大，极具通航价值。

1.彭亨河

彭亨河源于金马伦高原，汇集吉保山脉以东、大汉山以南、东海岸山脉以西诸水。注入南海。长434千米，流域面积29.137平方千米，约占半岛马来西亚面积的1/4。上游地势陡峻，穿行在山崖中。支流切穿山脉，多险滩与瀑布。中下游河水含沙量大，经常改道。东北季风期间，多山洪，三角洲上常泛滥成灾。下游两岸沼泽广布。瓜拉立卑以下320千米可通小船，淡马鲁以下可通较大木船。河口南岸有城镇北干。中下游沿岸是全国重点垦殖区。

2. 霹雳河

霹雳河是马来西亚霹雳州重要河流，也是马来西亚第二大河。源于泰国边境，自北而南纵贯全州，注入马六甲海峡。长350千米，流域面积15.151平方千米。较大支流多在左岸，由吉保山脉北段西坡诸水汇成。上游切割在山地中，多峭壁、峡谷与急流，富水力，建有珍德罗、巴登巴当、天孟莪、肯尼宁等几座水库与电站，水力资源的开发居全国各河之首。下游曲折，多沙洲，水浅，雨季常泛滥。沿岸多矿场、种植园和稻田，物产富饶，人烟稠密。流域为马来西亚重要的经济开发地区。河口巴眼拿督至安顺45千米通沿海轮船，安顺以上160千米通驳船。

3. 古兰丹河

古兰丹河是西马第三大河，全长280千米，上游在彭亨州，流向与上述两条相反，自南向北入海。流域面积约1.3万平方千米。可通航中小船只。

4. 基纳巴坦甘河

基纳巴坦甘河是东马沙巴第一大河流，全长560千米，流域面积1万多平方千米。河口宽960米，水深6—10米，可通航水域长为320千米。

5. 拉让河

拉让河在东马沙捞越境内，源于伊兰山脉，全长592千米，流域面积3.9万平方千米，既是东马第一大河，也是马来西亚第一大河。拉让河由南向北，支流多而长，特别是在下游，岔流如网，有4个较大的河口，河水都注入南海。

6. 巴兰河

巴兰河源自于东马沙捞越州内地势最高、雨量最丰富的东部山区，全长400千米，其支流长度、水量与水力都居东马各河流之首。

7. 卢帕河

卢帕河是马来西亚最宽的河流，河口以上50千米一段，河面宽4—5千米，再向上溯20千米，还可以行驶吃水2米深的轮船。

（二）湖泊

湖泊是决定一个地区经济发展的重要因素之一。淡水湖泊不但能为经济发展特别是农业的发展提供充足的水源和生活用水，而且还能调节气候，有利于农作物生长和人类正常生活。

美拉提湖，拥有150个小岛，位于加央以北8千米的湿地处，是一个以清澈著称的湖，湖水很浅，整个湖以木桥连贯。

肯逸湖，位于丁加奴州西北部，面积达26万公顷，共有340个大大小小的岛屿。不但是马来西亚最大的湖，也是亚洲最大的人造湖，湖内有各式各样的淡水鱼。

百乐湖，位于彭亨州的西南部，占地面积约2.4万公顷，是马来半岛最大的沼泽地。

（三）马来西亚水资源的开发及其存在的主要问题

马来西亚境内河流众多，蕴藏着丰富的水力资源，但水资源开发还存在一些问题和不足。在过去30—40年里，马来西亚发展非常迅速，全国主要城市人口急剧膨胀。与此同时，农业和工业化发展也对河流造成了严重的负面影响，对农业灌溉、航运、娱乐和旅游的水源水质和水量均产生不利影响，并且引发了洪水和水质污染。河流水质是马来西亚河流管理的主要问题。马来西亚97%的供水来自于河流，因此河流水质状况不佳将严重影响供水。目前马来西亚许多城市河流水质污染，主要与污染物排放、森林砍伐、集水区恶化、管理制度不合理和法律不健全等因素有关。

1. 污染问题。污染源包括点源和非点源污染，农业、畜牧业和工业等均会对河流水质和水生动植物的栖息地产生负面影响，从而导致环境恶化。

2. 森林砍伐和集水区恶化。19世纪70年代后期英国人到来之前，马来西亚森林覆盖率接近90%。在英国人统治期间，覆盖率下降到80%左右。到20世纪50—70年代，覆盖率约为70%。自2010年以来，根据联合国粮食和农业组织（FAO）提供的数据，该国62.3%的国土上覆盖着森林，其中只有8.8%被认定为原始森林。因此，大范围集水区恶化导致了河流含沙量增加。在吉打州、玻璃市州和槟榔屿州河流集水区的乌鲁慕达森林保护区的乱砍伐现象最为严重。

3. 相关管理制度不到位。联邦政府与州政府之间、州与州政府之间、州和地方政府之间的合作和融合均不密切，鲜有整合和协调流域内活动的正式机制。尽管雪兰莪州和沙捞越州的河流委员会（SRB）率先建立起一站式机构来管理河流，但其成功仅局限在州级层面上，且由多个部门和机构参与承担河流管理职责，并未委托单个联邦部门或政府部门独立执行。

4. 法律不健全。马来西亚联邦、州政府均制定了许多与水有关的法律，但缺乏一部综合性水法或河流法。目前，由各种政府级水务机构负责实施相关水法，这些法律大多基于部门制定，只注重水资源利用，忽略了水资源保护问题。[①]

（四）马来西亚加强水资源开发的主要举措

为发展经济、减少贫困、保障粮食安全和保护生态环境，近年来，马来西亚政府采取三大措施加大了水资源管理、开发和利用的力度。

1. 制定综合管理政策

为有效地进行河流管理，马来西亚政府明文支持和实施水资源综合管理（IWRM）和流域综合管理（IRBM），以改善河流和地下水水质。为确保排放污水不影响水质，联邦政府还对公共排水系统进行升级，并增建了几座集中式污水处理厂。在马来西亚第8个五年计划（2001—2005）期间，联邦政府适时提出政策来改善河流水质。以上计划的污染防治和水质改善框架中，要求26条河流的水质得到一定改善，其中6条河流整治从2001年开始启动。除此之外，在第3个远景规划纲要中也已明确指出，需要改善水质的河流有24条。通过负责国内河流管理的排水灌溉部（DID），联邦政府于2005年还实行了"一州一河"方案，要求各州排水灌溉办公室负责各州内一条主要河流的修复和水质改善工程。该方案涉及河流管理中的所有利益相关者，以便集中所有资源来进行河流修复和保护。结果表明，该法行之有效。基于此，马来西亚政府确定了以下目标：（1）到2015年，水体洁净、动植物可生存、达到Ⅱ类水质标准（水质指数为76.5—92.7）；（2）使河流及其周边地区成为天然的娱乐区域，确保河流远离行洪障碍；（3）成功实施IRBM制度；（4）通过"一州一河"计划，将该河管理的成功经验推广到其他河流。

2. 修建水质监测站

环境事务部（Department of the Environment, DOE）负责河流的水质监测工

作。该工作于1978年起步，旨在掌握河流水质的现状和变化，之后DOE的职能扩展到识别污染源上。目前，DOE负责监测该国143条河流水质的连续变化，共设有1 064个手动监测站和15个自动监测站。根据水质监测站的监测结果，将水质分为干净、轻污染和污染3个类别。再根据水质指数（WQI）的计算结果和马来西亚临时国家水质标准，进一步将水质分为I类、II类、III类、IV类和V类，其中I类水最好，V类水最差。I类和II类水经处理后可用于饮用水，V类水只适合航运。计算WQI主要基于生化需氧量（BOD）、化学需氧量（COD）、氨氮（NH3N）、pH、溶解氧（DO）和悬浮物（SS）6个主要水质参数。2006年，DOE登记了18 956家水污染源，其中9 060家污水处理厂（占排放量的47.79%）、8 543家制造业（占45.07%）、869家动物农场（4.58%）和484家农产品加工厂（2.56%）。目前，在雪兰莪州、霹雳州和柔佛州等经济较发达的州，污染源分布比较密集。

3. 做好污水处理系统

在马来西亚，河流主要污染物来源于生活污水排放，而检测河流主要污染物的方法是BOD（BOD负荷约88 391kg/d）。由马来西亚政府全资拥有的英达丽水（IWK）集团负责该国的污水处理，对河流水质管理起到非常重要的作用。IWK集团负责运行和维护5 567家公共污水处理厂、一条长14 190千米的污水管网，以及对100万户家庭的化粪池进行疏浚和污泥管理。IWK的管理范围覆盖了马来西亚的大部分地区，也为无人负责的其他区域提供技术服务。调查结果表明，在IWK的经营管理下，清洁河流的比例从1993年的28%增加到2007年的64%，轻度污染河流的数量也随之下降。

4. 各州参与管理

各州政府也参与了河流管理，比如以政府为主导的DID槟榔屿州分公司参与的河流修复项目。目标是到2015年，将两条"死亡河流"（双溪槟榔和柔府）的水质从V类提高到II类。[①]

二、土地资源及其利用情况

马来西亚土地总面积约3 280万公顷，可耕地面积约为1 150万公顷。马来西

---

① 陈艺荣:《马来西亚城市河流水质管理的措施与难点》，载《水利水电快报》，2013年6月，第34卷第6期。

亚农业耕种面积626万公顷（不含林业），其中粮食作物占地84.1万公顷，棕油种植面积410万公顷，橡胶种植面积125万公顷，可可、胡椒等6.9万公顷。马来西亚农业主要分支产业有种植业、畜牧业、渔业、粮食及相关工业。主要产品有油棕、橡胶、可可、椰子、胡椒、木材等。①

　　由于马来西亚独立前受英国殖民统治，在独立后直到20世纪50年代末，该国几乎完全是一个农业国和产锡国。受此影响，马来西亚的土地资源利用率相当低。为此，自1966年起政府根据本国经济的特点，实行了7个五年发展计划，大力改造旧的经济结构。1970年开始施行新经济政策（NEP），实施期限为期20（1970—1990）年，即第一个远景规划纲要时期。该政策的基本指导思想是全面提升马来人的经济实力，建立以马来人为中心的社会经济结构。1991年6月，公布了国家发展政策（NVP）（1991—2001）取代到期的新经济政策。强调经济平衡发展，减少城乡差别，保护环境，继续新经济政策中的关于消灭贫穷、重组社会的目标，力图建立一个统一、公平的社会。马来西亚新经济政策和国家发展政策为全国发展提供了一个整体框架，而全国发展的一个重要组成部分不可避免的就落在物质要素——土地上。要成功实现国家发展政策和策略，将主要依靠土地立法、土地政策和自然规划框架这些互补要素。

　　此外，马来西亚土地资源还存在着一个最主要的问题，即经济增长的不均衡导致的人地矛盾。由于马来西亚的人口主要集中在吉隆坡和巴生谷地区，这些地区经济发达，人地矛盾十分严重，尽管已经开始向邻近的马六甲、森美兰、槟榔屿和柔佛等州进行人口疏散，其他地区却相对落后。快速城市化导致大量国内和国际非法移民涌入经济增长中心，引发了一系列城市问题：交通基础设施虽然已有所改善，但仍留有殖民地时期连接锡和橡胶产地与海港的早期交通需求的痕迹，并且主要集中在西部发展带，无法满足高速发展的城市交通需求。

　　综合而言，马来西亚土地资源还存在着如下问题。第一是涉及土地规划、土地开发控制、土地占有人的强制义务、购买土地、土地的公共发展和土地征税方面的公共权力问题。第二是包括关于土地购买、出售、租赁和抵押的法律和财税构架的土地市场问题。第三是用于控制土地利用的制度设计，这包括地方政府和

---

① 摘自《马来西亚农业生产和出口贸易概况》，中国商品网，2008年2月，http://ccn.mofcom.gov.cn/spbg/show.php?id=7099。

中央政府以及城市土地决策的一般监管设计。

针对上述问题，马来西亚政府从国家规划着手去解决问题。为了实现新经济政策和国家发展规划建立的总体框架，马来西亚政府从四个层面出手来协调发展规划框架内的行为。

第一个层面是政府、国会、内阁和国家行动委员会（一个协调和评估机构），负责制定政治、社会经济和行政性政策。第二个层面是国家发展规划委员会（NDCP），由来自各部和自治团体的代表组成。该委员会在向国家委员会提出建议之前，就国家政策的制定、评估、修改和国家预算的执行咨询国家土地委员会（土地管理最高决策机构，成员包括马来西亚13个州的元首或州长及有关部长，秘书处设在土地及合作社发展部）、国家财政委员会、联邦和州政府的意见，从而在各部和国家发展计划委员会的各部门（如经济规划部门、执行和协调部门、社会经济研究和总体规划部门和跨部门规划组）之间建立了联系。第三个层面是各部和自治团体，负责准备部门战略和计划并就其提出建议。经济规划部门评估这些部门提出的建议，然后向国家发展规划委员会提出建议。这样就能使国家发展规划委员会在较高的政府层面和较低的执行层面之间充当协调人的角色。第四个层面是州、联邦直辖区和地方当局。在这一层面制定部门政策和计划，并落实为更详尽的执行手段。至少从理论上州政府起监督作用。并确保地方当局在其划定的界限内执行计划。[①]

三、生物资源及其利用情况

马来西亚是个农业国，农业资源较为丰富，农业在国民经济中占主要地位。农业人口占总人口的84.3%，占劳动总人口的78%。此外，林业、渔业、畜牧业和野生动植物资源也很丰富。

（一）农业资源

从自然条件来说，马来西亚具有发展农业的优越地理条件。马来西亚地势平缓，平均海拔不高，多丘陵和沿海冲积平原，少崇山峻岭。而且气候温热，境内河流广布，虽流程不长，但流量较大，为农业生产提供了灌溉之利。加之土地租

---

① Michael J.Bruton, Jamilah Mohamad, JIN Chang, Chenly Wong, 哲伦:《新兴国家土地管理畅谈系列之四 马来西亚的土地政策与规划》，载《资源与人居环境》，2009年11期。

金低，劳动力廉价丰富，为热带经济作物特别是橡胶种植提供了得天独厚的条件，使得马来西亚成为世界上重要的热带经济作物产地之一。

马来西亚粮食作物的品种单一的状况十分突出，水稻是马来西亚占主导地位的粮食作物，其他粮食作物如玉米、木薯、硕莪、大豆等只有少量种植，产量在整个粮食产量中所占的比重微乎其微。而经济作物在马来西亚农业中占有举足轻重的地位。经济作物以橡胶和油棕生产为主，可可、椰子、烟草、胡椒、菠萝、茶叶等生产为辅。

1. 水稻

水稻是马来西亚的主要农产品，也是主要粮食作物。尽管马来西亚的气候条件优越，但长期以来马来西亚稻米的产量只能满足国内60%的需求。为了解决大米供应的紧张状况，马来西亚政府一直把大米列为各港口免税入港货物。政府还对水稻生产给予特别扶持。马来西亚政府制订了增加水稻产量的计划，采取了对水稻种植实现规模化经营（即把过去的小规模水稻种植通过联合的方式进行大种植园式的耕种）和提高农田管理等措施，促进水稻生产。但是，这些措施只是在局部地区获得成功，所取得的成效也只是减缓了稻米产量的下降趋势。

马来西亚稻谷的种植面积在20世纪90年代，徘徊在70万公顷的水平之下。其中，1991年的种植面积为68.36万公顷，1992年为67.28万公顷，1993年为69.34万公顷，1994年69.86万公顷，1995年为67.26万公顷。稻米产量也一直徘徊不前，1991年为135.36万吨，1992年为130.32万吨，1993年为134.3万吨，1994年为138.9万吨，1995年为138.2万吨，1996年产量仍不足140万吨。因此，马来西亚现在仍是大米的纯进口国，其中1991—1995年大米进口量分别为40万吨、44.3万吨、38.9万吨、33.54万吨、42.76万吨，其进口量大约占全国年消费量的1/3。马来西亚主要从东南亚两个最重要的大米出口国泰国和越南进口大米。

马来西亚全国各地均能生产稻米，但主产地集中在西马北半部以及东、西马的沿海平原。西马北半部的吉兰丹三角洲和吉打—威斯利平原被称为马来西亚粮仓。其他种稻较多的地区还有霹雳州的双溪曼尼、木歪—实吊远平原、雪兰莪州的丹基戎加弄、柔佛州的云冰—兴楼两河下游。马来西亚的稻谷分旱稻和水稻两种，其中水稻占绝大部分，旱稻只在丁加奴和一些内地山区种植。

2. 木薯

木薯在19世纪30年代就已经在马来西亚种植。1976年，木薯种植业在马来西亚发展到顶峰，当时的木薯主要用于加工淀粉，经加工后的淀粉主要出口销往英国、日本和加拿大等国家。目前，马来西亚木薯的种植主要用于加工小吃食品供应本国消费及出口。[①]

3. 硕莪

硕莪，俗称西米，硕莪主要是从硕莪棕榈木髓部提炼当中所储的碳水化合物而制作的食用淀粉，是马来西亚的辅食产品。硕莪棕榈主要分布在沙捞越州，喜高温高湿的生长环境，对土壤要求不严，耐瘠薄，所以，它是一种不经土壤改良也能实现经济栽培的作物。

4. 橡胶

橡胶是在1877年左右引种到马来西亚的，其原产地为南美。20世纪初扩大种植，到1920年代橡胶已成为马来西亚最主要的农作物。独立以来，马来西亚政府为了促进橡胶生产的发展，建立了橡胶研究和发展局、橡胶生产者研究协会等组织，并采取培育优良品种，改进种植方法、缩短橡胶成熟期、延长胶树盛产期等办法来提高橡胶产量。经过品种改良，胶树成熟期从原来的6—8年缩短到3—4年，盛产期延长到20年。然而，由于国际市场上天然橡胶价格的下跌，特别是1970年代合成橡胶的大量生产，冲击了天然橡胶市场。虽然天然橡胶的主要生产地东盟与合成橡胶的主要生产国日本通过谈判达成了限制合成橡胶生产的协议，但天然橡胶的市场份额毕竟受到了一定的冲击。在国内，随着其他经济作物，特别是油棕种植的发展，加上橡胶种植的比较利益低于油棕种植，胶农改植油棕，致使橡胶种植面积不断减少，产量直线下降。到1989年，橡胶的种植面积、产量和产值均退居油棕之后，天然橡胶已经失去了在马来西亚农作物中排列第一的地位。20世纪90年代以来，马来西亚橡胶种植走入低谷，种植面积持续下降。1991—1995年的种植面积分别为181.87万公顷、179.23万公顷、176.25万公顷、173.79万公顷、167.89万公顷。橡胶产量也在直线下降，1991—1995年，橡胶产量分别为125.57万吨、117.32万吨、107.43万吨、110.06万吨、108.94万吨。1996年橡胶产量比1995年下降0.5%，降至101万吨。马来西亚现在是世界第三大橡胶

---

① 盘欢：《亚洲11国木薯生产概况》，载《广西热带农业》，2009年05期，第31页。

生产国，退居泰国和印度尼西亚之后。与油棕种植形成鲜明对比的是，橡胶种植主要是依靠农户的小片种植，规模效益较差。种植园的橡胶种植面积还不及小农户橡胶种植面积的1/4。

目前，马来西亚仍是天然橡胶的净出口国，其橡胶产量有90%以上供出口。内销的部分主要是满足国内日益增长的以橡胶为原料的加工工业的需求。1997年第一季度，马来西亚国内胶乳需求量上升了89%，达11.85万吨。这是因为马来西亚政府制订了把国内生产的橡胶初级产品加工成高附加值产品，加工率从1995年的29%提高到2000年的50%，以提高橡胶出口的产品附加值。

5. 油棕

马来西亚的油棕产地主要分布在马来半岛南半部，即柔佛、雪兰莪、彭亨三州和下霹雳等地。近年来，随着棕桐油在国际市场上的走红，马来西亚其他地区，特别是东马的沙巴和沙捞越油棕种植的发展势头也十分强劲。

油棕原产西非，1875年引种到马来亚。1917年马来亚有了第一个油棕种植园。但直到1960年，马来亚油棕种植面积仅为5.4万公顷，产量仅达9万吨。20世纪60年代以后，随着世界油脂消费量增大，棕油市场价格不断上升，马来西亚选择油棕作为继橡胶之后的第二种重点发展的经济作物。政府为发展油棕种植采取了许多措施，如扩大老种植园，将产量不高的橡胶园和椰子园改植油棕。新开发的土地主要以油棕种植为主。对棕桐油出口征收低于橡胶的出口税，对油棕种植者提供资助，并扶持在全国各地建设棕桐油加工厂。建立油棕研究所，加强油棕种植及加工技术的研究来解决生产过程中出现的技术难题。由于政府的大力扶持，加上油棕种植的比较利益高于其他作物（油棕种植的比较利益分别是稻米的5倍和橡胶的1.6倍），马来西亚油棕种植飞速发展，1989年，其种植面积、产值和出口量、出口值均超过橡胶，成为马来西亚农业部门的主导作物。[①]

6. 可可

沙巴是可可的主要产地，其产量占全国产量的50%左右。另一个重要的可可产地是沙捞越，其产量占全国产量的20%左右。其余30%左右的可可产自西

① 王国平：《马来西亚的种植业》，载《东南亚》，1998年01期，第35—37页。

马。可可原产拉丁美洲，1778年被引进到马六甲。20世纪30年代在马来半岛雪兰莪州色当农业试验场开始种植可可树，生长良好。直到20世纪50年代，丁加奴州出现第一个可可种植园，但因为虫害问题，可可种植效果不好，到了1958年，可可种植面积有1 600英亩。20世纪60年代，沙巴培养出可可优良品种"沙巴杂交种"，该品种抗病虫害能力强，单产高，平均每公顷可产可可豆2 645千克。①

7. 椰子

椰子曾是马来西亚重要的农作物，其重要性仅次于橡胶和稻米而居第三位。马来西亚全国均有椰子种植，其中3/4在西马，1/4在东马。主要产地分布在槟榔屿、霹雳、雪兰莪、柔佛、沙捞越和沙巴等地。

1980年，马来西亚椰子种植面积达34.94万公顷，椰子油产量达5万多吨。之后，由于种椰子收入不如油棕、橡胶，也不如可可、胡椒，椰园多改植其他作物。椰子种植面积和产量连年下降。1991年，马来西亚椰子种植面积还有31.59万公顷，到1994年却仅剩下26.7万公顷。到1995年，马来西亚的椰子油产量仅为3.6万吨左右，而且近年来还在继续下降。马来西亚的椰子油几乎全部出口，除本国生产的椰子油外，还进口椰子以榨油出口，所以马来西亚的椰子油产量还不及其出口量的2/3。②

8. 胡椒

胡椒是马来西亚重要的热带香辛作物，马来西亚胡椒主产地是沙捞越，其所产胡椒占全国总产量的90%以上。胡椒种植一般采用小面积种植形式，较少大的胡椒种植园。早在18、19世纪柔佛州和槟榔屿州曾一度盛产胡椒，吉打州也出产胡椒。独立后，由于政府对农业实施多元化发展政策，对胡椒生产进行补贴，并且建立多处分级加工中心，胡椒种植面积和产量逐渐增加。到了20世纪70年代，马来西亚胡椒生产发展到了高峰期，胡椒的产量由1970年的3.16万吨增至1979年的4.03万吨。③

9. 其他经济作物

烟草：马来西亚烟草产地主要在吉兰丹和丁加奴，大部分是优质烟草，不少

---

① 朱振明：《当代马来西亚》，成都：四川人民出版社，1995年版，第161页。

② 王国平：《马来西亚的种植业》，载《东南亚》，1998年01期，第39页。

③ 李中：《工业化中的马来西亚农业》，载《东南亚研究》，1994年第4、5期，第17页。

种植在休耕期的稻田里。20世纪90年代以来,烟草的种植面积不断下降,产量波动很大。1991—1995年烟草种植面积分别为1.5万公顷、1.19万公顷、1.24万公顷、1.02万公顷、1.05万公顷,产量分别为9 216吨、11 245吨、9 679吨、6 087吨、10 318吨。

菠萝:菠萝在马来西亚有悠久的种植历史,是马来西亚种植的主要水果。但现在,菠萝种植已日渐衰落。1991—1995年,菠萝种植面积分别为9 200公顷、8 900公顷、8 400公顷、7 700公顷、7 900公顷,产量分别为189 679吨、189 110吨、160 130吨、156 189吨、140 369吨。种植的菠萝的大部分供国内消费,只有少量的菠萝出口新加坡等地。

此外,马来西亚种植的热带水果还有香蕉、杨桃、番木瓜、番石榴和榴莲等,但产量和种植技术均落后于邻近国家,特别是泰国。

现阶段,马来西亚农业主要面临着以下问题。

第一,农业部门吸引力下降,农业劳动力短缺。在马来西亚工业化的发展过程中,国家的各项政策如贸易、税收等都对农业以外的其他部门有所倾斜,唯独农业部门被忽视。

第二,小农经济大量存在,土地效率低。马来西亚的农业经济形式既包含传统的小农经济形式也包括大种植园和大农场经济,其中,小户自耕农大量存在,自耕农在小种植园主中的比例占到70%,但他们所拥有的耕地数量却非常少,影响了农业生产效率。

第三,粮食安全问题日益突出。马来西亚农业发展的不受重视直接影响到了国家粮食安全。首先,马来西亚国内生产的粮食出现了不能满足国人需求的情况,粮食自给率低下。这主要是因为国内农业生产效率低和土地撂荒现象严重。粮食供应不足使马来西亚不得不进口粮食,这不仅给国家经济造成的负担,流失大量外汇,还使马来西亚在粮食方面产生对国外的依赖,直接威胁到国家的粮食安全。[1]

为了应对这种情况,马来西亚政府实施了一系列应对措施。

第一,大力发展农业机械化生产,提高农业生产效率。马来西亚政府认为提

---

[1] 刘颖:《探究马来西亚农业政策及其农村经济发展措施》,载《世界农业》,2014年8月,第166—167页。

高农业机械化的水平对解决农业劳动力严重短缺问题、保持农业部门的竞争力至关重要。为了使农业机械化生产切实可行，政府采取了以下措施：（1）引进国外的农机技术，发展农机制造业；（2）加大对农作物育种研究的投入，培育出适应机械化操作的品种和品系；（3）开放耕地使用年限，让农民放心投资机械化生产，保证农民有足够长的时间收回投入成本。

第二，提高农业的高科技含量。在全球竞争压力不断增大的情况下，马来西亚政府意识到，未来的农业要想不丧失竞争优势，必须以科技创新为基础。新世纪马来西亚农业发展方向就是重视高附加值农产品的开发，包括知识密集型的食物加工产品和与健康有关的、具有安全性和环保性的生物科技产品。

第三，实施农业多样化战略。马来西亚自独立以来，一直实施农业多样化战略，并取得一定成效。原来以橡胶种植为主的单一农业结构已转变为以橡胶、油棕为主，大米、可可、椰子和胡椒为辅的多元农业结构。不过20世纪90年代以来，农业多样化战略增加了新的内涵。在国家第二个农业政策中，马来西亚提出了两种多样化：一是水平多样化，即促进和扩大经济作物、粮食作物、园艺等多种作物种植，同时大力发展与农业相关的产业，如旅游农业等。二是垂直多样化，即大力发展农产品加工业，如粮食加工业、棕油工业和橡胶产业。

（二）林业资源

马来西亚林业资源十分丰富。根据联合国粮农组织2011年报告统计，马来西亚现有森林2 045.6万公顷，占国土面积的62%。马来西亚森林按生态地理条件可划分为龙脑香林、低地沼泽林、沿海红树林、人工林；按照森林用途可划分为永久保存林、保护区、转化林、人工林和经济林。马来西亚永久保存林中有343万公顷森林为保护林，另有约180万公顷森林被开辟为国家公园和动植物保护区；规划出的生物多样性保护区域已达522万公顷，受国家法律保护的野生动植物保护区210万公顷，分别占林地总面积的27.6%和11.2%。[①]

马来西亚天然林按地域分布可分为独立的三大林区：马来半岛（西马）、沙巴和沙捞越。马来半岛的森林为典型的热带雨林，其群系类型和植被带按海拔高度可划分为：

---

① 施昆山：《当代世界林业》，北京：中国林业出版社，2001年版。

（1）高山雨林：海拔1 500—2 200米，植被带为山地杜鹃林。

（2）山地雨林：海拔760—1 500米，植被带有栎樟混交林和婆罗双林。

（3）低地常绿雨林：海拔760米以下，植被带为库氏婆罗双林和平滑叶婆罗双林。

（4）低地沼泽林：以南洋楞柱木为主，盛产重要的商品材。

（5）低地龙脑香混交林：马来半岛高原、丘陵和300米的山脚，大量分布可供开发利用的低地龙脑香林。其中有婆罗双、龙脑香、羯布罗双、喃喃果等属树种。

沙巴州大部分的森林位于东海岸的山打根和塔瓦岛（斗湖）地区。其森林类型可划分为：山地林、次生林、辟地龙脑香林、红树林、淡水沼泽林和低地龙脑香林。在沙巴州150余种龙脑香树种中，有60%—70%为出口材。

沙捞越森林，按照分布及林分结构可分为：高山林、灌木林、龙脑香混交林、泥炭沼泽林、红树林等。主要树种有：婆罗双、羯布罗双、龙脑香、南洋楞柱木、指茎野牡丹和沼泽假油楠。

尽管做出了诸多努力，马来西亚的林业还是遭到了不断破坏。但是，马来西亚对森林生产经营的目标并不是追求向原始林顶极状态发展，而是在要求达到商品材持续收获的同时，发挥森林的生态效益和社会效益。在其天然林经营体系中，马来西亚实施了一致经营作业法（Malaysia uniform system 即MUS）和选择经营作业法（Selective management system 即SMS），目前还在广泛指导其森林经营工作。[①]这两种经营作业法不仅可以保护森林资源，还可以实现生产性资源的可持续利用，并且能够确保环境质量与稳定，使得很多国家争相来学习技术和经验。

（三）渔业资源

马来西亚渔业资源丰富，年持续可捕量为119万吨，其中，西马部分约78万吨，其余为东马的可捕量。可捕的渔业品种繁多，有80余种。据马来西亚政府在资源调查期间以回声映像及试捕收集的生物学资料，估计在12海里和200海里间的中上层资源总生物量为51.02万吨，可捕量为25.51万吨。另外，非映像调查的鲣鱼和金枪鱼，西马东岸的可捕量估计为5.0万吨。

---

①　陈永富、王松龄：《马来西亚森林资源可持续经营方式》，载《世界林业研究》，2000年第13卷16期，第47页。

就鱼种的分布而言，中上层鱼类中，西马东海岸资源量较丰富的有重颊似鲹鱼参（Caragoides malabaricus）、脂眼凹肩鱼参（Selar crumenophehalmus）、游鳍叶鱼参（Atule.Mate）、蓝圆鱼参（Decapterus maruadsi）、大甲鱼参（Meaglaspis cordyla）、长体圆鱼参（Decapterus macrosoma）、康氏马鲛和斑点马鲛。脂眼凹肩鱼参和重颊似鲹鱼参在东北季风期间占优势，但在其他季节，其他鱼种分布较均匀。西马西海岸分布有笛鲷、蓝圆鱼参、脂眼凹肩鱼参、羽鳃鲐、叶鱼参、副叶鱼参、小沙丁鱼、圆腹鲱、大甲鱼参、舵鲣、青干金枪鱼、黑纹小条（Seriolina nigrofasciata）和斑点马鲛等，但若与东海岸相比，资源量少，并没有优势种。至于底层鱼类，东海岸的主要鱼种有大眼鲷属、金线鱼科、鲱鲤属和拟鲱鲤属（parupeaeus）和枪乌贼，而西海岸则以舵鲣属、金线鱼科和笛鲷属鱼类较丰富。

马来西亚渔业可分为四个区域，即马来西亚半岛西海区、马来西亚半岛东海区、沙捞越和沙巴。这四个区域的渔业结构虽然相似，但资源状况和发展阶段各异。马来西亚半岛西海区的资源最丰富，也是捕捞最密集的海区。东海区的渔业不及西海岸发达，捕捞作业也不及西海区密集。整个马来西亚半岛的海洋渔获量占全国的75%，而沙捞越和沙巴渔业又不及马来西亚半岛发达，捕捞作业也不密集。

马来西亚半岛渔业一个特点是东海区和西海区间的差异十分巨大。即使马来西亚半岛东海区涵盖的面积较大（南海），但其渔获量在总上市量中仅占26.2%（1995），而西海岸的上市量却占47.7%。东马来西亚的沙捞越和沙巴分别占总上市量的8.9%和17.1%。

马来西亚海洋渔业以沿近海渔业占优势，约有87.5%（1995年）的渔获量来自12海里内的沿近海域，此海域一直遭受很大的渔捞压力。而政府一开始引进拖网是为了有效、充分地利用资源，并依靠拖网的特殊装备解决失业问题，结果却造成更多的问题，像渔业过度投资、资源过度利用、渔获减少、收入降低等。

尽管总渔获量增加，但渔具的平均单位渔获量则下降，这说明马来西亚已经出现过渔的情况。此外，过渔的征兆还包括单位努力量和渔获量的下降，小杂鱼渔获量增加，具有价值的经济鱼种消失，以及经济鱼种的仔稚鱼大量捕获等。马来西亚渔业研究所对沿近海所作的渔获量、努力量的统计及渔业调查结果显示，渔获率有下降趋势，这代表沿近海海域底层和中上层鱼类的捕获量已超过最大持续产量。

（四）畜牧业资源

马来西亚的国土总面积 3 296 万公顷，全国总人口 1 900 万人。有水草丰富的灌溉草场，很适宜发展畜牧业生产。该国农业部计划大力发展无疫病畜牧业，向新加坡、泰国及香港等地出口生猪。当地政府从国外引入良种牛、良种羊来发展牛、羊生产，生产的羊肉为改善国民生活水平服务。马来西亚的养牛业以发展肉牛为主占 70%，水牛占 16.8%，奶牛占 13.2%。

马来西亚的黄牛一直是上升的，1976—1990 年中的 14 年间共增加了 22.8 万头，增长 59%。1990 年数据显示，黄牛中奶牛占 16%，良种奶牛占牛总数的9.2%。水牛一直是下降的趋势，由 1976 年的 21.37 万头下降到 1990 年的 13.5 万头，下降 36.8%。黄牛主要分布在吉打、吉兰丹两州，数量均在 10 万头以上；5 万头以上的有霹雳、彭亨、丁甲奴 3 个州，分别占黄牛存栏总数的 17.6%、18.3%、10%、12.6%、12%。水牛主要分布区如在吉打州有 3 万头，占 22%；吉兰丹州 2.37 万头，占 16.5%；霹雳州 2.23 万头，占 16%。

马来西亚的山羊、绵羊主要饲养在吉兰丹州，占总量的 1/3，吉打州占 11%左右。地方种山羊平均成羊体重 20—25 千克，出生重平均为 1.5 千克，最大出生重 2.2 千克，改良羊 3 月龄时体重可达 16.6 千克，出栏率的出肉率为 44%—55%。杂交山羊的平均出生重为 2.1 千克，比当地品种增加 0.6 千克，公羊 1 岁为 36 千克，母羊成年体重为 30 千克。绵羊的品种有无角道赛特、萨福克、罗姆尼、有角威特夏，边区莱斯特、美利奴及中国云南绵羊等。山羊品种有安哥拉努比、阿尔卑斯、莎能和土根堡。马来西亚的山羊主要分布在吉打州和吉兰丹州，均占全国总数的 18% 以上，霹雳州和森美州各占 12% 以上。

马来西亚的养猪业均是以小规模饲养场饲养，大都是华人经营的农场。1999年生猪存栏 188.78 万头，比 1998 年的 162.44 万头增加了 26.32 万头，增长 16.2%；养猪最多的州是森美兰州，有 49.7 万头，占全国总数的 26.3%；30 万头以上的州有槟榔屿州、霹雳州、雪兰莪州和柔佛州。

马来西亚的养猪业还处在发展阶段，良种猪主要靠从澳大利亚、比利时、加拿大、荷兰、英国、美国和以色列等国进口。主要是进口代种猪。马来西亚生产的猪肉和活猪对外出口，主要出口到新加坡、泰国、老挝等。

综合来说，相对于农林业，马来西亚目前的畜牧业不算发达，但这是它未来努力的方向。

（五）野生动植物资源

1. 植物资源

受海洋气候影响，马来西亚形成了独特的热带雨林气候，森林资源尤其丰富，有大片珍贵的热带雨林，被列为世界12个生物最多元化的国家之一。马来西亚植物种类繁多，仅各种花草树木就多达1.5万余种，比如崖柏、黄杉、苏铁科、长苞铁杉、麻黄科、短叶穗花杉以及国花扶桑等。

2. 动物资源

马来西亚动物种类繁多，在马来西亚的"三宝"中，动物就占了两个。马来西亚有哺乳动物286种，鸟类700多种，爬虫类超过350种，两栖类165种，鱼类300多种。此外还有几千种昆虫。[①]马来西亚的代表动物有马来虎、巨猿、长鼻猴、犀牛、红颈鸟翼蝶、杨桃龟等等。

四、矿产资源及其利用情况

马来西亚矿产资源十分丰富。锡矿是其最重要的矿产资源，其储量居世界第二，具有"锡国"的美称。马来西亚目前生产的主要矿产有天然气、石油、煤、锡、铝土矿、铁、铜、钛铁矿、稀土金属等资源。此外，马来西亚还有较丰富的锑、金、重晶石、高岭土、硅砂等矿产资源。马来西亚在2004年新一届政府组建之际在联邦政府中新设立了自然资源和环境部。在马来西亚自然资源和环境部中具体负责矿产资源管理工作的是其下属的矿产和地球科学局，该局负责所有矿产勘查和开发的监督与管理，促进矿产资源的开发。并为政府提供有关矿业开发政策咨询，特别是开发和利用矿产资源计划、环境保护和污染控制、对外贸易、矿产立法、税收、采矿设备及矿产品进出口政策、征收矿权金等主管马来西亚的矿产资源等方面。

（一）矿产资源分布概况

从目前已掌握的资料看，马来西亚探明矿产有30多种，锡矿资源非常丰富。除锡外，石油、天然气资源也比较丰富。

1. 石油和天然气

马来西亚的石油和天然气主要分布在近海的三个储油盆地：（1）马来盆地，

---

① 马燕兵、张学刚、骆永昆：《列国志·马来西亚》，北京：社会科学文献出版社，2011年版，第13页。

面积约22.4万平方千米，呈北西—南东走向，第三系厚达1万米，主要为非海相地层，向东南海相地层渐发育。北部以南北向断层控制的断块及背斜为主，主要分布一些气田。南部受中新世末构造运动的影响，形成一些背斜型油田。含油气层系主要为下至中新统，埋深1 500—3 000米。主要油田包括杜兰油田，塞利基油田等。（2）沙捞越盆地，面积22万平方千米，呈北东东向延展，第三系厚1万米以上，主要为沿海碎屑岩，向东北变为海相页岩和灰岩。主要储油层在南部的巴兰河三角洲地区为中新统三角洲砂岩体；在中央鲁康尼亚为中中新统及上新统碳酸盐滩及生物礁。（3）沙巴盆地，面积约3.4万平方千米，呈北东方向延伸。第三系厚1万米以上，复杂变形的上第三系砂岩和页岩不整合于紧密褶皱或部分变质的下第三系之上。主要油田构造为挤压式背斜，储油层为中至上新统浊积砂岩及三角洲砂岩，已被探明的油储量10亿桶以上。

2. 煤

2005年的数据显示，马来西亚的煤储量为17亿吨，主要分布在沙捞越州、沙巴州、霹雳州、雪兰莪州和玻璃市州，其中14亿吨（约82%）位于沙捞越州。沙捞越州的美里—皮拉煤田煤层厚1—3米，为高挥发，中灰分、低硫次烟煤，资源量超过3.87亿吨。锡里泰克煤田煤层厚约1米，产自始至渐新统锡里泰克组；宾土卢煤田蕴藏有2 000万吨低灰分，高挥发烟煤，热值可达7 000—7 500大卡/千克，主要用作冶金用煤；沙巴州的煤田主要分布在梅里瑙盆地，至少有2亿吨烟煤。

3. 锡

2005年储量为100万吨，仅次于中国，居世界第二位。马来半岛11个州中9个有锡矿，但以霹雳州和雪兰莪州最多。其矿石类型以砂矿为主，主要为冲积砂矿，如世界著名的坚打谷锡矿区和吉隆坡锡矿区，矿石矿物为锡石，伴有独居石、钛铁矿和磷钇矿等，大多来自印支期花岗岩与志留至二叠纪碎屑岩和灰岩内外接触带附近的锡石—石英脉，原生锡矿占次要地位。其成因类型有：（1）热液型矿床。多为锡石—石英脉型矿床，矿石分布在泥质岩层的裂隙中。主要矿石矿物为锡石，伴生有黄铁矿、黄铜矿、毒砂、黄玉、黄锡矿、闪锌矿、石英和铬铁矿等；有的伴有强烈石英岩化，代表性矿床如双溪林明锡矿。（2）接触交代（矽卡岩）型矿床。其特征是锡石发育在花岗岩体与碳酸岩接触处的矽卡岩带中，锡矿化集中在断裂交叉部位及交汇入，如马樟萨塔洪、武吉伯西等矿体。（3）伟晶岩型矿床。规模一般较小，产于各类伟晶岩中，除锡石外，主要伴生矿物有电气石、白云母、黄玉、萤石和绿柱石等，如柔佛州的巴克里矿床。

4. 铝土矿

马来西亚的铝土矿资源主要分布于沙捞越州，沙巴州和柔佛州。铝土矿储量1 400万吨，概略储量7 530万吨。

5. 铁矿石

矿床规模均不大。主要矿床有丁加奴州的武吉伯西、柔佛州的佩莱卡南和沙巴州塔瓦伊高原铁矿。武吉伯西和佩莱卡南铁矿均为接触交代矿床，与花岗质侵入岩有成因关系，主要矿石矿物为磁铁矿。塔瓦伊铁矿为残余矿床，产于超基性岩风化层中，推测矿石储量7 500万吨，矿区面积约15平方千米。

6. 钛

马来西亚的钛储量不大，主要为钛铁矿和金红石。钛铁矿通常与锡石伴生，附在冲积矿床中。丁加奴州的甘榜亚志钛铁矿为全国最大矿床，推测矿石储量约210万吨。金红石主要分布在吉兰丹北部的河床中，特别是在流经前二叠塔库片岩的河流沉积物中。

7. 金

主要分布在半岛中部金矿带（包括彭亨、吉兰丹、丁加奴等州）、沙捞越西部的巴乌和武吉涌、沙巴州的马穆特及塞加马河谷，多为砂矿。吉兰丹州南部的Sokor地区，主要为砂金，未发现原生金矿。吉兰丹州在20世纪60、70年代曾有联邦政府开展过河流次生晕的化探测量工作，圈定了金成矿带，具有一定金成矿前景，但没有进行进一步的地质工作。原生矿以巴乌金矿最大，矿区位于巴乌背斜与花岗二长斑岩侵入体的交界处，为硅化含金矽卡岩型矿床；武吉涌金矿的矿化局限于侏罗系硅化灰岩和页岩与石英斑岩岩墙的接触带，矿体不规则，含金0.16盎司/吨。

8. 钨

储量不大，主要分布在霹雳州的克拉马特普莱和丁加奴州的镇敦。克拉马特普莱为矽卡岩型矿床，矿石主要是白钨矿，产在花岗岩体与古生代灰岩及黑云母、角闪石片岩的接触带，最大露头33米长，产在灰岩中的矿体形态不规则，多为透镜体，一般厚0.3—3米，成矿期为晚三叠世。镇敦钨矿为热液石英脉型矿床，主要矿石为黑钨矿，是由花岗岩体侵入于电气石片岩及石英岩中形成的，成矿时代为晚三叠世。

9. 其他工业矿物

粘土（球粘土和普通粘土）储量较大，概略储量4.17亿吨。球粘土主要分布在霹雳州、雪兰莪州贝尔君台及沙捞越州的古晋附近。普通粘土分布广泛，聚积在泥质岩和冲积物覆盖的低洼地区。

高岭土探明储量2.1亿吨。主要分布在柔佛州、霹雳州、沙捞越州和雪兰莪州。沙捞越州的特拉古斯矿床为残积型矿床，由安山岩和微花岗岩风化而成，储量50万吨。全国高岭土矿点有数百处，仅沙捞越州就有60多处。

硅砂主要分布在沙捞越、丁加奴、柔佛、沙巴和霹雳等州。其他重要工业矿物还有灰岩、白云岩、重晶石、耐火粘土等。灰岩储量较丰，主要分布在霹雳州、吉打州、吉兰丹州、彭亨州等地。重晶石主要分布在吉兰丹州、丁加奴州和彭亨州，矿床规模不大。[①]

除上述矿产外，锑、锰、汞等矿产也有一定的资源前景。锑主要分布在马来西亚中南部，有20多个矿床，多为小型，属辉锑矿石英脉型，矿体产于火山岩附近的灰岩、粘土岩及页岩中。锰主要分布在半岛中部，规模都较小。

(二)矿业相关法律和政策

马来西亚政府为吸引更多的矿业投资和振兴矿业，制定了新的国家矿产政策，主要目的就是要为矿业提供一个高效、现代化的和具有国际竞争力的环境，以便多样化地发展国家经济。在矿业多样化的发展中落实矿产政策主要是体现在最适宜地勘探、开发和利用马来西亚的矿产资源，重点在于最充分地利用调查和开发技术，以及现代化技术。全面和有效地保障落实国家矿产政策的主要法律保障有两个：《联邦矿产开发法》和州矿产条例。

《联邦矿产开发法》为联邦政府监督和管理矿产资源勘探和开采，以及其他相关问题的权责划分提供了基本法律框架。《联邦矿产开发法》规定，沿海大陆架和专属经济区的一切矿产资源所有权归联邦政府，沙捞越和沙巴州在海域矿产资源所有权方面也享有一定权力。各州的矿产资源归州政府所有。州政府负责批准和颁发其所辖土地上的勘查许可证、勘探许可证和采矿许可证。但是，颁发这些许可证必须与联邦政府相关机构如矿产和地球科学局、环境局和其他相关机构协

---

① 资料来源：境外资源文摘，http://wangside.blog.163.com/blog/static/5897460820098172913676/。

商之后才能决定，并受矿产开发法的约束。矿产开发法还制定了关于采矿活动的规定，规定包括矿山经营者在采矿开始之前、采矿期间和之后必须遵守的要求，如发布进行勘探工作意图的通知、在采矿活动开始之前为了获得批准向相关机构提交的采矿计划、发布开始采矿的通知和按照联邦矿产开发法和其他与环境有关的成文法所规定的良好和安全的习惯做法和按照环境标准进行所有相关的活动。联邦政府和州政府通过相关的条例行使各自管理矿业的职能，并对固体矿产和油气矿产实行不同的管理方式。矿产资源开发方面，还要遵守1974年的《环境质量法》。

州矿产条例规定了州政府关于颁发矿业权的具体职权，像探矿权和采矿权的颁发和采矿许可证的颁发都属于州政府矿业部门的管理范畴。州矿产条例明确规定了在州范围内进行勘查、勘探和采矿时必须遵守的详细过程，以及各个过程中需要填写的各种表格。目前，马来西亚各州都在执行州矿产条例，虽各州的执行情况不大一样，但总体来说并无大的差距。①

五、旅游资源及其利用情况

得天独厚的地理位置使得马来西亚拥有迷人的海岛、海滩热带风光，奇异的白色沙滩、风光旖旎的海边美景等丰富的旅游资源，每年都吸引成千上万的国内外游客前来观光旅游。马来西亚主要的旅游胜地有吉隆坡、马六甲等。以沙巴岛为例，未经人工破坏的小岛群、清澈见底的海水、美丽的珊瑚以及公园里繁茂的各类动植物都是沙巴宝贵的资源。爱好探险者可以深入原始丛林、勘探岩洞、乘筏渡河，或潜水观赏形态各异的海洋生物；也可以攀登东南亚第一高峰——京那巴鲁山；还可以零距离接触婆罗洲森林人猿；沙巴还是观赏日落的最佳处所。再如兰卡威，这里环境优美，有美丽的沙滩、奇特的溶洞、青翠的森林、壮观的瀑布以及种类繁多的野生动植物。独具特色的金色沙滩为游客带来无可比拟的精彩体验。

（一）吉隆坡

在马来半岛的心脏地带，有一座新旧辉映、东西交融的新兴都市——吉隆坡。吉隆坡曾经有"世界锡都、胶都"之美誉，西、北、东三面由丘陵和山脉环

---

① 王正立：《马来西亚的国家矿产政策》，载《国土资源情报》，2007年第17期。

抱。1860年建城，1963年成为马来西亚联邦的首都。在短短的一个多世纪的建设后，便由"泥泞的河口"，一跃而成为著名的观光城市。昔日的矿业小镇，如今高楼林立，交通四通八达，贸易鼎盛，活力无穷，已成为拥有面积243.6平方千米，居民130万人的大都市和马来西亚政治、经济、文化、商业和社交中心。

1. 独立广场

1957年8月31日的午夜，英国国旗在这个具历史性意义的地方，最后一次被徐徐降下。独立广场，位于皇家雪兰莪俱乐部旁的一片草坪，每一年的8月31日，马来西亚公民皆会齐聚在此，共同庆祝国家的独立。这里的前身是雪兰莪俱乐部操场，一向来作为板球赛、钩球赛及橄榄球赛的赛场。20世纪90年代中期，整个地方被重建为容纳一个地下停车场、购物及餐馆的商场，操场则继续获得保留。如今，偶尔这里还会举行板球比赛。在独立广场的南端，有一个全世界最高的旗杆，上面飘着国旗，其基地则是一座小型花园。马来西亚武装部队及皇家马来西亚警察乐队，轮流在每个月的第三个星期六的下午5点至6点到此演出。

2. 苏丹阿都沙默大楼及手工艺品资讯中心

这座吉隆坡最别致的建筑物，是由英国建筑师A.C.Norman所设计，建于1894—1897年之间。这里之前是英国殖民政府的行政中心。整栋建筑物充满漂亮的维多利亚及摩尔式建筑风格。目前这里是马来西亚最高法院及高等法院的所在地。

3. 圣母玛利亚天主教堂

距离苏丹阿都沙默大楼几步之遥，跨过一条马路，即是著名的圣母玛利亚天主教堂。它亦是出自A.C.Norman的手笔，是马来西亚另一座经典的建筑作品。这座古典的英国教堂珍藏着一个罕有的完美管乐风琴。

4. 吉隆坡纪念图书馆

在独立广场后面是吉隆坡纪念图书馆。它是一座大型的两层楼殖民建筑物，是一间公共图书馆的同时，也是一所丰富的资料中心。这里藏有丰富的吉隆坡历史发展相关书籍及参考资料。

5. 吉隆坡塔

吉隆坡塔正式于1996年开幕，这座混凝土建成的塔，高421米。旅客可以在此塔的最高处之了望台及旋转餐厅上，鸟瞰整个吉隆坡及巴生谷一带的怡人景色。吉隆坡亦是电讯网络、电台及电视台的传播站。

6. 国油双峰塔

国油双峰塔是两座相连建筑物，共有88层楼高的双峰塔，高达452米。这座美轮美奂的建筑物的建筑理念是由伊斯兰5大支柱思想所激发而来的。它是吉隆坡市政中心KLCC范围内最经典的一座超现代的建筑物。双峰塔内设有国油交响乐厅，是马来西亚交响乐队及国油表演艺术团例常练习及表演的场所。

（二）马六甲

马六甲州位于马来半岛西海岸，介于森美兰及柔佛之间。这座历史名城是马来西亚早期的一个重要贸易港口，曾经吸引来自中东、中国及印度的贸易商人来此进行贸易活动。马六甲是由一名流亡的王子——拜里米苏拉所发现，之后就迅速发展成为东西方进行商业活动的贸易中心。当时，此地的香料、黄金、丝绸、茶叶、鸦片、香烟及香水等贸易极为兴盛，引起了西方殖民强权的注意。后来，马六甲先后受到葡萄牙、荷兰及英国的殖民统治。马六甲市区的部分地方，还保留着这些殖民统治者所遗留下来的建筑物。市区中心的主要旅游景点包括：葡萄牙村、荷兰城政府大厦、圣地牙哥港口及峇峇娘惹博统古屋等。

马六甲市区被分为新区和旧区。此座城市的旧区已经相当的拥挤，许多保留的历史古迹都挤在狭小的道路角落间。马六甲过去辉煌历史的遗迹，大部分坐落在城市广场及靠近河边的喷水池一带，随意步行即可抵达。城市广场在往前一点，即是圣保罗山。马六甲新区则位于马六甲河的另一边，大部分的建筑物是建在填海后的土地上。这里建有现代的购物中心，如Mahkota Parade，并且是一个饮食及娱乐休闲地区。离开马六甲市中心，此处还有一些海滩、岸外小岛等。靠近南北大道的爱极乐地区，建有许多主题性的休闲公园。

1. 荷兰城

位于城市广场上，这座荷兰城有着厚重的木门、深红色的墙壁及锻铁铸成的铰链，它是荷兰殖民统治者所遗留下来最重要的遗迹。荷兰城建于1641—1660年之间，被认为是东方世界最古老的荷兰建筑物。它整栋建筑被粉刷成橙红色，是荷兰砖瓦砌工及木工技艺的最佳表现。荷兰城以前是荷兰总督的官邸，如今它变成包含了马六甲历史博物馆、人种博物馆及文学博物馆公共博物馆。

2. 圣保罗教堂

在荷兰城外有一个阶梯，攀登上去就是圣保罗山，圣保罗教堂就坐落在此地。1521年时，一位葡萄牙将军Duarte Coelho在此兴建一座小教堂，他希望它会是这座城市中最先进的天主教堂。当荷兰人接管马六甲后，它被改称为圣保罗教堂。1753年Christ教堂建造完毕，圣保罗教堂就被弃而不用。后来，荷兰人将它改为埋葬有名望之人的墓园。圣保罗教堂里有一座圣法朗西斯的坟墓，他生前经常到访这间小教堂。1553年时，他被埋葬于此，后来他的遗体才被移往印度的果阿（Goa）。这里竖立了一座圣法朗西斯的大理石雕像，为纪念他400多年前曾经到此居留及做出的贡献。站在山丘的教堂上，可以俯瞰整座城市。在此还可以观赏到许多很有特色的荷兰墓碑。

3. 三保山及汉丽宝井

15世纪中，明朝皇帝将汉丽宝公主许配给当时的马六甲苏丹满素沙，以建立两国的友好关系。汉丽宝公主带了大批随从，包括500名婢女，前来马六甲。马六甲苏丹特地将三保山献给汉丽宝公主，作为她的住所。三保庙旁有一口汉丽宝井，是公主的随从为她挖掘的，除了提供她个人使用以外，也是市内的主要水源。传说这口井永不枯竭，即使是严重干旱亦不例外。如今，这口井已转变为"许愿井"，据说若有人在此投下一个钱币，他一定会重游马六甲。三保山有两座山丘和它连接在一起，这两座山丘是华人墓园，总面积约25公顷。此处拥有超过一万两千座坟墓，有些可追溯至明朝。

4. 马六甲河

此处每天皆有举办泛舟遨游马六甲河的活动，报名处就在码头后面的旅游中心办事处。这项旅游活动需时45分钟，一路沿着市区而过，游客将会欣赏到旧仓库及鱼市场等。游客还会经过Kampung Morten，这里有一间典型马来村屋，称为Villa Sentosa。回程则会经过河边各个码头。这里亦提供游艇，载送游客出海到马六甲海峡外海的岛屿去游玩。

第三节　行政和经济区划

一、行政区划

（一）行政区划的演变

自1963年8月31日获得独立以来，马来西亚的行政区划处于不断调整变化之中，这既是马来西亚国内政权频繁更迭的结果，也从一个侧面反映出马来西亚局势在相当长一段时期内处于不稳定状况。

马来西亚独立前由英国占领，英国的势力在1785年开始进入马来半岛。1826年，英国殖民政府将槟城、马六甲与新加坡联合组成了一个英国海外领地，名为海峡殖民地。在19世纪到20世纪的世纪之交，彭亨、雪兰莪、霹雳与森美兰，合称为马来联邦。在马来半岛上的其他五个州合称马来属邦。后来在第二次世界大战，随着日本占据马来亚，各族间的关系日趋紧张，民众对独立的支持亦逐渐增长。战后英国宣布了一个组织马来亚联邦的计划，将原先属于马来联邦和马来属邦的苏丹国，加上槟城和马六甲（不包括新加坡）合组一个英国海外领地。马来亚联邦1946年建立，1948年解散，代之以马来亚联合邦。在1963年8月31日，英属的新加坡和北婆罗洲宣告独立，1963年7月22日，英属的沙捞越宣告独立，并于1963年9月16日加入马来亚联合邦，改名组成马来西亚。根据联邦宪法，马来西亚的第一级行政区为州（Negeri）和联邦直辖区（Wilayah Persekutuan），州的界线是以马来西亚成立日（Hari Malaysia，1963年9月16日）之时为准，任何意图将州界线改变的决定必须先获得有关州政府及统治者会议的同意方为有效。自马来西亚成立以来，第一级行政区的变更有：

1966年宪法（修正）法案—新加坡独立

1973年宪法（修正）（2）法案—吉隆坡划为联邦直辖区

1984年宪法（修正）（2）法案—纳闽划为联邦直辖区

2001年宪法（修正）法案—布城划为联邦直辖区

直到现在，马来西亚政府演变成由13个州和3个联邦直辖市区组成的联邦制国家。

（二）行政区划现状

根据2001年宪法（修正）法案，马来西亚的第一级行政区划为州和联邦直辖区，现时在马来西亚共有13州和3联邦直辖区。包括西马的柔佛州、吉打州、吉兰丹州、马六甲州、森美兰州、彭亨州、槟榔屿州、霹雳州、玻璃市州、雪兰莪州、登嘉楼州11个州，东马的沙巴州、沙捞越州2个州，以及首都吉隆坡、纳闽联邦直辖区、布城联邦直辖区3个联邦直辖区。根据历史背景和地理位置的差异，州又有马来州属、海峡州属和婆罗州属的分别。各州拥有独立的立法权和行政权，州内的3个主要机构为州议会、州行政议会或州内阁和州政府秘书处，除了州政府以下机构及官联机构外，联邦政府机构的人事调动是由公共服务委员会负责。

至于司法方面，半岛州属（指马来州属和海峡州属）隶属马来亚高等法庭，婆罗州属隶属沙巴与沙捞越高等法庭，每个州属皆设有一处高等法庭。

州的立法机构为州议会（Dewan Undangan Negeri），每个州属将根据人口和发展程度的不同区划若干州选区，通过选举制度直选州议员，获得最多议席的政党将成为执政党组织州行政议会或州内阁，州议会的最高负责人为议长。

州的行政机构为州行政议会（Majlis Mesyuarat Kerajaan Negeri；半岛州属）或州内阁（Kabinet Negeri；婆罗州属），一般称为州政府，它是由州议会中占有最多议席的政党组成。州行政机构的最高负责人为州务大臣或首席部长，其下设有4—10个行政议员或部长职，州政府同时拥有土地资源和地方政府的支配权。

州政府秘书处（Setiausaha Kerajaan Negeri）隶属州政府，主要负责州政府的行政管理工作，同时也负责州政府与联邦政府以及州政府与地方政府之间的协调工作。

联邦直辖区是由联邦政府直接管辖，不设有独立的立法机构，行政首长由联邦直辖区部委任。

图1-1　马来西亚行政区图

1. 吉隆坡联邦直辖区（Kuala Lumpur）

这里是马来西亚的首都兼最大城市，常被简称为"KL"。据2012年统计，该城市面积达243平方千米（94平方英里），人口约有160万人。大吉隆坡也称为巴生河流域，是一个有720万人的大都会区，也是马来西亚人口和经济成长最快速的都会区。

吉隆坡位在马来半岛西岸，为雪兰莪州环绕。吉隆坡划辖于吉隆坡联邦直辖区，为马来西亚三个联邦直辖区之一，由联邦政府直接管辖。

吉隆坡是马来西亚国会所在地，马来西亚国家元首的官邸——国家皇宫也位在于此。吉隆坡曾经是联邦政府行政中心和马来西亚联邦法院所在地，但已于1999年迁往布城，部分行政部门（如国防部）仍位在吉隆坡。吉隆坡是首都也是重要大城，是马来西亚文化、财政与经济的重心，被评为全球城市ALPHA级。《外交政策》公布2010年全球城市指数，吉隆坡位居第48名，经济与社会改革相关的2thinknow改革城市指数则位居第67名。

20世纪90年代起，吉隆坡陆续举办多场国际体育赛事、政治与文化活动，如1998年的英联邦运动会与一级方程式赛车巡回赛。此外，高耸的国油双峰塔是吉隆坡的著名地标，象征马来西亚未来的发展繁荣。

吉隆坡东临蒂迪旺沙山脉，西临印度尼西亚苏门答腊岛，形成热带雨林气候（柯本气候分类法），常年温暖，日照充足，且降雨丰沛，特别是10月至隔年3月东北季风盛行时。气温长时稳定，最高温大约在摄氏31℃至33℃之间，从未超过37.2℃；最低温约在22℃至23.5℃之间，未低于17.8℃。平均年降雨量为2 600毫米，虽然6月及7月较为干旱，但平均月降雨量大都超过127毫米。降雨量突增时，时常有水患发生，特别是在市中心及下游区域。

附近的苏门答腊岛发生森林火灾时，引起的尘土和灰烬会让吉隆坡深受霾害，是市区主要的污染来源，另有露天燃烧、汽机车及建地所造成的空气污染。

2. 布特拉加亚联邦直辖区（Putra Jaya）

布特拉加亚，简称布城，是马来西亚的联邦直辖区，位于马来西亚吉隆坡市与吉隆坡国际机场之间，相距两地各约40千米。整个布城面积广阔，山林起伏，宏伟壮观，其中70%是青葱地带，红花绿叶相映，环境清幽宜人。经过近6年的规划建设，已是颇具规模的一座现代化新兴城市，也成为马来西亚一处最新的旅游景点。马首相署和政府各部已迁入布市办公，住宅区、商业区、文化、休闲设施和交通体系已基本配套齐备。

布城是一个经过完善规划和设计，处处以环保为重的新型现代化城市。在布城建立一个新的联邦政府行政中心的构想是从20世纪80年代后期开始萌芽的，其目的在于确保吉隆坡继续发展为马来西亚的主要商业和金融中心。由此位于雪兰莪州Prang Besar南部一片占地4 932公顷的森林地区成为首选之地，并很快以马来西亚第一任首相东姑阿都拉曼布特拉奥哈之名，命名为"布特拉加亚"，以纪念他对国家的贡献。布城面积广阔，大约38%的土地被改造成公园、湖泊和湿地公园，其余的则开发为政府行政区、商业与住宅区、以及公共便利与福利设施等用途。

布城城市的中心是布特拉再也湖。这个占地650公顷的人造湖也肩负着调节气温的作用。最令人惊讶的是湖水的水质被鉴定为临时国家水质标准的2B级。此品质的水适宜与皮肤接触，也是所有全国及国际水上运动必须符合的水质规格。来到布城的人肯定会被竖立在道路两旁、设计独特的街灯所吸引。以火炬和大型风筝为造型的街灯点缀大道两旁，仿佛张开双臂以充满了马来西亚色彩的热情来欢迎每一位来到这里的人。

布城有许多值得一看的地方，体现马来式、中式和印度式建筑风格的宏伟的首相署，以马来民族建筑风格融合西方及当代元素的首相官邸；建筑在湖上，被称作"水上清真寺"的布特拉清真寺，以及风格各异的政府各部门的办公大楼，各具特色的八座设计独特的桥，还有传统农业公园等。

3. 纳闽联邦直辖区（Labuan）

沙巴的纳闽直辖区面积91.64平方千米，主岛面积87.52平方千米，其余岛屿还包括Pulau Burung、Pulau Daat、Pulau Kuraman、Pulau Papan、Pulau Rusukan Kecil、Pulau Rusukan Besar。纳闽在1984年由哈里士领导的人民党组成的沙巴政府交给了联邦政府，是大马的唯一的岸外金融中心。纳闽的名字来自于pelabohan，是停泊的意思。纳闽距离婆罗州西部8千米是东马的免税岛及度假的旅游胜地。这里的许多旅游景点都极具历史文化价值，能加深旅客对纳闽的认识。

4. 雪兰莪州（Selangor）

雪兰莪州位于马来半岛西海岸中部，首府莎阿南（马来语：Shah Alam）是一个新兴城市。雪兰莪州全境环绕吉隆坡和布城这两个联邦直辖区，北部与霹雳州为邻、东部接彭亨州南部并与森美兰州为邻。雪兰莪和吉隆坡常合称为雪隆。

雪兰莪州是马来西亚人口最多的州属，2010年人口计有5 411 324人。种族比例是：马来人52.9%，华人27.8%，印度人13.3%，其他种族6%。雪兰莪是马来西亚的交通和工业中心，因为经济的发达，也引进了不少的外籍劳工，是马来西亚引进最多外籍劳工的州属。这些外籍劳工主要来自邻近的印度尼西亚、菲律宾、越南、缅甸、孟加拉、印度、巴基斯坦、中国、尼泊尔等。但其中有不少的外籍劳工属于非法入境，特别是来自印度尼西亚的非法移民，这使得雪兰莪的人口急速增长。

　　雪兰莪为马来西亚经济最发达的州属，州政府在2005年8月27日正式宣布该州为马来西亚的第一个先进州属。国民生产总值（GDP）的人均购买力（PPP）在2008年为33 147美元，远高于其他的州属，在2008年的人类发展指数为0.907，这数据与一些发达的经济体如德国、英国和韩国相当。农业贡献了雪兰莪经济的3.1%，雪兰莪主要的农作物为棕榈、橡胶、杨桃、木瓜、香蕉、稻米、火龙果等。旅游业占雪兰莪州经济的比重越来越多，州内也有许多的旅游胜地。位于双威镇内的双威乐园（Sunway Lagoon）为马来西亚最大的主题乐园之一，位于瓜拉雪兰莪的萤火虫公园是世界少数的萤火虫保护地之一。由于州内的体育设备完善，许多国际赛事也在雪兰莪举办，如一级方程式赛车。

　　5. 霹雳州（Perak）

　　霹雳州是马来半岛11个州当中第2大的一个，面积约21 000平方千米，北部连接马来西亚东北部的马、泰边境以及吉打州，西北部接壤槟城，东边有吉兰丹州和彭亨州，南边与雪兰莪州相邻，马六甲海峡则处于霹雳州西方。"Perak"在马来语的意是银，大概来自霹雳州以前主要产品锡的银色颜色。此外也传说霹雳州地名其实源自河里鱼儿在阳光下闪烁似银而来。

　　霹雳州现有人口大约两百万，原为全马人口最多的州属。由于锡产业下滑所导致的经济问题仍然存在，而经济问题引致了人口流失到其他经济增长率较高州属，如槟城、雪兰莪州和吉隆坡联邦直辖区。2001年估计种族分布为：巫裔占53.68%（1 101 105人）、华裔占31.35%（643 129人）、印裔占12.78%（262 121人）、其他占0.32%（6 536人）以及非公民占1.87%（38 345人），其中华裔人口比例是马来西亚一级地方行政区的第二名。

　　霹雳州首府是怡保（Ipoh），英殖民时期以市内繁荣的锡矿开采业著名，但锡价下滑使其经济受到了影响。霹雳州苏丹皇宫则位于皇城江沙（Kuala Kangsar）。霹雳州白天时阳光普照，夜晚凉快，傍晚偶尔下雨。州内气温纪录最低23℃，最高33℃。年均雨量为3 218毫米。

　　6. 彭亨州（Pahang）

　　彭亨州是西马来西亚最大的州属，州首府为关丹（Kuantan），皇城位于北根（Pekan）。彭亨州的面积35 964平方千米，人口1 448 000。州最高统治者为苏丹阿末沙·彭亨州位于马来西亚半岛东海岸，由高山及海岸所组成。马来西亚半岛最高山峰大汉山（Gunung Tahan）位于彭亨州北部，约80%土地为原始森林。大马主干山脉蒂蒂汪沙山脉穿越此州，使此州拥有著名的金马伦高原、云顶高原、国家公园等。彭亨州由11个县组成：文冬县、百乐县、金马伦高原县、而连突县、关丹县、立碑县、马兰县、北根县、劳勿县、云冰县、淡马鲁县。

7. 玻璃市州（Perlis）

玻璃市州是马来西亚最小的州，没有下分县级单位，简称玻州。玻璃市的首府是加央（Kangar），亚娄（Arau）是玻州的皇城，也是皇殿所在地，位于加央以东十千米处。另一个主要城镇巴东勿刹（Padang Besar），位于马泰边界。玻璃市港口（Kuala Perlis）是玻璃市河的河口，是前往对岸浮罗交怡（Pulau Langkawi）及泰南沙敦的渡头与玻州主要渔业港口。加基武吉（Kaki Bukit）因昔日盛产锡矿而发展，其他小镇包括新路（Pauh）、马打亚逸（Mata Ayer）、双弄（Sanglang）、十字港（Simpang Empat）、新港（Sungai Baru）、柏斯里（Beseri）、武吉格蒂里（Bukit Keteri）、旺吉连（Wang Kelian）、朱宾（Chuping）。

玻璃市州使用的语言主要是马来语。马来语可依据不同地方而出现不同的腔调，或许可以归纳成次方言，如东海岸腔（细分为吉兰丹腔、登嘉楼腔）、北马腔（细分为槟城、吉打、玻璃市腔）、南马腔（细分为柔佛腔）、沙巴腔、沙捞越腔，当中玻州马来语以北马腔为普遍，华语及淡米尔语仅使用于同族之间。因不同的音系或发音，每个地方腔调都有一些各自的造字。玻璃市州华人多是福建人，相较于其他籍贯方言如潮州、广东、客家、海南，闽南语较广用，属于北马福建话。其他用语是英语。

按2010年统计，玻璃市州人口达220 110人，其中马来人193 641人（87.98%）、华人17 522人（7.96%）、泰裔5 329人（2.41%）、印度人2 675人（1.22%）、其他土著943人（0.43%），人口密度是273.56人/平方千米。除了联邦直辖区，玻璃市州是第4人口稠密州属，位于槟城、雪兰莪、马六甲之后。"唐遏"是华人与泰裔通婚的后代，在玻州亦算普遍，主要因为华人与泰裔多生活在同一个社区，也可能是相同信仰佛教而容易融合。

玻州的官方宗教是伊斯兰教，其他宗教包括佛教、华人传统民间信仰、印度教、基督教、道教、锡克教，无神论及巴哈伊教则非常少数。

经济以农业为主，其他辅助经济包括渔业、林业、制造业与轻工业、旅游业。

8. 吉打州（Kedah）

吉打州位于马来西亚（马来半岛）西北部，北部与玻璃市州和泰国的宋卡府及惹拉府为邻，南部和西南部与霹雳州及槟城州为邻。吉打州被暹罗统治的时期，被称为Syburi。加上浮罗交怡岛的吉打总面积约9 425平方千米，总人口约1778 188人。2003年的种族比例是：马来人（1 336 352人）、华人（252 987人）、印度人（122 911人）、非公民（35 293）和其他（27 532）。

吉打州的首府是亚罗士打（Alor Setar）。其他的主要城市有双溪大年（Sungai Petani）和居林（Kulim）。另外，位于岸外的浮罗交怡岛（Langkawi，汉语圈常译为兰卡威）是吉打州的一个著名的旅游胜地。

除此之外，吉打州盛产稻米，是马来西亚的"鱼米之乡"。马来西亚的国父、也是第一任首相的东姑阿都拉曼与第四任首相敦马哈迪医生都来自此州。

9. 柔佛州（Joho）

柔佛州是马来西亚13个州属之一，首府为新山（马来语：Johor Bahru）。柔佛州位于马来西亚的南部，同时也是亚洲大陆最南端，东面临中国南海，西面临马六甲海峡与印度尼西亚苏门答腊相望，南面隔着柔佛海峡与新加坡毗邻。

柔佛州面积为19 984平方千米，在马来西亚联邦里排名第五，人口3 385 000，排名第二。根据马来西亚2000年人口普查，柔佛州54%人口为马来族，35%为华族，7%为印度族。柔佛州的最高点为金山（1 276米）。柔佛州的海岸线总长约400千米，主要岛屿有奥尔岛、龟咯岛、幸福岛、四湾岛、拉哇岛等等。

柔佛属于赤道多雨气候，每年11月到2月都会有来自中国南海的季风。年平均降雨量为1 778毫米，平均气温介于25.5℃到27.8℃之间。

10. 登嘉楼州（Terengganu）

旧称丁加奴，是马来西亚位于西马的州属。这个州东临中国南海，西北部与吉兰丹州交界，西南部有彭亨州。登嘉楼面积12 955平方千米，人口101万人，首府是瓜拉登嘉楼（Kuala Terengganu）。人口比例为：马来人占94%（859 402人）、华人占5%（42 970人）、印度人4 355人、其他3 238人。

丁加奴在伊斯兰教未传入前，是佛教与印度教文化混合万物有灵论而成的传统信仰社会。8世纪左右，丁加奴属于三佛齐的势力下。1365年成为满者伯夷帝国的藩属。15世纪成为满剌加苏丹国（马六甲王朝）的一部份。16世纪臣服于暹罗。18世纪出现首位苏丹。1909年大英帝国取代暹罗取得了对丁加奴的控制，使之成为大英帝国不列颠之保护领，而后丁加奴成为大英帝国的马来属邦之一。1928年发生人民起义反抗英国统治。第二次世界大战期间，马来亚为日本占领，日本政府将吉兰丹、吉打、玻璃市、丁加奴归入暹罗的一部份。而后日军挫败，上述马来亚各邦再度回到英国控制之下。1948年丁加奴成为马来亚联合邦的一部份。1957年成为独立的马来亚的一州。

2005年4月8日，在经过多次开会讨论后，马来西亚华语规范理事会正式宣布，丁加奴的华文译名改为登嘉楼。

11. 吉兰丹州（Kelantan）

吉兰丹州是马来西亚在马来半岛东海岸的一个州。首府为"哥打峇鲁"（Kota Bharu），北接泰国，东北为中国南海，西接霹雳州，南临彭亨州以及东南为登嘉楼州。

吉兰丹州是马来西亚农业重镇，同时也是马来文化的摇篮，有马来西亚最多的史前遗迹。吉兰丹在史前时代便有人类踪迹。吉兰丹古代曾与扶南、高棉、暹罗、满者伯夷及室利佛逝（三佛齐）有贸易往来。1411年，吉兰丹王国脱离暹罗控制，宣布独立。随后在1499年又选择成为马六甲王朝的保护国。1511年，马六甲被葡萄牙攻陷后，吉兰丹陷入割据混战的局面，多数君主选择归顺北部强大的北大年王国。1760年，军阀隆·尤努斯统一吉兰丹，国祚一直延续至今。1800年，隆·尤努斯的长子苏丹莫哈末一世去世。莫哈末一世没有子嗣，导致吉兰丹又陷入内战局面。1835年，苏丹莫哈末二世击败自己的叔伯后才继位。莫哈末二世与强盛的暹罗王国友好往来，随后在吉兰丹河口建立哥打峇鲁（意为"新城"）。

暹罗王国于1909年跟英国签订英暹条约，暹罗宣布放弃吉兰丹、玻璃市、吉打和登嘉楼的宗主权，将其转让给英国。吉兰丹于是和其他三邦（外加柔佛）组成由苏丹名义上领导，却由英国顾问官间接统治的马来属邦。第二次世界大战时期，日本觊觎马来亚丰富的战略物资，以及它重要的战略地位，于是决定攻打马来亚。此举一来可以取英国人而代之控制当地并扩大自己的势力，同时也可以将马来半岛作为进入荷属东印度的基地。日本第25军在1941年12月8日午夜突然在哥打巴鲁实施两栖登陆并开始向马来亚东海岸进攻，与日军在暹逻的北大年府及宋卡府的登陆行动相配合。马来亚英军总司令部决定进行抵抗，而日军从暹逻政府强行借用其军事基地支援进攻马来亚。日军先遭到印度第3军及数个英军旅的抵抗，在清除印度军在海岸线的抵抗之后便集中力量包围及迫使印度军投降。

日军在中日战争中获得很多经验，在空中支援、装甲部队、互相合作、战术及经验等方面均比盟军优胜。而盟军认为坦克不适合在东南亚的森林里战斗，但是日军使用脚踏车及轻型坦克，使士兵能够轻易穿越马来亚的热带雨林。12月11日，日军在坦克支援中南下，在日得拉打败了英印军。同时日军快速从哥打峇鲁滩头向内陆推进，以瓦解北部的防守。由于缺乏强有力海军支援，英军无法阻止日本海军在马来亚东海岸的行动。日本同时也取得了制空权，不断从空中攻击地面上的大英国协军队及平民。暹逻此时又与日本帝国签订友好条约，以建立松散的军事同盟。而暹逻由此被容许恢复对玻璃市、吉打、吉兰丹及登嘉楼四个传统马来藩属行使宗主权。1945年日军投降后，吉兰丹成为马来亚联邦的成员至今。

12. 森美兰州（Negeri Sembilan）

森美兰州是马来西亚位于马来半岛西海岸的一个州属。森美兰州首府是芙蓉（马来语：Seremban）。芙蓉市又名"花城"，因为首府里的许多住宅区都是以花卉来命名。州王宫所在地位于神安池（马来语：Seri Menanti）。有别于马来半岛其他州属君主，森美兰州的君主称为最高统治者，而并非苏丹。而且最高统治者是由州内四大部落即双溪芙蓉、林茂、日叻务和柔河的酋长选出的，而不是世袭制。

森美兰州的大马公民中（970 604人）主要以马来人土著为主（58.3%），还有华人（24%），印度人（15.7%），其他土著（1.57%），其他（0.43%）。大概40%的人口居住在芙蓉县，因此芙蓉县也是州内人口最密集的区域。其余六成人口则分布在其他县。州内的华人以客家人为主，因为地理环境靠近吉隆坡，大部分芙蓉人皆以粤语交谈。而南部靠近马六甲州和柔佛州的市镇则一般都以华语（普通话）或福建话沟通。

13. 槟城州（Penang）

槟城，亦称槟榔屿、槟州、庇能，简称为槟，是马来西亚13个联邦州属之一，位于马来亚半岛西北侧。整个槟城被槟威海峡分成两部分：槟岛和威省，而孙中山先生著名的庇能会议就在槟城举行。威省的东和北部与吉打州为邻，南部与霹雳州为邻；槟岛西部隔马六甲海峡与印度尼西亚苏门答腊岛相对。光大、槟威大桥、极乐寺和升旗山为槟城著名地标。首府乔治市是马来西亚的第二大都会区。

2013年2月22日，在雅虎网站公布的世界八大退休后最适合居住城市中，槟城被选为世界第四大退休后最适合居住城市，是这次评选中唯一入选的亚洲城市。经过英国的考察，槟城还在2013年获得欧洲颁奖的最佳市政局奖。槟城亦在2013年获选入"亚洲最宜居城市"的名单，取得第八名，在马来西亚各大城市中居首。2014年，槟城获得"全球40大最佳旅游景点"美誉，在排名中获得第八位。

14. 马六甲州（Malacca）

马六甲州，简称甲州，是马来西亚的一个州，在马来半岛南部，濒临马六甲海峡，首府马六甲市，有古城之称。马六甲州面积1 650平方千米，人口约73万。古时明史记载为满剌加，被葡萄牙侵占后，改称麻六甲。联合国教科文组织于2008年7月7日召开世界文化遗产大会，宣布马六甲市正式被列入世界遗产名录。该州主要城市为马六甲市、亚罗牙也、马日丹那、野新、万里望、浮罗士邦及爱极乐

15. 沙巴州（Sabah）

沙巴州，简称沙，是马来西亚的13州之一，位于婆罗洲岛北部。沙巴是全国第二大区域，仅次于位于其西南方的沙捞越，与南方的印度尼西亚的东加里曼丹省接壤。

沙巴享有风下之地（Land Below The Wind）或是风下之乡之美誉，原因是沙巴的位置在饱受台风肆虐的菲律宾之南，但台风不会经过这里。沙巴首府为亚庇，前名为Jesselton。其他主要城镇有山打根、斗湖、根地咬、保佛、古达、仙本那、拿笃、斗亚兰、吧巴、实必丹、丹南、兰脑、吉打毛律、万劳等。

沙巴人分为三大民族：华人、卡达山人和巴瑶人，分别使用华语、英语、卡达山话和马来语。

16. 沙捞越州（Sarawak）

沙捞越位于东马，是马来西亚最大的州，地处婆罗洲北部，东北角连接马来西亚沙巴和文莱，南面跟印度尼西亚为界。沙捞越海岸线长达800多千米。沙捞越地处赤道边缘，位于东经109°36′—115°40′，北纬0°50′—5°。

它是一个高温多雨的地方。沿海地带的年平均气温为25—30℃，内陆为22—28℃。沙捞越年平均雨量为4064毫米，每年的11月至次年3月是雨季，7月雨量最少。地势是东南高而西北低与印度尼西亚加里曼丹接壤的地方，为海拔762—1 219米的高山地带。在高山地带和沿海平原之间多是海拔24.84—457.2米。沙捞

越的河流是由东南流向西北。沙捞越还拥有马来西亚最长的河流——拉让江，全长大约560千米。毛律山是沙捞越州最高峰，海拔约2 438米。

沙捞越有着丰富的自然资源。几十年来该地出产的液化天然气和石油是马来西亚联邦经济的主要支柱，而沙捞越州只取得了5%的开采权利金。沙捞越也是世界上最大的热带硬木出口产地之一。这导致了在沙捞越进行了大规模的热带雨林采伐。最近的联合国统计数据估计，沙捞越在1996年到2000年间的锯材原木的年平均出口量为1 410.9万立方米。

由于土地辽阔，沙捞越有大片适于商品农业发展的土地。大约为40 000平方千米的该州土地被认定适于农业耕种。不过，只有不到9%的土地种植了多产的永久性作物。而这个平衡正在被种植水稻而改变，估计近年来水稻种植面积超过了16 000平方千米。该地主要经济作物是油棕以及西米和胡椒，其种植量在这几年里稳步增长。

表1-1 马来西亚行政区划

州名	马来文名称	首府	马来文名称	简称	人口	面积（平方千米）
玻璃市	Perlis	加央	Kangar	玻R、PL	231 541	821
吉打	Kedah	亚罗士打	Alor Star	吉K、KH	1 947 651	9 500
槟城	Pulau Pinang	乔治市	George Town	槟P、PG	1 561 383	1 048
霹雳	Perak	怡保	Ipoh	霹A、PK	2 352 743	21 035
雪兰莪	Selangor	莎阿南	Shah Alam	雪B、SL	5 462 141	8 104
森美兰	Negeri Sembilan	芙蓉	Seremban	森N、NS	1 021 064	6 686
马六甲	Melaka	马六甲市	Kota Melaka	甲M、ME	821 110	1 664
柔佛	Johore	新山	Johor Bahru	柔J、JH	3 348 283	19 210
彭亨	Pahang	关丹	Kuantan	彭C、PH	1 500 817	36 137
登嘉楼	Trengganu	瓜拉登嘉楼	Kuala Terengganu	登T、TE	1 035 977	13 035
吉兰丹	Kelantan	哥打巴鲁	Kota Bahru	丹D、KN	1 539 601	15 099
沙捞越	Sarawak	古晋	Kuching	砂Q、SK	2 471 140	124 450
沙巴	Sabah	亚庇市	Kota Kinabalu	沙S、SA	3 206 742	73 631
吉隆坡	Kuala Lumpur			KL	1 674 621	243
纳闽	Labuan				86 908	91
布城	Putrajaya				72 413	49

二、经济区划

1. 经济区的划分

受其地理、气候条件以及传统耕作方式的影响，马来西亚是一个以典型的热带经济作物文化为基本特征的国家。2006年，马来西亚政府为使区域在社会与经济面平衡发展，进一步推动自由贸易、促进投资以扩增经济动能，达到2020年跻身已开发国家的愿景，在"马来西亚第九计划中"宣布设立5个区域经济发展走廊，依据各区域的产业与自然条件，制定不同的发展策略及产业群聚政策，并以租税、土地、外籍劳工聘雇及各种客制化诱因，吸引本国及外国人投资各区域的重点产业。2011年更进一步发布"区域性中心城市和经济走廊改造计划"，以发现各区域当前的发展问题，并强调重点二线城市的未来发展。

五大城市及区域经济走廊包括马来西亚半岛上的柔佛（Johor Bahru）与伊斯干达（IM）、乔治城（Georgetown）与北部走廊经济特区（NCER）、关丹（Kuantan）与东海岸走廊经济特区（ECER），以及在婆罗洲岛的古晋（Kuching）与沙捞越再生能源走廊（SCORE）和沙巴发展走廊（SDC），其中有4个跟农业有关。

第一个走廊是伊斯干达，政府旨在将此区域建设为国际产业与服务中心，该地的重点产业包括电机电子、石油与油脂化学、食品加工，以及其他以农业为基础的制造业。服务业方面则包括金融、旅游、教育、物流、医疗保健及创意产业。在马来西亚第九及第十计划下，政府在伊斯干达总共投入73亿马币，并成功吸引私人投资。私人与公共投资比例由2006年的1∶1上升至2012年的13∶1。至2012年11月止，伊斯干达累计吸引1 051亿马币投资，其中64%为本国投资，36%为外国投资，估计共创造约154 000个就业机会。

第二个是北部走廊经济特区，它是马来西亚的农业重地，并有40年的半导体产业经验，因此被规划为农业与高科技发展中心，将旅游、物流及教育列为其重点发展项目。自2008年以来，估计共吸引297亿马币投资，创造42 602个工作机会。除了在乌达拉生物技术中心设立马来西亚第一个本土LED认证及测试中心外，北部经济走廊执行局还与公、私、学术教育三大部门合作设立工程科技共同研究（CREST），它除进行电机电子产业的研发外，还会为电机电子产业规划一个3年的人才蓝图。

第三个是东海岸走廊经济特区，它的主要发展项目为旅游、石化油气、农业、教育及制造业。自2007年以来，估计已吸引370亿马币投资、创造30 000个工作机会。为吸引并支持私人投资，3年内联邦政府共投入30亿进行港口与公路等基础设施，促使2012年东海岸吸引到120亿承诺投资，超过其当年的目标20%，其中75%来自本国投资。外国投资中，最受瞩目的为法国及韩国联营公司CJ Arkema投资20亿马币，在登嘉楼州Kertih Bio Polymer园区设立全球首座生物蛋氨酸（bio methionine）厂。此外，中国大陆与马来西亚将合作开发关丹工业园区，促进两国间的贸易与经济合作，并于2013年2月签属5项投资计划，吸引105亿马币，创造8 500个就业机会。①

2. 国内工商业的布局

在20世纪70年代，马来西亚摆脱先前以矿产与农业为基础经济，开始朝向多领域的经济转型。从20世纪80年代，工业领域已主导马来西亚的经济成长，高水平的投资在这里扮演重要的角色。在1997年亚洲金融危机后，马来西亚经济的恢复比起邻近国家更快速，而且已恢复到危机前的人均国内生产总值14 800美元水平。不仅如此，马来西亚政府、国家银行在2003年3月1日公布《金融领域大蓝图》，确定了马金融领域未来10年的发展策略、目标和方向，并提出加强本地金融业的措施。"大蓝图"涵盖银行业、保险业、金融机构，促进替代融资手段和国际离岸金融中心等的发展。"大蓝图"提出未来10年金融领域发展的三个阶段：2001—2003年，主要是全面扩大和提升国内金融机构的规模和实力，银行、证券和保险机构的合并与提升将在这个阶段全部完成。2004—2007年，开始加强国内金融领域的竞争压力，在这一阶段里，已在马来西亚营业的外资银行将获得与国内银行相同的经营权利，竞争将日趋激烈，2 007年后允许新的外资金融机构进入马来西亚，但本地银行仍将成为金融体系的骨干。国家希望通过这份大蓝图塑造一个强有力的国内金融体系，以面对市场开放及全球化带来的挑战，同时对经济持续增长发挥关键性作用。国家透过宏观经济计划，在指引经济活动上发挥了重要作用，但其重要性逐渐下降。马来西亚拥有亚洲最佳的经济纪录，国内生产总值从1957—2005年，每

---

① 资料来源：马来西亚五大经济走廊平衡发展，大马经济网，http://www.malaysiaeconomy.net/my_economy/econ_only_zone/zone_news/2013-05-15/23907.html。

年平均增长6.5%。2007年，马来西亚是东南亚第三大经济体，并且依据购买力评价成为全球第29位的经济体，国内生产总值净额在2008年是2 220亿美元。2007年之后，国内生产总值维持5%—7%的成长率①。2009的国民平均所得是14 900美元。2009年的国内生产总值是3 836亿美元，每人平均国内生产总值是8 100美元。②

---

① 《马来西亚的国家矿产政策》，载《国土资源情报》，Malaysia resilient against global economic slump. [2008-04-23]。

② Country Comparison：GDP（Purchasing Power Parity）.CIA. [2010-10-26]．

第二章　人口地理

第一节　人口发展

一、总人口变化

第二次世界大战结束时，马来西亚只有491万人，是一个资源丰富但人口稀少的国家，此后马来西亚人口一直保持快速增长，远远高于世界和发展中国家的平均水平。1965—1980年间，马来西亚人口年均增长率为2.5%，同期该指标发展中国家为2.3%，全世界为2.0%，1980—1990年间相应数字分别为2.6%、2.0%和1.7%，1990—1997年间则分别为2.3%、1.9%和1.5%。到1995年，马来西亚人口总数达到2 000万，50年间增长了3倍。据马来西亚统计局估计，1999年的人口总数为2 270万。

2010年马来西亚人口普查报告结果显示，全国总人口增至2 830万人，其中华裔占24.6%（639万人），比2000年时的26%有所下跌。马来西亚在2000年共有2 330万人口，在2000—2010年间，人口平均增长2%；而1991—2000年期间则增长2.6%。根据报告指出，2010年马来西亚男性总人口达1 456万人，其中土著有883万人、华裔有329万人及印裔有95万人。另外，女性总人口有1 377万人，其中土著有869万人、华裔有310万人及印裔有95万人。虽然马来西亚人口不断增加，但据估计，华族人口比例将从2010年的约24.6%，下跌至2040年的18%。而马来人将继续是马来西亚最大族群，预料在2040年将占总人口的54.1%。性别比例方面，全国的男女比例是105比100。若以每一户家庭的平均人口计算，该国的平均家庭人口为4.31人，沙巴的平均家庭人口为5.88人，为全国最高。布城、吉隆坡、雪兰莪、槟城则最少，均不超过4人。

表2-1　马来西亚总人口（单位：百万人）

年份	1980	1985	1988	1992	1997	2000	2005	2010	2013
人口	13.76	15.68	16.94	18.60	21.78	23.41	26.10	28.33	29.71

资料来源：马来西亚统计局历年统计资料。

http://data.worldbank.org.cn/indicator/SP.POP.TOTL/countries/MY?display=graph

表2-2　2002—2006年马来西亚人口的种族比例（单位：万人）

	2002年	2003年	2004年	2005年	2006年	各族占公民%
马来西亚总人口	2 452.7	2 504.8	2 558.1	2 612.8	2 664.0	-
马来西亚公民	2 297.1	2 342.4	2 388.7	2 436.2	2 480.4	100
马来西亚非公民	155.6	162.4	169.4	176.6	183.6	-
土著人口	1 500.9	1 535.1	1 570.1	1 606.1	1 640.6	-
马来人	1 232.5	1 260.5	1 289.3	1 319.0	1 347.5	54.3
非马来人土著	268.4	274.6	280.8	287.1	293.1	11.8
华人公民	592.0	599.7	607.5	615.5	622.0	25.1
印度人公民	175.2	177.9	180.7	183.5	185.9	7.5
其他公民	29.0	29.7	30.4	31.1	31.9	1.3

资料来源：《2006年马来西亚统计年鉴》。

二、出生率与死亡率

据马来西亚官方的统计，在2002—2012年的10年间，马来西亚人口从2 441万增加到了2 923万。2002—2006年人口增长率为1.9%，2007—2009年人口增长率为1.8%，2010—2012年人口增长率为1.7%。2002年，马来西亚的人口密度为每平方千米74人，2012年增加到每平方千米89人。随着城市化的发展，城市人口迅速增加。2002年，马来西亚的城市人口占总人口的64.2%，2012年上升到73.4%。

表2-3 2002年马来西亚人口情况统计

总人口（万人）	2 441	人口自然增长率（%）	2.0
男性人口（%）	50.4	粗出生率（‰）	20.7
女性人口（%）	49.6	粗死亡率（‰）	4.4

表2-4 2012年马来西亚人口情况统计

总人口（万人）	2 923	人口自然增长率（%）	1.7
男性人口（%）	48.5	粗出生率（‰）	17.6
女性人口（%）	51.5	粗死亡率（‰）	4.7

马来西亚的总死亡人数从2009年的13.1万人下降至2010年的12.9万人，2010年的死亡率是4.8。在此期间，男性的死亡率一直是高于女性，即男性死亡率为58%，女性死亡率为42%。男性和女性的死亡率都下降，分别从5.5降为5.4和4.2降为4.1。按年龄组的死亡人数表明，其中男性各年龄组的死亡率也都高于女性，除了80岁或以上的男性。2012年总死亡人数为14.6万人，非传染性疾病估计占所有死亡的73%。其中造成死亡的最主要原因为心血管疾病，人数达到5.2万人左右。传染性、孕产妇、围产期和营养疾患造成的死亡人数为2.3万人左右，是第二大致死原因。

表2-5 2012年马来西亚死亡人口统计

致死原因	所占比例（%）
心血管疾病	36
癌症	15
损伤	11
传染性、孕产妇、围产期和营养疾患	16
糖尿病	3
慢性呼吸系统疾病	7
其他非传染性疾病	12

资料来源：http://www.who.int/nmh/countries/mys_zh.pdf

按族群进行比较，在2010年，最高死亡率依然是印度人（5.8%），其次是华人（5.4%），马来人（4.9%），其他土著（3.7%）和其他（2.1%）。印度人和华人的死亡人数在上升，分别是增加2.9%和0.6%，尤其是槟州华人中，艾滋病患者感染率虽非最高，但死亡率却很高。而马来人，其他土著和其他族群的死亡人数则下降。

表2-6　2009—2010年马来西亚按族群区分的粗死亡率

族群	死亡人数（人）		粗死亡率（每千人口）	
	2009	2010	2009	2010
合计	130 135	129 327	4.8	4.8
马来人	69 496	68 601	5.0	4.9
其他土著	11 568	11 316	3.8	3.7
华人	34 268	34 481	5.4	5.4
印度人	10 716	11 027	5.7	5.8
其他	4 087	3 902	2.2	2.1

第二节　人口结构

随着马来西亚国内医疗和经济水平的提升，目前马来西亚人的人口平均预期寿命比十几年前有所增加，其中又以华裔女性的平均预期寿命为最长。马来西亚拥有大批年轻、受教育程度和生产技能较高的劳动力资源。35岁以下人口占总人口的60%以上，劳动年龄人口占总人口的绝大部分，国民识字率高达93.7%。但马来西亚人口在快速增长的同时，也呈现出了明显的人口老龄化现象，60岁以上的老人逐年增多。现今政府通过科学的方式收集与整理，重新统计国家总人口、流动性、居住环境、家庭月入、生活水平、家庭状况、教育与信仰等方面数据，并从中规划国家与社会未来发展结构，例如设计民生、公共服务、基本实施、软硬体发展等未来施政方针，对促进马来西亚的发展起着关键作用。

一、年龄结构

目前马来西亚的人口结构仍属年轻化，15—64岁的成年人是马来西亚人口的重要的组成部分。根据人口普查的结果，马来西亚国民中15—64岁成人所占人口比例在2002年为63.9%，2006年为66.9%，2010年为68.1%，2013年为68.5%。人口次之为15岁以下的儿童，其所占比例在2002年为32.1%，到2012年降低到了26.1%，呈现出下降的趋势，这主要因为马来西亚国内近年的生育观念与独立之初有所不同。妇女开始参与工作，并不是只从事家务劳动。家庭对生育的观念也从多生向优生慢慢转变，因此，每户生育孩子的数量呈现减少的趋势。

表2-7　2006—2010年马来西亚人口年龄分布（单位：万人）

年份	年龄分布			人口
	0—14	15—64	65+	
2006	782.38	1 785.68	115.07	2 683.15
	28.7%	66.9%	4.4%	
2007	779.05	1 820.29	119.26	2 718.60
	28.7%	66.9%	4.4%	
2008	775.74	1 854.72	123.60	2 754.05
	28.2%	67.3%	4.5%	
2009	772.42	1 888.97	128.15	2 789.53
	27.7%	67.7%	4.6%	
2010	769.05	1 923.01	132.99	2 825.05
	27.2%	68.1%	4.7%	

资料来源：http://www.malaysiaeconomy.net/my_economy/my_population1/1891/2012-07-11/20447.html

反观之，65岁以上的老年人口数量正在逐年上升，其所占比例从2002年的4.0%，2006年的4.4%，2010年的4.7%，上升到了2013年的5.4%。这些指标的发展趋势都表现出马来西亚人口年龄结构正向老龄化转型。按照联合国和世界银行制定的进入老龄化的通常标准，即一个国家60岁以上人口达到总人口10%，或者65岁以上人口达到7%，就可视为进入老龄化社会。据当前的人口基数和未来的发展趋势估测，预计到2020年，马来西亚人口总数将达到3 500万，老年人口约为340万。估计到2030年，马来西亚超过60岁以上的人口会倍增，老年人口数大约会占据该国总人口数的15%，此数据标志着该国已进入老龄化社会。

老龄人口比例的增长，主要原因为卫生医疗条件和居民生活条件的改善。全球范围内，卫生事业不断发展进步，比如人类疫苗和抗生素的出现与发展，先进医疗设备的推广，尤其在人口较为集中的发展中国家不断加大对疫苗、抗生素和先进设备的使用力度，这些手段的应用无疑对成功延长人类寿命起到了积极的作用。就马来西亚来说，该国男女人口寿命平均值的不断延长就可作为一个明证。2010年的统计结果是，男士平均寿命为72.6岁，女士平均寿命为77.5岁。但如今，马来西亚男士的平均寿命已增长为74.2岁，女士则增为79.1岁。展望未来，如此推进的老龄化趋势无疑会在不久的将来对马来西亚进一步的发展产生一定的制约。

二、民族结构

马来西亚是以马来人、华人、印度人三大民族为主体的多元种族国家。除此三大主体民族之外，还有塞芒人、赛诺伊人、贾昆人等，及少量欧亚混血人，共有32个民族和部族生活在这里。马来西亚的三大民族，追根寻源都算不上是当地土生土长的民族，他们是在悠久的历史岁月中逐步迁移到马来半岛、沙巴及沙捞越地区居住的。而马来半岛上还有一些原住民，他们世世代代生活在这里，他们的祖先早在旧石器时代就已生存在马来半岛上。

（一）主要民族

1. 马来人（Malays）

马来族是马来西亚的主体民族，1 547万人（2010年数据），占总人口的54.6%。马来人主要分布在西马的丁加奴州、吉兰丹州、玻璃市州、吉打州、彭亨州5个州，还有一部分生活在东马的沙捞越。代表性聚居区则为西马东北部的产稻平原、西马西北部的太平市到泰马边界的沿海地带和从马六甲市以南直至柔佛州的南部沿海地区。他们在政治上也居于主导地位，有着共同的文化，讲着同一种语言——马来语，这也是马来西亚的国语和官方语言。

关于马来族的由来，说法不一，有马来学者在考察了云南少数民族的村庄和昆明的穆斯林后，从现有的语言、文化、人类学的研究和出版物中得出马来族是来源于中国云南这一结论。有的学者则认为，马来人的祖先是来自印度尼西亚的苏门答腊岛。而比较受大众认可的一种观点则是马来人的祖先属蒙古人种，大约在公元前2500年从亚洲中部迁移到马来半岛生活，历史学家称其为原始马来人或前期马来人。随后在公元前300年左右又有一批蒙古人种居民从亚洲中部迁入，他们称为后期马来人，就是现代马来人的祖先。这些移民与当地原住民融合，逐渐形成今天的马来族群。

城市的马来人大多住在砖石结构的房子或高楼中，而在乡村和城市郊区，马来人仍住在传统式"高脚屋"里，这是一种离地数尺，用若干根木柱支撑起整个房子的单层建筑。其特点是既能防潮湿，又能防蛇鼠的危害。马来人在国内拥有非常优越的地位，享受可以优先参与竞选、任职等优待政策。而在经济领域，马来人绝大多数从事农业和种植业，种植橡胶、椰子、水稻、可可等，有卓越的蔬菜栽培技术，渔业和航海业发达。之后通过"新经济政策"和固打制政策的推广执行，马来人和土著人一样在升学、就业、从商、办企业等方面都享有了更多的优惠政策。

马来人基本上都信奉伊斯兰教，马来西亚政府在生活、教育等方面都十分重视宗教问题，还专门设有负责宗教事务的机构。传统上马来人的社会组织带有封建制的色彩，贵族平民之间界限分明。婚姻传统上由父母安排，典型的家庭包括夫妻及其子女，婚姻及继承制度均受伊斯兰律法的约束。

马来族所制作锡制品、风筝、皮影戏等传统工艺，都能体现出他们灿烂的民俗文化，并且还在建筑、雕塑、绘画、戏剧、音乐、舞蹈诸多方面均取得丰硕的成果。

2. 华人（Chinese）

马来西亚华人，又称马来西亚华裔，简称大马华人或马华，是马来西亚籍的华族。在马来西亚独立初期华族占总人口大约37.2%，但由于出生率较低，2010年，华人人口已经降到总人口的24.6%，现今人数为六百多万，是马来西亚的第二大民族。华人移民最早的落脚点是槟榔屿和马六甲。现今，华人在西马和东马都有分布，以西马居多。西马的华人主要分布在马来半岛西海岸，在中央山脉以东华人很少。在槟榔屿、雪兰莪、霹雳、森美兰、马六甲和彭亨等州，华人较多，在当地人口中所占的比例为33%—66%。东马的华人约占全国华人总数的12%。在华人聚居区中，地方方言成为最普遍的日常用语。使用最为广泛的是广东粤语和福建闽南语，海南话和客家话次之。

在马来西亚的吉兰丹州有一些为数极少的土生土长的华人，他们的生活习惯不同于普通华人，在诸如语言、服饰、饮食和起居等很多方面都极似马来人。追溯其祖先的来源，说法不一。一些西方学者根据考察认为，这些土生华人的祖先在18世纪左右来到吉兰丹地区经商或从事胡椒等种植业，后来沿着吉兰丹河迁移至州的内陆地区生活，他们多与当地的暹罗人或马来人通婚，生下的后代就是土生华人。尽管这些土生华人很多方面已被同化，对华语和中国方言一窍不通，但在宗教信仰方面，他们依然信奉佛教和道教，在婚俗方面还保留部分华人的传统。

早在公元前2世纪到公元前1世纪，已有中国人到达马来半岛南部和经罗州北部（今东马地区）。到了唐朝时期，更多的商人乘船来到马来西亚经商贸易。满刺加王国时期（1402—1511年），有华人在马六甲定居，并同当地人通婚。明朝永乐年间，郑和"七下西洋"，先后5次到达马来西亚。18世纪后半期，英国殖民者侵入马来西亚，为了在马来西亚开辟种植园和采矿，从中国东南各省招募来大批廉价的契约劳工，这是华人移入最多的时期。在马来半岛发现了丰富的锡矿后，又有大批的华工被输入开采锡矿。作为马来西亚经济支柱的两大产业——锡矿业和橡胶种植业，大都是由华工来承担，华工已经成为开发马来西亚的主力。第二次世界大战后，中国移民的迁入基本停止，所以现在近90%的华人是在马来西亚当地出生的。

马来西亚华人大都住在砖石结构的房子里，在城市主要住在排屋、公寓楼房、别墅洋房中。其中，排屋为一户挨一户，一排挨一排，分单层、双层、三层，其中还有独立式和半独立式的构造，这种集中式的住宅比较适合中国独门独户的居住习惯，故最为常见。且在家庭的装饰布置方面，华人家庭仍体现出许多中国风格。长期以来，华人为马来西亚的经济发展做出了重要的贡献。在移民初期，广东籍华人多偏重于农耕和开矿，福建籍的华人多从事捕鱼与经商。葡萄牙人和荷兰人统治马六甲时期，施行了甲必丹制度。在马来西亚早期华人中，那些有管理才能、有威望而又有卓著贡献的人士，多数具有甲必丹的头衔。他们既是官员，也是大经营家，是既有财富又有权力的富贾之人。据估计，目前在城市经商、做工的华人和在乡下务农的华人约各占一半。马来西亚华人长久以来还热心致力于华文教育，自筹资金开办了许多华文学校，马来西亚华校董事联合会总会（简称董总）和马来西亚全国华校教师联合会总会（简称教总）是马来西亚华人教育界最具影响力的两个民间组织。

马来西亚的华人多信奉佛教，佛教文化已渗入到广大华人的生活中，其中多数信奉大乘佛教。现今，吉隆坡和槟城是全国的两大佛教中心。槟城的佛教名寺极乐寺是马来西亚最大的华人寺庙，也是东南亚最大、最富丽堂皇的佛寺。另外，道教也是华人信仰的主要宗教，各种道教组织团体的分布也十分广泛，并成立有马来西亚道教组织联合会，总部设在吉隆坡。除此之外，马来西亚华人的宗教信仰组织还包括许多以所供奉的人或神的名字命名的寺庙组成的宗教团体，诸如仙法师公古庙、仙四师爷庙、玉封善天法师公坛、关帝庙等等。

3. 印度人（Indians）

东南亚地区的印度人是在数量上仅次于华人的第二大移民群体，马来西亚则是东南亚地区印度人最多的国家，其总数约为180.7万，占该国人口的7.6%，仅次于马来人和华人，是马来西亚的第三大民族。由于印度的种族非常复杂，因此移居马来西亚的印度人也不都属于一个民族。根据语言文字、宗教信仰及生活习俗的差异，马来西亚印度系民族又分为泰米尔族、齐提族、锡兰族、锡克族和巴基斯坦族，其中泰米尔族是人数最多的一个民族，约占总数的80%，其余的印度系民族占20%。马来西亚的印度族使用的民族语言是泰米尔语。政府发布的通信或文告，都用泰米尔文作为当地印度各族的代表文字。

大约在公元初年就有印度僧人在马来半岛传播印度教。印度人大量移居马来西亚是从19世纪后半期开始的，这时英国殖民者为了在马来西亚兴办种植园和开矿而从印度招募来大批劳工，大批的印度人开始移居马来半岛。这一浪潮直到20世纪30年代世界经济大萧条时才逐渐停滞下来，移民进入马来西亚受到殖民官方的诸多限制。而到20世纪50年代初，马来西亚开始对移民实施严格的限制，仅限于那些印度的专业技术人员才能较便利地移民到马来西亚。

目前印度人绝大多数分布在西马西部和西南部，集中在吉隆坡、巴生港、马六甲一带，以及吉打等河谷地区。东马的印度人大都住在海边城镇。在移民初期，据史料记载，最早来马来西亚定居的印度人是齐提族人，他们主要是商人，而且绝大多数人经营贷款生意。移居马来西亚的泰米尔人主要是当兵或充当劳役。现在马来西亚的印度人主要居住在农村，大都在大种植园工作，只有少数人居住在城市从事商业和专业技术工作。吉隆坡、槟城、怡保、太平等城市都有较大的印度人居住区。印度人注重民族团结，凝聚力比较强。他们重视子女教育，培养了许多受过良好教育的专业人才，印度裔的医生、律师在马来西亚该行业的从业人员中所占的比例相当高。在城市中，印度人和其他民族的人们一样，主要住在砖石结构的房子里。在农村，印度人主要住在种植园中，也有许多印度人居住在马来式的高脚屋中。

马来西亚大多数印度人信奉印度教，信徒人数占该族人口的70%左右，其中泰米尔族和齐提族是虔诚的印度教徒，锡兰族也有一部分信奉印度教，还有一部分锡兰族人信奉佛教。锡克族人信奉锡克教，绝大多数锡克教徒都是素食者。另有少数印度人，主要是巴基斯坦族人，信奉伊斯兰教。

4.其他少数民族

在西马，少数民族以塞芒人、塞诺伊人和原始马来人为三大土著少数民族，他们在民族起源、人种类型、语言、规模及其他一些文化生活特点上各不相同，但都处于狩猎和采集经济阶段，都信奉原始宗教。他们大多居住在内地偏僻的森林地区，有少数部落分布在沿海或沿河地带。因生存的地域环境不同形成了马来半岛北部、中部和南部的土著人在外形上的差异。半岛北部的土著人外形更能体现出古人类的遗传基因，他们身材矮小，皮肤黝黑，鼻子的特征是扁而宽，面颊骨低，头发自然卷曲。而生活在中部地区的土著人外形就有了变化，他们皮肤颜色较浅，头发卷曲得没有北部人厉害，呈波浪型。至于生活在半岛南部的土著，比起中部的又有所不同，他们的皮肤较白，头发不再卷曲，近似直发。东马的少数民族是当地的土著居民，他们尽管族称不同，发展水平也不一样，但都属南方蒙古人种马来类型。他们各自所操的语言也都同源，皆属南岛语系印度尼西亚语族。人种学家把他们称为"类马来人"，以区别于马来人。由于长期居住在大森林里，与外界的联系很少，马来西亚的少数民族受外来文化的影响较小。在民族文化经历中没有历史著作和文学著作，建筑也不发达，主要的艺术形式是舞蹈和手工艺。

（1）塞芒人

塞芒人是西马土著民族中人数最少的一个，却是最早生活在这块土地上的土著民族。此民族属于尼格罗—澳大利亚人种尼格利陀类型，头发卷曲，皮肤为深褐色，鼻梁低凹，嘴唇厚而阔，身材矮小。据考古学家和人类学家研究，塞芒人最初是由印度向东方迁移，经过缅甸、越南、暹罗（今泰国），来到马来西亚。塞芒人使用的塞芒语与塞诺语相近，属于南亚语系马六甲语族。现在塞芒人共有贾海人、巴特克人、梅尼克人、拉诺人、金塔克人、肯休人6个部落，主要居住在霹雳州、吉兰丹州和吉打州的森林里。主要从事狩猎和采集，有时也兼事刀耕火种农业。男子狩猎、女子采集，是塞芒人的自然分工。近些年来，一部分塞芒人已转向定居，从事旱田稻米业。尚处在游猎采集阶段的塞芒人的住所较为简陋，通常是在林中空地上用竹竿搭个窝棚栖身。塞芒人仍旧信仰古老的原始宗教，他们的宗教活动同生产生活紧密地交织在一起，构成了土著民族原始宗教信仰的一大特色。

（2）塞诺伊人

塞诺伊人是西马三个土著民族中人数最多的一个，早在中石器时代，其先祖就生活在马来半岛上，仅晚于塞芒人。此民族属于尼格罗—澳大利亚人种中的维达类型人，肤色浅淡，头发较长，卷曲呈波浪型，身材较矮。大多数人类学家认为塞诺伊人是美拉尼西亚人种的后人，但血统不纯，似乎也与中国云南、印度支那和印度尼西亚的民族有血缘关系。塞诺伊人有自己的语言，属南亚语系马六甲语族，分为四种方言，多借用马来语词汇。塞诺伊人主要分布在西马北部和中部山区的霹雳、吉兰丹和彭亨三个州，有少数居住在雪兰莪州和森美兰州。塞诺伊人分为塞迈人、特米亚尔人、普来人等支系。塞诺伊人大多数过着半游牧的狩猎、采集生活，妇女和孩子采集野果，男子外出打猎。现在，他们逐渐也学会了农耕技术，开始种植水稻、玉米、甘蔗、木薯等作物。塞诺伊人的住宅建造方式类似于高脚屋的长屋，但要比高脚屋长得多。塞诺伊人平时的衣着很少，男子用兜裆布，女子着围裙，都是用树皮布制成。绘脸和穿鼻是塞诺伊人文化的象征。塞诺伊人保留了一种称为"黄教"的传统宗教，黄教主持人称为"巫师"。近年来受马来人影响，有少数人改信仰伊斯兰教。

（3）贾昆人

贾昆人是马来西亚原始马来人中人数最多的一个分支。贾昆人属于南方蒙古人种，也明显地混有尼格罗—澳大利亚人种的许多特征。其身材较矮，皮肤为褐色，头发黑长略呈波纹状，脸部呈圆形，颧骨突出，额部宽展，鼻梁扁平。现在，所有原始马来人包括贾昆人都讲马来语，但有的部落还同时使用原始马来语，它属于南岛语系印度尼西亚语族。贾昆人主要居住在彭亨州和柔佛州，根据早期的生活方式，贾昆人分为两支：一支为陆居贾昆人，主要从事狩猎、采集；一支为海居贾昆人，主要以捕鱼为生。贾昆人也从事刀耕火种农业，种植旱稻、木薯、木瓜和芭蕉等作物，由男子开垦土地，女子负责播种和收获。贾昆人也是集体住在长屋里，也信仰古老的原始宗教，相信万物有灵。现代贾昆人在衣、食、住诸方面都与马来人很相似，并且许多人转信马来人的宗教——伊斯兰教。

（4）伊班人

伊班人因擅长航海，所以亦称为海达雅克人。主要分布在沙捞越州中西部拉让河流域地区，是沙捞越州土著民族中人口最多的一个民族，约占该州总人口的30%。该民族属南方蒙古人种马来类型。伊班人的语言属南岛语系印度尼西亚语族。伊班人原来从事刀耕火种农业，在山坡地带种植早稻，后移居河流沿岸地区，改种水稻，并种植橡胶等经济作物，有时还兼事渔猎。伊班人住在沙捞越的施格朗河及拉让河一带的一连串长屋，长屋内巫师是不可缺少的角色。但如今，长屋的数量逐渐减少，出现了各家单独建房的趋势。伊班族有很多极有特色的民族节日，如犀鸟节、达雅节、石节、鬼节等。伊班人大多数也信仰原始宗教，有"图腾崇拜"的习俗。近年来，伊班人中改信基督教新教者已渐增多。

（5）卡达山人

卡达山人是沙巴州各民族中人数最多的一个民族，占沙巴州总人数的28%。卡达山族包括龙古斯、罗笃、丹巴努斯、吉马朗安、萨那瑶、米诺哥和丁哥拉叮等多个部族。卡达山人主要分布在沙巴西海岸的平原地区和坦布南河谷的山地一带。长期以来，种植稻谷一直是他们最主要的生产活动，沙巴州出产的稻米大部分出自卡达山人之手。他们还种植水果、橡胶等经济作物。卡达山人的语言属南岛语系印度尼西亚语族。过去，卡达山人居住在长屋里。现在，在政府的帮助下，绝大多数卡达山人已搬出长屋，自立门户。住在沿海平原地区的卡达山人同住在内陆山区的卡达山人有着明显的差异，各个部落集团之间也有各自的方言和地方风俗。由于卡达山人以种植水稻为主，因此他们的宗教信仰、宗教活动、举行的各种仪式，也都是围绕着耕种稻谷、盼望好收成而进行的。卡达山人原信奉原始宗教，现在很多都已改信罗马天主教。

（二）马来西亚的民族问题

在东南亚诸国中，马来西亚的民族问题主要体现在各个民族间的融合问题。

独立之初的马来亚面临着一个复杂的多民族混居局面，每个州都分布了一定数量的马来人和华人。由于部分马来人生活在闭塞的经济落后的农村，所以，在政治和经济比较发达的地区，马来人和华人的人口数量几乎相当，占人口约38%的华人大部分居住在海峡殖民地和西马的西海岸，华人中从事小工商业的人支配着马来亚各地区之间的贸易往来，成为他们经济联系的纽带，他们或成立贸易公司经营，或挑着货担穿梭往来于各个地区之间。在农村，华人还保持着从中国带来的地缘组织形式。而占人口约45%的马来人大部分居住在农村。因为马来人和华人在文化、宗教、语言、经济地位上有相当大差别，两个族群间自然有一定的隔阂。而占人口不到10%的印度人的职业却完全不同，印度教徒大多在农村从事种殖业，承继了印度古老的村社制度，产品作为原料提供给发达工业国家，以一种不平等的方式加入了世界经济体系。而少量印度穆斯林由于宗教的因素，与马来人的交流频繁，还在一定程度上相互通婚，他们主要从事商业贸易和其他的职业。这种种族和职业的较为固定的联系使得马来西亚的民族状况变得更为复杂，也增加了马来西亚社会的民族融合难度。

华人、印度人这些后来的移民，来此的目的原本是赚了钱就荣归故里，但本国经济形势的恶化，使他们回去后无以为生，而他们在马来亚的经济结构中逐渐找到了自己的位置，适应了新的生活环境，渐渐在一定的程度上融入了马来亚社会中。随着移民中男女比例的持平以及在本土出生的第二代或者第三代华人和印度人的逐渐成长，移民社会内部也发生了分化，形成的相对稳定的社会结构。直到第二次世界大战后国际舞台上意识形态的对立，中国成为社会主义阵营的成员后，情况才发生了变化。马来亚国内的英国殖民者对马来亚共产党（其中大部分为华人）的镇压以及华人逐步与新居住地建立了更加紧密的经济联系，终于使大部分华人彻底断绝还乡的念头。马来西亚独立后，双重国籍问题的解决，也使华人在一定程度上适应了这里的社会生活。在1959年马来亚大选的参选人数中，就有75万华裔成为合法选民，占选民总数的35.6%，已接近华人占人口比例的实际份额。同时，还有大量受过教育的华人加入马华公会，他们力争在政治上有所作为，以便更好地服务于自己族群的经济利益。这表明独立后，马来西亚华人已经开始认同了这个新的政治经济共同体，十分主动地参与这个国家的事务，试图真正成为这个国家的一份子。当然华裔在文化上并没有失去自己固有的民族特色。由于华人在数量上的可观比例，迫使马来亚的历届政府不可能实行如同印度尼西亚和泰国那样的以原住民为主体的同化政策，而只能使马来亚和以后的马来西亚成为一个以马来族为主体的文化与社会方面多元的国家，这同时也使得马来西亚的民族融合问题变得更为复杂。

所谓"马来人特权"，即马来人承认华人和印度人的公民权，作为交换，其他民族承认马来人享有政治经济上的特权。但即使这样，由于保持了殖民时期的政治经济结构，政府执行自由放任的经济政策，没有直接干预经济领域，再加上马来人经济实力薄弱和传统守旧的心理，使马来人在经济领域内实际上仍然处于劣势。这也是以后马来西亚社会发展过程中马来人与其他民族产生矛盾的经济因素。

独立后很长一段时间，经济的发展大体上还是沿着殖民地时期的经济模式进行。华人经济地位比殖民时期有所提高，虽然少有华人资本能够进入大规模的加工业部门，因为在这些部门中，外资靠他们强大的技术上的优势和方便的资源来源始终占统治地位，但在这些外资公司受雇工作的人却主要是华人。同一时期马来人的企业则是一些小规模的与农业直接相关的加工企业，主要经营棕榈油、亚麻的初级加工业和小手工艺品制作业等等。尽管马来西亚政府早期建立的一些专门资助马来人企业的机构也扶持了一些工业和加工业的马来企业主，但由于这些人基本属于"官商"，与完全依靠自己的力量生存的工商业阶级显然还是有很大的差别。

在农村中，农业的基本结构与殖民前相比几乎没什么变化，华人主要从事出口定向的种植业比如橡胶业。而偏重马来人利益的政府坚持传统的土地种粮食的政策，马来人大多从事粮食种植，但由于条件制约，种植方式并不适合发展大规模的集约化耕种。所以，尽管政府有意识地扶持马来人的经济活动，马来人的经济状况却没有多大的改观。许多马来农民生活陷入困境，甚至不能保障其最低的生活水准。另外，职业与种族的一些固定的模式尚未被打破，各民族在职业之间的流动性小得几乎不能被察觉，马来人很自然认为自己的贫穷是受到了华人在经济上的剥削，这就加剧了各民族之间原本就紧张的关系。

（三）马来西亚的民族政策

马来西亚的民族政策可以用一句话概括——马来西亚政府在全国全面推行"马来西亚化"政策，在政治，经济、文化教育等方面对华人、印度人和其他民族进行压迫和限制。

1946年成立的"马来民族统一机构"，独立后一直是执政党。该党纲领主要是：维护马来西亚的主权和独立，尊重宪法，保护特别是关于国教（伊斯兰教）、国语、马来统治者的权力及马来人的特权；致力创建一个团结而强大的马来民族；努力促进马来人的经济发展；创造一个以马来文化为主的国家文化。从其党纲中可以看出，与民族有关的规定，都是为了实现"马来化"。

在经济方面，1970年政府颁布新经济政策，也叫"土著政策"。这一政策大力扶植马来人经济，束缚、限制非马来人，以纠正马来人与非马来人的经济不均衡状态。其目标是"消除贫困"，"重组社会"，重点是发展"以马来人为中心"的私人资本。在1976—1980这个五年计划期间，实行"企业协调法令"，加强政府干预，提高了马来人在工商业中的权益。对此不满意的主要是华人和印度人中的小业主。

在文化方面，政府也全面推行"马来西亚化"政策，强行同化其他民族，规定马来语为国语。中学只承认英语、马来语为教学用语。华校要想得到政府经费，必须进行重大改革，不少华校不要经费，坚持不改革。但政府对这类学校则采取强硬手段，不承认其文凭，使这些学校的毕业生升学就业成了问题。华人、印度人在接受高等教育方面，受到的限制不少。70年代起，高校扩大招生名额，但主要录取马来族人。在就业上，华人遇到的困难更多。当局推行新经济政策目标之一是提高马来人的就业率，规定在矿业、制造业，建筑业、商业等传统上华人占优势的行业，马来人必须占一半以上，大量马来人由农村涌入城市，许多华人的饭碗被挤掉、夺走。华人毕业生要找工作，困难重重。马来西亚的强制同化政策，引起华人和印度人的强烈不满，潜藏着社会危机。

马来西亚在物质资源和人力资源方面，应该说都优于新加坡，但当新加坡成为亚洲四小龙之一时，马来西亚经济的发展却在停滞或徘徊。这不能不说，民族关系不睦是其重要原因之一，民族摩擦乃至冲突对经济发展是十分不利的。因此在马来西亚政府不断采取各种措施致力于民族关系的改善之后，马来西亚的民族关系也逐渐朝着和睦、和谐的方向发展，慢慢呈现出了稳定的政治局面。

三、教育程度构成

马来西亚总人口虽较少，人均受教育程度却较高，教育水平名列亚洲前茅。因为马来西亚政府十分注重对教育的投入，在马来西亚国家教育体系里，为全民提供健全的教育是中央政府的职责。如表2-8所示，从2000年到2010年，马来西亚15岁以上的成年国民识字率有明显提高。2000年成年人识字率为88.69%，2010年则达到了92.46%。2000年时男性识字率远高于女性，2010年两者差距明显减少。

表2-8　2000年与2010年马来西亚15岁及以上成人识字率对比（单位：%）

	2000年	2010年
总计	88.69	92.46
男性	91.97	94.58
女性	85.35	90.29

资料来源：World Bank WDI Database. http://www.stats.gov.cn：82/ztjc/ztsj/gjsj/2012/201306/t20130627_74042.html

　　教育在马来西亚社会生活中占有重要地位。马来西亚古代教育是随着佛教、印度教、伊斯兰教在马来亚的传播而出现的。寺庙既是公众进行宗教活动的中心，同时也是进行教育活动的场所。整个中世纪，宗教特别是伊斯兰教，主宰着马来亚教育的发展。到19世纪，伊斯兰教育已经完全制度化。马来亚儿童从6岁开始就接受伊斯兰教育，开始背诵用阿拉伯文写成的《古兰经》，伊斯兰教育一直持续到儿童成年为止。

　　19世纪，英国东印度公司和罗马天主教会、英国圣公会、美国卫理公会在马来亚开办了一批英文学校。19世纪70年代，英文学校得到海峡殖民地政府的资助。1941年，创建了马来亚大学以及几所商业和职业学校、一所技术学院和一所农业学校。从此，马来亚开始有了现代高等教育。除招收马来人外，英文学校还招收华人和印度人。但在近代，多数马来人得不到正规的学校教育机会，仍按传统的教育方式接受教育，或只能接受初等马来学校教育。

　　独立以来，为适应社会经济发展的需要，马来西亚政府十分重视教育的普及和发展。马来西亚政府设立教育部，负责推进教育事业的发展。

　　20世纪60—70年代，马来西亚高等教育事业飞速发展，马来西亚政府每年用于教育事业的经费一般占国家预算的16%左右。教育经费的分配情况是：34%用于初等、中等教育，25%用于职业和技术教育，16%用于高等教育，25%用于其他教育。除办好国内教育外，马来西亚政府还积极鼓励学生到西方国家深造。近年来，一些马来西亚高等学校还和西方一些高等学校开展合作，培养人才。

　　马来西亚初等教育事业发展很快，普及率很高。1965年，马来西亚小学入学率为90%，小学生人数为142万人。1973年，小学入学率升到91.6%。1991年，马来西亚各类小学注册学生人数达245万人，学龄儿童入学率为100%。1991年，马来西亚全国识字率达到76%。马来西亚中等教育也发展得较快。1965年，马来西亚初级中学学生人数达25.2万人，高级中学学生人数4.4万人，中学六年级学生约4 200人。1970年，初中学生41.8万人，高中学生9.9万人，六年级学生1.16万人。1971—1972年度，初级中学入学率为60.8%，高级中学入学率为24%。到1986年，中学生入学率达到54%，中学生总人数达130万人。高等教育也飞速发展。1965年，马来西亚在校大学生只有2 800人。1970年，在校大学生人数增加到8 500人，大学生入学率仅为1.2%。1985年，大学生入学率提高到6%。1990年，马来西亚在校大学生达5.1万人。1991年增加到6万余人。

四、宗教信仰构成

马来西亚与其他东南亚国家一样，是一个多宗教并存的国家。宗教在马来西亚人民的政治、社会和日常生活中占有十分重要的地位，并且深刻影响着马来西亚社会的发展。马来西亚50%以上的人口信仰伊斯兰教。伊斯兰教已经成为马来文化的代名词，作为马来西亚的国教（不过，除此之外还存在一些其他宗教信仰）。在马来西亚，宗教和民族通常被认为是一体的：马来人通常是穆斯林；华裔一般是信仰佛教或者是道教、也有信仰其他一些民间宗教的；印裔信仰印度教（Hindus）、穆斯林或者锡克教（Sikhs）；各个族群之中也有一些人信仰基督教，还有一小部分人信仰别的宗教。

（一）主要宗教

1. 伊斯兰教（Islam）

从7世纪到17世纪，伊斯兰教在东南亚的扩张和传播延绵了1000年。而传入马来半岛则是在13世纪前后。当时与马来半岛隔海相望的苏门答腊北部一带已经伊斯兰化，来自阿拉伯世界的商人和传教士积极活动，向周围的地区传播阿拉伯文化和伊斯兰教，马来半岛居民由此开始接触到伊斯兰教。到了15世纪初，马来半岛的满剌加国首任国王拜里迷苏剌仰慕阿拉伯商人的富有而对伊斯兰教产生好感，遂下令全国信奉伊斯兰教，他还给自己起了一个伊斯兰教的名字，叫伊斯坎达·沙。到第四任国王穆扎法尔·沙（1445—1458年）当政时，按伊斯兰国家的叫法，将国王改称为苏丹。因此，整个15世纪成了马来半岛伊斯兰教史上的黄金时代，满剌加王国取代苏门答腊而成为向东南亚传播伊斯兰教的根据地，当时的满剌加城享有"小麦加"的盛誉。自16世纪起，随着西方殖民者的侵入，基督教开始逐渐传入马来半岛，但伊斯兰教的势力和影响并未因此而受到削弱。马来亚联合邦独立后，宪法规定伊斯兰教为国教。

目前，马来西亚的穆斯林约占全国人口的55%。马来人基本上都信奉伊斯兰教，马来人取阿拉伯名字，按伊斯兰教的训言生活；华人、印度人和土著少数民族中也有一部分伊斯兰教信徒。马来西亚的穆斯林绝大多数属于逊尼派的沙斐仪教法学派。由于历史上受到的影响，马来西亚的伊斯兰教至今还带有拜物教、佛教和印度教的痕迹。例如，居住在山区的土著少数民族穆斯林仍保留着精灵崇拜的原始宗教残余；而沿海一带的穆斯林则是每星期三在海边举行沐浴仪式，然后到清真寺进行祈祷。

马来西亚有两个伊斯兰教政党。一个是伊斯兰教阵线，其主要势力在吉兰丹州，在西马北部其他州也有一定影响。它主张土著民族在国内拥有政治权力，团结所有马来人，实现伊斯兰教宗教原则的纯洁化。另一个叫伊斯兰党，它在西马北部各州都有势力。主张以伊斯兰教义为原则，政教合一，为马来人利益而奋斗。因此，曾多次出现过伊斯兰教复兴运动。但是马来西亚政府强调，其仍然是一个世俗政府，并强调政府的伊斯兰化所要达到的目的是弘扬伊斯兰精神，接受伊斯兰的价值观，譬如伊斯兰教倡导的平等、公正、和谐。但并非在马来西亚实行伊斯兰法，特别是反对强迫非穆斯林接受伊斯兰法，因为伊斯兰教反对强迫。当然，为了在一定范围内消除不平等，用伊斯兰精神改造法律的情况还是存在的。譬如，用伊斯兰法的精神对非穆斯林婚姻法的改造，改变了华人中的纳妾习俗。在马来西亚政府的引导下，伊斯兰教对稳定马来西亚社会起到较好的作用。

2. 佛教（Buddhism）

历史上，马来半岛曾受到印度文化的强烈影响。自公元初至14世纪，佛教一直是当地最盛行的宗教。这段时间在马来半岛上相继出现的羯荼、狼牙修、盘盘等王国都信仰佛教。中国唐代僧人义净在他写的《南海寄归内法传》中就提到这些古国"极尊三宝"，奉佛教为"国法"。马来半岛在爪哇夏连特拉王朝统治期间盛行大乘佛教。15世纪初，马来半岛上的第一个统一国家满剌加王国改奉伊斯兰教为国教，佛教便很快走向衰落。

19世纪后期，华人佛教徒和僧侣大批来到马来亚，使得佛教特别是大乘佛教得以恢复和发展。20世纪50年代以后，大乘佛教在马来亚有较大发展。1960年成立了全国性佛教组织——马来亚佛教总会。总部设在槟城，各州都有其分会，还辖有100多个佛教团体。该会开办了马来西亚佛学院等教育机构，并出版《无尽灯》等佛教杂志。吉隆坡和槟城是全国的两大佛教中心。槟城的佛教名寺极乐寺是马来西亚华人最大的庙宇，寺内有一尊13层楼高的观音塑像，在东南亚是独一无二的。

3. 印度教（Hinduism）

印度教在马来半岛的历史与佛教有相同之处，它是在1世纪左右与佛教一道传入马来半岛的，当时称为婆罗门教。此时马来半岛北部有一个叫羯荼的古国深受印度文化的影响，不仅接受了婆罗门教和佛教，而且还让婆罗门僧侣在其朝廷中发挥重要作用。婆罗门教由之得以渗入马来半岛其他地区，吸引了很多信徒。8世纪期间，婆罗门教在印度吸收了佛教和耆那教的某些教义进行了改革，改称印度教。到了15世纪，马来半岛的满刺加王国奉伊斯兰教为国教，当地居民中的印度教信徒纷纷改信伊斯兰教，印度教由此衰落。19世纪后半期，随着大批印度移民的到来，印度教才又恢复兴旺。现在，信奉印度教的只有印度人，信徒人数占该族人口的70%左右。印度教徒现仍实行严格的种姓制度，只在同一种姓内部通婚。

（二）其他宗教

1. 基督教（Christinaty）

自16世纪初起，葡萄牙、荷兰、英国殖民者相继侵入马来亚，基督教也随之传入。由于这些殖民者属于不同的教派，所以他们带来的基督教也有不同的分支，主要是天主教、新教；所建立的教会组织更是五花八门，有卫理公会、浸礼会、基督复临安息日会、长老会、路德会、圣公会等等。1852年在槟城成立了亚洲第一所教会学校——圣约瑟学院，此后基督教会还在马来亚其他地方开办了若干所学校和医院。目前，马来西亚的基督教徒有30多万人，其中包括大多数菲律宾来的移民和一部分华人及土著少数民族。

2. 德教

德教是当代在华人中兴起的一种混合性宗教，它融道教、佛教、儒教、基督教、伊斯兰教为一体，五教同宗，提倡以道德教化人间，劝人弃恶从善。它崇拜五大教的教主，但以老子为主，另外还崇拜八仙等。该教是由华人李怀德于1952年首创的，他先建立了一个叫紫新阁的德教组织，然后逐步向马来西亚各地传教。目前马来西亚全国大约有60个德教组织，其中较大的是新山紫书阁、马六甲紫昌阁、巴株巴辖紫英阁、槟城紫云阁、古晋紫殿阁等，这些组织分属不同的教派派系，如紫系、济系、振系、明系，等等。信奉德教的全是华人。

3. 原始宗教

有几个土著少数民族仍旧信仰古老的原始宗教，他们是：伊班人、梅拉瑙人、卡扬人、塞芒人、塞诺伊人、原始马来人。这几个土著民族都相信万物有灵和灵魂不灭，崇拜多神。他们认为，宇宙中有上、中、下三界之分，上界为神灵所居，中界为人类所居，下界为鬼魔所居；人世祸福皆由神灵和鬼魔主宰，神灵赐福，鬼魔布祸；只有巫师能懂得神灵和鬼魔的奥秘，充当人与鬼神交往的中介，为族人消灾求福。因此，巫师在这些土著民族中有很高的地位，都是由各个民族部落的酋长兼任。巫师主持的原始宗教占卜祭祀活动，贯穿在土著民族的整个日常生活中，不仅部落成员求儿求女、患病遭灾时要举行跳神仪式，而且在砍伐森林、放火烧荒、播种、收获等各种活动中都举行繁琐复杂的仪式。宗教活动同生产、生活活动紧密地交织在一起，构成了土著民族原始宗教信仰的一大特色。还有学者认为，原始宗教信仰长盛不衰，而且能与外来宗教，譬如印度教、佛教、伊斯兰教相适应结合也是马来人原始宗教信仰的特点。

第三节　劳动人口

一、劳动力资源

马来西亚总体经济基本上可以分成几个时期，第一时期是1957—1970年间，这是刚独立时的马来西亚，主要以进口替代、出口发展为主要经济活动的时期；第二时期是1971—1990年间，这一段时期，主要是"新经济政策"时期；第三时期是1991—1999年，这段时期转型发展科技产业；第四时期是2000年以后，走过了金融风暴后的马来西亚，经济有明显复苏的情形。

马来西亚和大多数的国家一样，劳动力里都是以男性为主要的劳动力来源，表2-10中可以看出，1990年男性劳动力占总劳动力的64.14%，到2003年男性劳动力占总劳动力的64.06%，百分比的变动幅度几乎不高；如果反过来以女性劳动力来看，1990年约占35.86%，1992—1999年之间约维持在33%—35%之间，到了2003年，女性劳动力占35.94%。这样看来，在马来西亚的家庭中，主要的劳动人口基本上是以男性为主，女性的劳动参与率和其他国家相比是偏低的。

表2-9　马来西亚劳动力总数（单位：万人）

年份	2004	2005	2006	2007	2008	2009	2010	2011	2012
人数	1 073	1 096	1 118	1 139	1 160	1 183	1 208	1 240	1 271

表2-10 1990—2003年马来西亚劳动力（以性别分）（单位：人）

年份	总数	男		女	
		人数	比率（%）	人数	比率（%）
1990	7 000 200	4 489 800	64.14	2 510 300	35.86
1992	7 319 000	4 716 500	64.44	2 602 500	35.56
1995	7 893 100	5 203 100	65.92	2 690 000	34.08
1998	8 883 600	5 904 200	66.46	2 979 400	33.54
2000	9 556 100	6 156 200	64.42	3 400 000	35.58
2002	9 886 200	6 352 300	64.25	3 533 900	35.75
2003	10 239 600	6 559 400	64.06	3 680 100	35.94

资料来源：Labour Force Survey Report-Malaysia 2003.

国家统计局预计马来西亚在30年后，老龄化人口将会越来越多，而65岁及以上的人口预计将提高至2010年的三倍，这会导致马来西亚在2021年成为人口老龄化的国家。根据国家统计局的"2010—2040年人口预测"文件，马来西亚人民越来越少养育孩子，而每年的生育率将从2010年的1.8%下跌至2040年的0.6%。在2040年马来西亚大部分人口的年龄在36岁及以上。该文件指出，届时高龄人口（65岁及以上）预计将达到440万人，占总人口的11.4%，比2010年多出300万人。与此同时，国内孩童（14岁以下）的人数将介于780万人之间，同时潜在的劳动人口（15—64岁）将从2010年的1 930万人上升至2040年的2 660万人。这也意味着劳动人口将不得不承担越来越多的高龄人口。

二、劳动力结构

根据1970年人口普查，马来西亚人口总共在1千多万人口，其中马来人占最多，其次是华人，印度人，以及其他少数民族。由于当时马来西亚还是一个农业国，许多地区还很落后，人们没有足够的能力来抚养更多的小孩。同时当时医疗设备差，死亡率高于出生率，所以人口稀少，且大部分人口多集中在乡村地区，以从事农业活动。但到了科技发达时代，医疗水平的提高，人们生活改善，农业渐渐迈向工业化，劳工的需求也越来越多，同时政府也鼓励人民多生育，由此越到近现代，人口的增长率也越来越高。而科技的发达，工业化的建立，使许多人都渐渐移入城市发展，导致人口多集中在城市地区。

表2-11　2010年马来西亚各州的劳动参与率（单位：%）

柔佛	64.0	槟城	68.3
吉打	59.5	沙巴	65.9
吉兰丹	57.0	沙捞越	67.2
马六甲	61.0	雪兰莪	65.9
森美兰	60.3	丁加奴	58.3
彭亨	62.3	吉隆坡直辖区	66.2
霹雳	58.5	纳闽直辖区	67.0
玻璃市	53.5	布城直辖区	81.3

　　在新经济政策提出后，马来西亚便渐渐朝向工业化前进，而在第二期工业发展计划提出后，马来西亚的经济方针转为朝科技产业前进，这一点从表2-12可以看出。一般来说，发展工业或科技产业将压缩农林渔牧业的发展，在马来西亚也有同样情形发生。制造业所占比率渐渐增加，到1992年之后形成了稳定的发展局面，而农业所占比率下降。

表2-12　1990—2000年马来西亚就业人口之行业结构（单位：%）

年份	总数	农林渔牧	矿业	制造业	电、瓦斯	营造业	零售业	运输仓储	保险业	服务业
1990	100.0	26.0	0.6	19.9	0.7	6.3	18.2	4.5	3.9	19.9
1992	100.0	21.8	0.5	23.3	0.6	7.2	17.8	4.6	4.3	19.9
1993	100.0	21.1	0.5	23.4	0.8	7.3	17.1	4.7	4.5	20.6
1995	100.0	20.0	0.4	23.3	0.6	8.0	17.9	4.7	4.8	20.3
1996	100.0	19.4	0.4	22.8	0.5	8.5	18.7	4.8	4.9	20.1
1997	100.0	17.3	0.4	23.4	0.6	9.3	18.4	4.9	5.2	20.5
1998	100.0	18.8	0.3	22.2	0.6	8.7	18.8	4.9	5.0	20.8
1999	100.0	18.4	0.4	22.5	0.6	8.2	18.8	4.8	5.3	21.1
2000	100.0	18.4	0.3	22.8	0.5	8.6	19.2	4.5	5.0	20.8

资料来源：Labour Force Survey Report-Malaysia 2003.

1997年底，马来西亚的劳动市场中约800万劳工中仅有11.5%的劳工拥有大专学历，即约92万人，随着高等教育的迅速扩张，这已不仅是提升社会的需求，也是人力的需要，更甚至于是对内部的一个回应。到2001年时，970万劳工中，拥有大专学历的约占15.4%，约149万人；2002年989万劳工中，拥有大专学历约占16.7%，约165万人；2003年，1 024万劳工中，拥有大专学历约占17.5%，约179万人。之后政府还修正了大学和学院管理规则，以便国外学校能在马来西亚设立分校，通过这样自由化的教育制度来让马来西亚成为高等教育的区域中心，而留学生到马来西亚学习也有助于外国人才的流入。

表2-13　2001—2003年马来西亚劳动力人数及其受教育程度结构（单位：%）

年份	总数（人）	未受教育	受初等教育	受中等教育	受高等教育
2001	9 699 400	5.1	24.1	55.4	15.4
2002	9 886 200	5.3	23.5	54.5	16.7
2003	10 239 600	4.8	22.4	55.3	17.5

资料来源：Labour Force Survey Report-Malaysia 2003.

三、劳动力就业情况

就业和失业的情形，可以分别从整体情况、种族、GDP来分析。从整体就业来看，呈现平稳成长。不过反过来看失业情形，可以从中分成几个阶段：第一部分是1990—1993年，这时的失业率较高，均维持在3.5%—4.5%之间；第二部分是1995—1997年，这三年间的失业率一路下滑，这三年也是马来西亚近十几年来最低的失业率。这时由于马来西亚进入了科技产业发展时期，外资引进多，投资迅速，也促使马来西亚劳动力可以充分就业，所以失业率也就有所下降；第三部分是1998年以后到2003年，这三年的失业率呈现平稳的情形，起伏不大，因此就金融风暴过后来看，马来西亚失业率控制得相当不错。

尽管马来西亚界定的劳动力是在15—64岁，但依表2-16中年龄级距来看，15—24岁应属中等教育完结，及部分高等教育完结，则可发现1990年15—24岁之间的就业率为27.1%，之后一路下降至2003年的20%，就业情形有年龄延后的趋势，这体现出年轻人并不急着投入劳动市场，而希望能在完成学业之后再投入其中。从男女来看，15—24岁之间的就业率逐年递减，且男性的就业率远低于女性。再从失业率来看，男性从1990—1993年之间失业率维持在4%左右，而女性则偏高，维持在5%左右，但进入科技产业的第二阶段后，男性在1995年便已下降到2.9%，女性则仍维持在4%左右，直到隔年才大幅下降至2.6%左右，很明显，马来西亚吸引的外资雇用男性还是比较普遍。1998—2003年的第三时期，男女失业率较为持平。

表2-14　马来西亚就业率（单位：%）

年份	2002	2005	2009	2012
就业率	62.1	61.0	60.6	63.5

表2-15　马来西亚失业率（单位：%）

年份	1990	1995	2000	2005	2007	2008	2009	2010	2011	2012
失业率	5.1	3.1	3.0	3.5	3.2	3.3	3.7	3.4	3.2	3.1

表2-16　1990—2003年马来西亚就业及失业情况（以性别和年龄分）

	年龄	1990年	1993年	1995年	1998年	2000年	2003年
就业总数	总数（人）	6 685 000	7 383 400	7 645 000	8 599 600	9 269 200	9 869 700
	15—24（%）	27.1	24.9	23.9	22.5	22.0	20.0
	25—54（%）	67.0	69.3	70.1	71.6	72.1	73.6
	55—64（%）	5.9	5.8	6.0	5.9	5.9	6.4
失业	总数（人）	315 100	316 800	248 100	284 000	286 900	369 800
	%	4.5	4.11	3.14	3.20	3.00	3.61
男性就业	总数（人）	4 310 700	4 853 800	5 056 600	5 718 900	5 973 500	6 323 600
	15—24（%）	25.2	22.5	21.6	20.8	19.5	18.3
	25—54（%）	68.5	70.9	71.7	72.6	73.7	74.5
	55—64（%）	6.2	6.6	6.7	6.6	6.6	7.3
男性失业	总数（人）	179 100	189 500	146 500	185 300	182 700	235 800
	%	4.15	3.90	2.90	3.24	3.06	3.73
女性就业	总数（人）	2 374 300	2 529 600	2 588 400	2 880 700	3 295 700	3 546 100
	15—24（%）	30.5	29.4	28.2	25.8	26.5	23.0
	25—54（%）	64.2	66.3	67.0	69.5	69.1	72.2
	55—64（%）	5.3	4.3	4.8	4.7	4.4	4.8
女性失业	总数（人）	136 000	127 300	101 600	98 700	104 300	134 000
	%	5.73	5.03	3.93	3.43	3.16	3.78

资料来源：Labour Force Survey Report-Malaysia 2003.

将马来西亚各种族间的失业率进行比较来看，马来人的失业率较华人要高，不过马来人的失业率有逐年下降的趋势，2001年失业率为4.83%，次年降为4.15%，2003年些微降至4.13%；但华人在2003年的失业率却有增加的趋势，2001年马来西亚华人失业率为2.39%，隔年略为下降至2.32%，但还属平稳状态，到了2003年却急速上升为3.14%。从这些数据中我们可以了解到，马来西亚的马来人就业率尚不如华人，马来人的失业率甚至高于平均失业率，这也印证了马来西亚政策上帮助马来人就业而限制压缩华人就业机会的原因。这些情况反映出，马来西亚几十年来的保护马来人的政策在一定程度上来说是成功的，但也遇到了瓶颈，因此在1991—2003年，国家调整了经济产业政策，优先发展电子产业。20世纪90年代马来西亚国内经济开始蓬勃发展，华人被压抑数十年的经商机会突然大增。

表2-17　2001—2003年间马来西亚种族别失业人数与失业率（单位：人）

	马来西亚公民					非马来西亚公民
	总数	马来人	华人	印度人	其他人种	
2001年	328 586	263 526	59 521	27 272	3 615	13 814
失业率（%）	3.74	4.83	2.39	3.74	3.74	1.50
2002年	330 043	231 798	58 604	36 341	3 300	13 557
失业率（%）	3.69	4.15	2.32	4.84	3.69	1.44
2003年	353 759	239 945	80 913	29 908	3 893	16 141
失业率（%）	3.83	4.13	3.14	3.83	3.83	1.63

资料来源：Labour Force Survey Report-Malaysia 2003.

第二次世界大战结束至今，马来西亚的人口一直保持快速增长，远远高于世界和发展中国家的平均水平。这种人口数量的快速增长是以同期马来西亚所取得的巨大经济成就为物质基础的。一方面是经济发展对劳动力的需求越来越大；另一方面则是不断提高的经济能力大大提高了社会福利和保障，促进了人口的增长。马来西亚曾经在20世纪70年代实施计划生育政策，但是并未严格执行。20世纪80年代以后，由于经济的快速发展，出现劳动力短缺，外来劳工一度达到人口总数的10%。为了拥有充足的劳动力资源和广阔的国内市场，马来西亚领导人曾经提出把7 000万作为人口目标，虽然没有正式成为国家人口政策，但是也宣告了20世纪70年代才开始实施的计划生育政策的终结，预计未来数十年内马来西亚人口增长仍将保持较高速度。不过马来西亚人力资源的质量不容乐观，它是与其经济发展过程密切相关。独立之初，为了改善畸形的殖民地经济结构，马来西亚实行了以轻工业为主的进口替代工业化战略，20世纪60年代末70年代初开始发展面向出口的工业，仍以轻工业为主；80年代以后则注意发展重化工业；进入90年代，马来西亚政府又把发展重点转移到信息产业方面。80年代侧重点是发展资本和劳动力密集型工业，对专业人才的需求不多，甚至对技术工人的需求量也有限。加之源源不断的外来劳工涌入，其中又不乏技术工人和专业人才，导致马来西亚在人才培养方面缺乏紧迫感。在马来西亚政府的经济发展政策中，长期忽视对人力资源的开发，直到进入90年代开始发展信息产业才较为认真面对人力资源开发这一问题。认识到在过去的发展中所犯的错误，即教育和培训能力不足、质量低、结构不合理以及由此导致的科学和技术人才缺乏。

第四节　人口的分布、迁移和流动

一、人口分布特点和地区差异

马来西亚是东南亚地区人口较多的国家之一。尽管全国平均人口密度仅为86人/平方千米，但居民分布在各省份间存在较大的差异。到2010年时，吉隆坡直辖区人口密度达到6 891人/平方千米，城市化率达100%。而人口密度最低的沙捞越州，仅为20人/平方千米，农村人口几乎占人数的一半。马来西亚居民分布多与自然条件相关，例如降水、气温、地理位置等。适宜发展农业的地区聚集较多的人口，而较难生存的山地虽然面积大，但人口较少。随着经济的发展以及国家的开放程度的加深，直辖市的商业、运输业发展迅速，大量的农村人口进入城市工作，使得城市人口密度远远高于农村。

雪兰莪是马来西亚人口最多的州，位于马来西亚西海岸中部，人口密度为每平方千米674人，这里也是最富裕的州属。首都吉隆坡土地面积和人口数量都属于中等水平，但人口密度却是最高的。位于马来西亚的柔佛州，人口总数不少，但是密度却不高。

表2-18 2000年马来西亚各州人口密度排名

马来西亚各州	土地面积(平方千米)	人口(百万人)	人口密度
马来西亚	330 242	23.2	70.46
吉隆坡直辖区	243	1.38	5 676.13
槟城	1 031	1.31	1 274.01
布特拉再也直辖区	49	—	—
纳闽直辖区	91	0.08	836.26
雪兰莪	7 936	4.19	527.84
马六甲	1 652	0.64	384.87
玻璃市	795	0.20	257.11
吉打	9 425	1.65	175.03
柔佛	18 986	2.74	144.35
森美兰	6 644	0.86	129.44
霹雳	21 005	2.05	97.65
吉兰丹	15 022	1.31	87.41
丁加奴	12 855	0.89	69.92
沙巴	73 997	2.60	35.18
彭亨	35 965	1.29	35.82
沙捞越	124 450	2.07	16.65

人口密度最小的地区为沙捞越,该地的人口密度仅为每平方千米16.65人,每人平均可有土地为14.84英亩;沙巴平均每平方千米只有35.18人,每人平均可有土地7.02英亩。不过这两州还有石油与天然气,若善加利用,解决这两个州的贫穷问题是不难的。

而与2000年的71人/平方公里相比,马来西亚2010年的人口密度为86人/平方千米。雪兰莪州是人口最多的州,但人口密度每平方千米674人,仅排在第五。其中人口密度最高的州依次是吉隆坡(6 891人),槟城(1 490人)和联邦直辖区布特拉再也(1 478人)。

表2-19　2010年马来西亚各州人口密度排名

马来西亚各州	土地面积(平方千米)	人口(百万人)	人口密度
吉隆坡直辖区	243	1.67	6 891
槟城	1 031	1.56	1 490
布特拉再也直辖区	49	0.07	1 478
纳闽直辖区	91	0.09	955
雪兰莪	7 936	5.46	674
马六甲	1 652	0.82	493
玻璃市	795	0.23	282
吉打	9 425	1.95	205
柔佛	18 986	3.35	174
森美兰	6 644	1.02	153
霹雳	21 005	2.35	112
吉兰丹	15 022	1.54	102
丁加奴	12 855	1.04	79
沙巴	73 997	3.21	44
彭亨	35 965	1.5	42
沙捞越	124 450	2.47	20

　　在东南亚各国中，马来西亚属于城市化水平较高的国家，其城市化率已经达到了70%以上，在整个亚洲来说都算是相当高的。根据2010年马来西亚各州城市化率的数据可以看出，各个州的城市化率还是有一定的差异的，其中：有九个州的城市化率低于马来西亚的平均水平，它们分别是吉打、吉兰丹、森美兰、彭亨、霹雳、玻璃市、沙巴、沙捞越、丁加奴；除了纳闽直辖区之外，其他的直辖区城市化率都达到了100%；马六甲城市化率还有进一步上升的空间。马来西亚的城市化虽然起步晚，但是发展速度快。第二次世界大战以后，马来西亚政治上得到独立，民族经济发展，医疗卫生事业的进步，人口快速增长，过剩的农业劳动力涌入城市，使城市化得到发展。但其新兴工业的发展、农业现代化的实现、

城市环境的改善等的进展则较为缓慢。从横向上来看,其城市化水平一直低于世界其他发达国家或者地区,甚至一直低于世界平均水平,这是由于城市和农村人口的比例极端不均衡而造成的。城市化的发展有利于促进经济增长,而经济的持续发展对于减少贫困是十分重要的。城市化的水平越高、规模越大,越是可以吸引企业和投资,这些都是促进经济增长的重要方面。从该意义上说,城市化有助于发展,特别是经济的发展。城市化的发展给更多的人提供了就业机会,吸引了大量的移民。

表2-20 2010年马来西亚各州的城市化率

州	城市化率(%)	州	城市化率(%)
柔佛	71.9	槟城	90.8
吉打	64.6	沙巴	54.0
吉兰丹	42.4	沙捞越	53.8
马六甲	86.5	雪兰莪	91.4
森美兰	66.5	丁加奴	59.1
彭亨	50.5	吉隆坡直辖区	100.0
霹雳	69.7	纳闽直辖区	82.3
玻璃市	51.4	布拉特再也直辖区	100.0

二、马来西亚华人人口的迁移和流动

(一)国内迁移与流动

关于马来西亚的华人的情况,在1938年的时候华人与马来人一样多,都有200多万,1980年华人人口为414万,1990年约500万,2000年为570万,目前最乐观的估计华人人口也不会超过630万。那为什么后来马来人能够成为主体民族,而华人从一个占总人口40%以上的族群变成占总人口不到25%的少数民族呢?首先,众所周知的原因是穆斯林的生育率比较高。其次,马来人千方百计通过各种办法,比如和其他种族通婚等,来提高马来人在人口中的比重。还有吸引外国移民,马来西亚人口从2000年2 327万增长到现在的2 700万以上,靠人口的自然繁殖是难以实现的,主要是吸收印度尼西亚、菲律宾南部、泰国南部人口,而印度尼西亚和菲律宾南部由于都是伊斯兰教的天下，取得马来西亚国籍比较容易。

表2-21　1980—2010年马来西亚华人人口移出人数估算

年份	1980	1985	1990	1995	2000	2005	2010
人数	3 651 196	4 041 357	4 459 971	4 910 183	5 363 139	5 810 258	6 245 361
时间段	1980—1985	1985—1990	1990—1995	1995—2000	2000—2005	2005—2010	
人口自然增长率（%）	2.85	3.17	2.57	2.33	1.85	1.73	
移出人数	1980—1985年移出华人达160 648人；1985—1990年移出华人达263 860人 1990—1995年移出华人达153 119人；1995—2000年移出华人达146 366人 2000—2005年移出华人达67 669人；2005—2010年移出华人达85 177人 合计移出：876 839人						

资料来源：1980年人口统计分类数据来自马来西亚政府统计局和美国明尼苏达州人口统计中心的联合项目。

20世纪40年代末至50年代初期英国殖民当局建立的"军事"村落，如今已成为马来西亚半岛乡村地区华裔居民的永久"新村"。半个世纪以来，新村的外形保持原状，但是人口、社会与经济情况却不断地在变化。

华人新村的分布反映出华人在各州的分布情况。3/4的华人居住在霹雳州、雪兰莪州、柔佛州以及槟榔屿，因此华人新村大多数分布在马来西亚西海岸的这些州。曾经是世界锡矿中心及主要橡胶产地的霹雳州拥有的华人新村数量最多，紧随其后的是离新加坡最近的农业州柔佛、雪兰莪州及马来西亚首都吉隆坡。华人新村人口规模的变化源自下降的出生率和人口外迁。在新村成立初期，人口结构表现出典型的年轻化特征，高出生率和大家庭是当时的典型特征。1970年之后，新村居民不断提高的教育水平和城市及工业经济发展的影响导致人口出生率显著降低。华人新村人口数量与人口结构的变化同样是人口流动的结果。许多华人新村和小城镇是向城市迁徙的华人的主要来源地。与此同时，大城市周边的一些新村也成为这些移民的目的地。

20世纪70年代，马来西亚经济逐渐从农业、矿业转向工业发展。人口从乡村向城市移动这一社会过程带来了人口流动，进而是劳动力资源基于地区的重新分配。抓住这次流动机遇的是大量的马来人和华人青年，此前他们长期生活的地区远远落后于国家繁荣地区崛起的城市工业中心。20世纪80—90年代，随着外商直接投资的快速流入，马来西亚经济重组速度加快。在马来西亚国内，因经济的转型，人口的重新分配形成了围绕首都分布的不断增强的人口区域化状况。

从根本上来说，人口流动是大量人口为追求个人利益而做出的理性的个人选择，这些流动使得经济发展落后地区的过剩劳动力转移到了经济繁荣地区。华人新村在这个过程中扮演的角色较为被动。这是因为维持华人新村第一代居民生计的农业对年轻一代不再具有吸引力。在没有新的发展趋势的情况下，农业慢慢被边缘化。随着新村经济的"空洞化"和经济动力的失去，更多居民便需要依赖移出在外的家人的汇款了。年轻一代的向外流动从经济和社会两个层面迅速弱化了新村的生存能力。在工商业不断聚集在主要城镇的情况下，在城市受教育的学子很少愿意再回到乡村，同时向外迁出的人口依然持续不减。许多华人新村人口的年龄结构清晰地反映了人口迁移所带来的影响。而华人新村人口结构的变化也影响着华文小学的招生情况，使家庭规模的不断减小，传统大家庭的家庭结构的失调，加速了老龄化进程，造成持续性的社会"疲弱"等等。

（二）国际迁移

20世纪80年代中期以来，中国人向马来西亚的人口迁移是中马关系中出现的一个重要现实问题。中国人向马来西亚的人口迁移类型有团聚类移民、留学、劳务输出及投资移民等，其中劳务输出（绝大多数是非法劳务输出）远远超过其他类国际人口迁移。

家庭团聚类移民是国际人口迁移的一个重要组成部分，它主要包括投靠亲人、涉外婚姻、继承财产几种类别。在近20年来中国人向马来西亚的人口迁移中，家庭团聚类移民主要以涉外婚姻类移民为主。1997年6月，中国与马来西亚两国政府正式签署教育合作备忘录，掀开了两国教育合作的序幕，两国开始正式互换留学生，使得中国学生有机会来到马来西亚学习深造。在马来西亚的中国留学生人数不少。劳务输出（绝大多数是非法劳务输出）是20世纪80年代中期以来中国人向马来西亚的人口迁移的最主要特征，它的数量远远超过其他类型的国际人口迁移。20世纪80年代末，马来西亚开始出现劳动力短缺的问题。20世纪90年代以来，马来西亚国内出现严重的人才、劳力危机。一些高收入的中国人到马来西亚长期居留也是近20年来中国人向马来西亚的跨国流动的一个特征。为吸引更多高收入的外国人到马来西亚居住和置业，马来西亚实行了第二家园移民计划。

　　20世纪80年代中期以来出现的中国人向马来西亚的人口迁移是20世纪70年代中期以来中国人国际迁移的一部分。相比中国人向其他国家的国际迁移，迁移马来西亚的中国人还是很少的。人口的国际迁移是全球经济发展不平衡的结果，在国际劳动地域分工走向全球分工的今天，让丰富的中国劳动力资源进入国际劳务市场是一种必然的趋势。

　　华人是马来西亚族群中一支重要的力量，对马来西亚政治、经济和社会各方面都有重要影响。战后迄今，大量的马来西亚华人再移民到新加坡、英国、美国、加拿大和澳大利亚等地。究其再移民的原因，主要是战后东南亚华人政治上遭受排斥和歧视，经济上受到限制，教育和文化上的不平等政策及强迫同化的压力等因素，促使这部分华人再移民至西方国家寻求更适宜的生存环境和归属感。

　　从20世纪60年代至2010年半个多世纪的马来西亚移民趋势来看，华人再移民的高峰主要集中在20世纪70—90年代，特别是20世纪70年代新经济政策的实行导致大量华人人才外流。马来西亚移民主要前往新加坡、文莱、英国、德国、新西兰、加拿大、印度、澳洲、印度尼西亚、日本、美国及中国香港和中国台湾等国家和地区。

　　新加坡是吸收马来西亚华人移民最多的国家，在新加坡就业市场上，华人劳动力大多从事商业活动，马来人从事交通和运输，印度人从事建筑业。据马来西亚人力资源部估计，截至1992年，共有约15万马来西亚人移民新加坡，他们大部分是华人。这部分马来西亚华人大部分是高技术专业人才，从事建筑业和电子服务业，年龄在30—40岁之间，有家庭，正值事业发展的高峰期，处于中高级管理岗位。从新加坡方而来看，新加坡的移民中大部分来自马来西亚和中国，研究根据新加坡常住和非常住人口、人口增长率以及马来西亚华人的常住人口，推估出1990—2000十年间马来西亚华人前往新加坡的数量约达31.8万。另据新加坡统计局2011年度统计年鉴分类项目人口和族群数据报告推算可知，马来西亚华人再移民占新加坡非常住居民马来西亚移民的78.6%。

　　1967年加拿大政府实施"新移民条例"后，当年有东南亚地区的8 083名华人前往加拿大，其中马来西亚华人为98名。1982—1986年，移民进入加拿大开始需申请签证，1986年加拿大引入积分制，自此投资者、企业家、创业者、退休人员、独立移民等都需申请签证方可进入加拿大。利用这一新规定，马来西亚移民数量由1986年度的418人增加至1990年度的1 641人，虽然由于20世纪90年代后期的金融危机，移民数量有所减少，但这期间的移民数量仍然超过了6 400人。截至2010年，加拿大的马来西亚移民达32 001人。马来西亚移民中男性移民数量大于女性移民，平均年龄在34—38周岁，以经济移民为主，华人占移民总数的85%。

1980—1990年间，美国的马来西亚移民人口增长为以前的三倍，由10 473人增长至33 834人。据美国2000年人口统计数字显示，马来西亚移民有79 973人，其中华人5万多人。截至2010年，美国的马来西亚移民达132 912人，其中大部分是华人。再移民至美国的马来西亚华人年龄大多在21岁以上，平均年龄34.8岁，大多为本科和研究生学历或为职业人，以定居和工作为主，部分前来求学。

据1986年的澳大利亚人口统计，马来西亚人口达47 800人，其中至少60%是华人。1986—1991年间，澳大利亚的马来西亚人口增长了54%。据1996年澳大利亚人口统计，马来西亚人口达76 200人，其中大部分是华人。同期澳大利亚移民局统计显示，马来西亚移民总量由1996年的83 050人增长至2010年的135 607人，其中华人超过60%。

从20世纪40年代末50年代初起，由马来亚移居英国的华人人数明显增加。1951年英国英格兰与威尔士的人口普查材料中，首次将居住在该地区的华裔人口按其出生地进行划分。是年列入该人口普查的华人人口总数是19 396人，其中出生地为新、马者合计共7 301人，占是年正式登记在册之英国华人总数的38%。2001年英国人口统计显示，来自马来西亚的人口达49 886人，华人占马来西亚人口的48%。2005年来自马来西亚的留学生达11 474人，华人留学生比例超过82%，成为英国第八大留学生来源国。另据英国国家统计局统计，来自马来西亚人口已经由2007年的5.7万人增长至2009年的6.3万人，华人比例超过56%。

从马来西亚独立至今，马来西亚华人再移民基本分为三个时期：第一，20世纪70年代，因为种族冲突、政府推行扶持马来人的新经济政策，导致许多不满不公平政策者移民海外，其中许多人移民是为子女能够获得更公平的教育机会。第二，20世纪80年代，马来西亚经济出现严重萧条，主要的经济命脉如锡矿等也因国际锡价暴跌而导致企业纷纷倒闭，许多华裔子弟移民海外特别是欧美等发达国家。第三，20世纪90年代，马来西亚经济起飞，马来西亚政府逐渐实行经济与教育开放政策，私立学院的设立也使华裔子弟拥有更多深造的机会，华人移民的情况明显缓和。至20世纪90年代末亚洲金融危机，华人移民数量明显下降。华人移民海外主要选择新加坡、港台及欧美等国家和地区。除薪酬差距成为马来西亚华人移民的一个因素外，欧美等国宽松的移民政策等，成为吸引马来西亚华人移居的重要原因。

第三章 农业的发展和布局

长期以来，马来西亚的农业结构以出口经济作物为主，而粮食作物则要通过大量进口来满足当地生产生活需要。因此，改变农业经济结构是马来西亚经济发展计划中的重要一环。马来西亚独立前，受殖民地经济影响，农业不能全面发展，农业生产不平衡，农作物出口单一化。独立后，马来西亚政府实行农业多元化政策，旨在扭转完全依赖橡胶种植业的农业格局，粮食自给率逐渐提高。20世纪70—80年代，政府公布"新经济政策"，重组社会经济结构。在这个过程中，马来西亚成为第三世界经济发展较快的国家之一，农业发展取得比较积极的成果，农业结构也得以优化。但从宏观发展上看，农业发展速度慢于国家经济发展速度。此后因国家经济发展的需要，政府致力于工业化转型，农业发展被忽视，农业增长率逐年下降。20世纪90年代，政府意识到农业发展的隐患，采取一系列措施振兴农业。21世纪，马来西亚政府继续致力于农业的改革，马来西亚农业发展出现了较显著的成果。在政府的大力支持下，以水稻为主的粮食作物生产与供应保持稳定，以油棕为主的经济作物产量及其出口继续保持国际领先水平，以渔业为首的副业发展取得一定的成效，马来西亚农业增长率逐年下降的势头得到遏制。总体上看，马来西亚农业经济结构不平衡局面得到极大的改善，农业经济向着理想的多元化方向发展。

第一节 农业发展的概况

马来西亚是以经济作物出口为主的农业国家，出口农业是国民经济的重要组成部分，出口农业的稳定发展对维持社会安定、推动国家经济发展起着积极的作用。但是马来西亚的农业经济还存在一些问题，如经济结构过于单一，出口农业过分依赖经济作物种植业；国家粮食自给率低，水稻等粮食作物的供应过多依赖进口。1957年，马来西亚从英国统治下获得独立后，政府对过去的农业经济结构进行改革，农业也走上了独立发展之路。国家和政府对农业改革给予高度重视和大力支持，为了改变过往经济作物出口单一化，粮食作物自给率较低等一系列问题，政府制定和实施了许多改变农业经济结构的政策和行动。自此，马来西亚的农业经济结构有所改善，粮食作物得到较稳定的供应，农业经济也朝着全面多元化的方向发展。

一、农业发展历程

作为一个传统的农业出口国家，经济作物是马来西亚农业的支柱产业。马来西亚地理位置处于赤道附近，属于热带季风气候，终年高温多雨，农业资源丰富，特别适宜种植热带经济作物。传统历史时期，马来西亚当地人们曾经种植大量经济作物供应国内外需要，如胡椒、甘蔗等。另外，得天独厚的自然条件吸引了大量国外移民到马来西亚，如中国沿海地区部分居民因社会动乱等原因纷纷到马来西亚谋生，部分移民把较先进的农业技术带到当时的马来西亚，结合当地农业环境，有效地开荒垦殖，其中有些经营得当者在马来西亚发财致富。到了资本主义殖民时期，马来西亚被纳入资本主义世界体系，先后有葡萄牙、荷兰在当地建立殖民地，最后由英国政府确立了对马来西亚的殖民统治，大量自然资源被掠夺。马六甲成为当时香料贸易体制的重要港口，当地农业经济成为资本主义市场的附庸。第二次世界大战结束后，英联邦为了应付民族独立浪潮，维持殖民统治，采取一系列政策改善马来西亚农业：（1）提高小橡胶园的橡胶生产；（2）提高稻谷产量；（3）鼓励种植蔬菜及菠萝；（4）改良牲畜品种及增进粮产；（5）扩大农业教育；（6）鼓励种植可可和苎麻。其后，英国政府在马来西亚当地推行一项"肥料补助金计划"，之后也推行大米补助金计划，即对百磅重的大米的每袋大米补助马币七元五角，目的在于促使农民多卖大米给政府。当时马来西亚联合邦政府还付出一千万马元来补偿稻农因米价降低而受的损失。英联邦的农业政策对恢复国民经济、恢复战前农业水平起到一定的作用，但是当时的政策带有殖民地经济的性质，不能促进马来西亚农业全面的发展，而是使马来西亚的农业继续成为资本主义工业国家的附庸，受到外国的控制。[①]当时的外国垄断组织不但控制了大量种植地，而且垄断了经济作物的生产及其流通，广

---

① 郑焕宇：《马来西亚的农业》，载《东南亚研究资料》，1981年01期，第37页。

大农民、农业工人的生活水平并没有得到太大的改善。

1957年，马来西亚独立，以拉赫曼为首的"马华印联盟"掌握政权。马来西亚政府开始致力于独立的农业发展道路，决定重组旧的农业经济结构，发展多元化农业经济。在1956—1970年间，马来西亚政府连续实施三个五年计划，其计划目标是实现经济增长、消除国内种族经济差距和发展高速经济提供就业机会。当时，马来西亚农业面临着许多问题：农业对宗主国工业化的过分依赖、橡胶种植及其贸易面临衰退、耕种土地严重不足、农民失业和贫困率居高不下等。为此，政府首先对农业支柱产业橡胶种植业进行扶持，发放补助金帮助中小型橡胶种植主进行橡胶再植。接着对于耕种土地严重不足的问题，政府成立联邦土地发展局，联邦土地发展局初期只是负责制定土地开发计划和设立筹集必要资金的贷款机构。后来随着政府投入大量资金开发土地，联邦土地开发局也随之改变职能，负责推行土地开发和迁居计划。为了解决农民失业率和贫困率居高不下问题，政府拨出巨款建造水利排灌工程和公共设施，如为农业生产建筑道路、桥梁，为偏僻的农村提供自来水和电。[①]独立后三个五年计划的恢复政策取得一定的成果，如通过橡胶再植提高橡胶的产量，恢复了马来西亚橡胶产量在国际市场上的领先地位，避免了橡胶种植业的衰落。但是农民贫困率严峻等生活水平问题依然没有得到解决，农民实质上没有从农业发展中得益。其次，政府在原有农业经济恢复的基础上，开始着实调整农业的经济结构。如在1961年1月13日政府宣布要举行促进种植咖啡、茶、油棕以及马尼拉麻的运动，要扭转农业经济完全依赖橡胶种植业的局面。特别是油棕种植业的发展，成为马来西亚农业发展的新成就。到了1967年，马来西亚棕油产量占世界第一位，油棕成为仅次于橡胶的第二大马来西亚国际市场出口经济作物。在粮食作物方面，政府大力引进和培育优良稻种，并提高复种指数，提高了稻谷的种植面积，因此稻谷产量有了较大的增加。三个五年计划中的调整政策取得了比较积极的成果，在改变经济作物单一化方面，政府做得比较成功。在此期间，马来西亚农业发展了油棕、椰子、可可和茶等多种热带经济作物，为之后的新经济政策中工业化奠定了基础。但是，粮食作物还是没有调整成功，虽然自给率明显提高了，但生产量还是不能满足国内的消费水平。

---

① 廖小健：《马来西亚的农村经济发展策略》，载《亚太经济》，2007年02期，第54页。

从宏观上看独立后的三个五年计划，当中的农业发展的确对恢复国民经济、提高国家总体经济水平起了促进作用，但对于国民生活水平等微观问题，农业发展起到的作用相对较小，农业经济中还有许多问题没有得到解决。

1970年，马来西亚实行"新经济政策"，新经济政策的主要内容是在1970—1990年的20年内实现两大目标：根除贫穷和重组社会。所谓根除贫穷，就是为穷人提供资金、教育和就业机会；而重组社会，就是消除社会内种族之间的经济差距。为了实现两大目标，政府不断调整产业结构，大力推行出口导向型经济，变农业经济为工业经济，使工业经济成为国民经济的主导力量。虽然新经济政策侧重发展工商业，特别是制造业，对农业的投入比例相对缩小，但是投入农业的实际资金是增多的。这个时期的农业投入除了继续资助橡胶再植、基础设施、向农民提供各种贷款、价格补贴、农具机械、种子化肥和农业技术方面的帮助等之外，还有把大量资金用于土地开发和安置垦殖民，目的在于解决农民缺少土地的根本问题。除此之外，政府还继续提高农业产量，实现农业多元化，增加农民收入。1970年橡胶种植面积多达175万公顷，占总耕地面积2/3。为了实行农业多元化，政府主要是鼓励种植油棕、可可等收入较高的经济作物。油棕种植面积从1970年的30.88万公顷增加到1991年的209.4万公顷，棕油取代橡胶成为马来西亚最主要的农作物。[1]农业生产多元化还体现在农、林、牧、副、渔的发展。1965—1980年，马来西亚农业总产值增长97.8%。主要产品产量增长幅度数据如下：橡胶0.72倍、棕油16.5倍、原木1.5倍、大米1倍、海鱼捕捞量2.48倍，肉类0.84倍、鸡蛋1.7倍，农产品出口额增4.2倍。1980年，其生产和出口的棕油分别占世界棕油产、销总量的62%和80%。马来西亚亦是热带硬木及胡椒的最大产销国之一，它的粮食自给率从独立前不足50%增至85%，猪肉、鸡肉、蛋类基本自给有余。因此，马来西亚农民的生活亦有所改善。1970—1980年，农业部门新吸收了35万人就业。乡村居民每户每月平均收入下层由76元增至186元，中层由200元增至355元（当中，小胶农由288元增至450元，渔民由90元增至200元，稻农由110元提高到145元）。同期，当局组织的垦殖民户的每月平均收入由80—120元增至493—810元不等，而同期消费物价指数只增

---

① 廖小健：《马来西亚的农村经济发展策略》，载《亚太经济》，2007年02期，第55页。

长44%。由于农民收入增加，在农村所有家庭中，贫穷户所占比率由68.3%降至46.1%。虽然在新经济政策期间农业发展取得较好的成果，但是从总体上看，农业发展是慢于国内总产值的增长速度，发展速度在这期间的不同时期是不平衡的。[①]

20世纪80年代末，以制造业为主的马来西亚逐渐由农业国向工业化国家转型，农业被忽视，农业发展面临着许多问题和挑战。在20世纪60—90年代，马来西亚农业的GDP从1960年的36亿马元上升到1990年的148亿马元，农业出口税收从1970年的8 300万马元上升到1 990元的2亿马元。尽管农业的绝对数字在增长，但农业在整个国民经济中的地位却在不断下降，农业在国内生产总值的比重由1960年的38%下降到1990年18.7%。20世纪90年代前5年，马来西亚经济年均经济增长率在8%以上，但农业几乎没有增长。[②]此时农业面临困境的主要表现有：（1）农业劳动力严重流失。由于城市工业化水平的提高，劳动力不断涌向工业部门。（2）农业耕地面积逐渐减少。由于工业化发展的需要，农业用地的保护被忽视，大片农业用地在城镇工业化过程中被侵占。（3）农业劳动生产率不高。大部分耕地集中在小部分大农场主手中，而小部分耕地却分布在大量小农户的小种植园中。由于土地规模小，资金匮乏，小种植园的农户均采取传统的耕作方法，生产效率低下。（4）粮食安全、环境问题日益突出。由于农业收入低，特别是粮食作物的收入更低，种植稻米的土地丢荒严重，人口迅速增长，国内粮食生产远远满足不到国内消费需求。另外在发展热带经济作物时，土地开发中大规模砍伐热带雨林，导致原始森林覆盖率迅速减少。[③]

针对农业发展的种种问题，马来西亚政府早在20世纪80年代中期就制定政策应付当时的农业危机。1984年，马来西亚推出第一个国家农业政策，其目的是为农业部门的综合发展制定框架。1992年，马来西亚又推出第二个国家农业政策，其宗旨是通过有效利用资源来扩大农业收入，提升农业对整个国民经济的贡献。1998年8月马来西亚政府公布了第三个国家农业政策，为1998—2010年的农业发展确定了大政方针，其首要任务是保证国家的粮食安全，满足国内粮食需求，

---

① 谷源祥：《东南亚各国农业》，北京：农业出版社，1984年版，第14、15页。
② 韦红：《马来西亚农业发展的困境及政府对策》，载《社会主义研究》，2005年05期，第78页。
③ 赵洪：《马来西亚农业发展的成就与问题》，载《世界农业》，1998年04期，第12页。

减少粮食进口。其发展策略包括：鼓励大规模增加粮食生产，综合发展粮食作物；通过设立农业科技园区和土地银行，放宽生产限制，鼓励私人机构参与农业发展；增加农业的高科技含量和人力资源开发。[①]

此后，马来西亚政府定下农业发展的具体目标：农业生产总值从2000年的178亿马元增加到2010年的311亿马元，农业在国内生产总值中的比重提高到22.4%。为了实现这一指标，马来西亚政府采取了一系列措施：（1）提高农业生产率，发展农业机械化生产。（2）提高农业的高科技含量。（3）实施农业化多样化战略。马来西亚希望改变初级农产品出口国形象，建立东盟地区的商品加工中心。为了提高农作物的加工程度，政府不仅鼓励本国资本参与农村地区的开发与投资，而且还积极引进外资在农村地区创办农工商联合企业。另外，政府一方面提出要加强农业部门与其他部门的联系，寻求农业部门新的增长点，另一方面则强调增加粮食生产，综合发展粮食作物，减少粮食进口。为了扩大粮食生产用地，政府在各州圈定近20万公顷的土地，专门用于粮食生产。同时，为使土地得到充分利用，马来西亚政府正考虑提高搁置土地开发的地主需缴纳的税金。（4）注重农林牧一体化发展。在第三个国家农业政策中，农林牧一体化发展被视为扩大农民收入和实现农业可持续发展的重要途径之一。为了增加小土地所有者的收入，政府各农业机构，如马来西亚橡胶局、马来西亚油棕局、联邦土地发展局、农业部、林业部、家畜服务部等积极推进各种计划，帮助他们建立起农林牧一体化的综合性农场。如在油棕局的指导下，小油棕种植园内套种起了甘蔗、香蕉、菠萝等植物。家畜服务部的家畜发展计划使小种植园中饲养起菜牛。另外，为了防止土地开发导致大规模砍伐森林，马来西亚建立起了永久性森林保护区，并对经济林区的木材砍伐和出口实施数量限制。[②]

1997年金融危机，农业本来是马来西亚受金融危机打击较轻的部门，1998年第三季增长率为-3.2%，比总体经济、制造业和建筑业的衰退都轻。但随着农产品价格的下降，特别是棕油出口价格的大幅下降，1999年农业发展的形势也相当严峻。据统计，棕油价格已从1998年最高的每吨2 557马元降到1999年3月的

---

① 迪开：《马来西亚采取措施振兴农业》，载《东南亚南亚信息》，2001年05期，第15页。
② 韦红：《马来西亚农业发展的困境及政府对策》，载《社会主义研究》，2005年05期，第78页。

1 500—1 700马元，降幅达30%—40%，棕油是马来西亚最重要的农产品和主要出口产品之一，其价格下跌对马来西亚的农业发展的影响是不言而喻的。[①]之后，马来西亚政府实施宏观经济政策调整应对金融危机，从1999年第二季度起，马来西亚经济开始复苏，复苏后棕油生产的大幅度增长推动了农业部门产值的增长，农业部门产值增长了3.8%。[②]

到了21世纪，马来西亚积极采取措施，大力发展长期被忽视的农业。2001年，农业部长埃芬迪·诺瓦维2月6日宣布，政府计划在未来10年，融资210亿，大规模投资现代化农业计划。政府的目标不仅是要减少逐年增加的各类食品进口，同时使马来西亚成为世界上的主要农产品和食品出口中心。马来西亚政府还提出多项提高农业生产力的奖励措施，包括食品业者可享有长达10年的免税优惠。政府也鼓励厂商扩大食品投资，给予再投资津贴和头5年的所得税豁免60%的优惠。政府还为粮食生产专门设立了10亿马元的基金。为扩大粮食生产用地，政府计划在全国13个州每州设立至少一个粮食生产园区，由专门机构管理，以克服农业投资回报差的问题。目前，马来西亚共有8个这样的园区。此外，政府在全国各地设立了100多个农业研究中心。农业部正准备设立农业资料中心，向农业投资者提供农业技术、农产品发展潜能等方面的信息。[③]

2003年10月，出任马来西亚第五任总理的阿都拉巴达维一再表达了对农业发展的关注，以及将农业领域塑造成继制造业及服务业之后的国家经济增长第3火车头的决心。

2004年9月公布的《2005年经济预算案》将农业列为继制造业和服务业后的国家第三大经济成长重点，拨款15亿马元推动农业发展计划，鼓励农业领域朝向机械化和自动化发展，并有意进行大型现代化高科技的农业投资，提供多项回扣和奖励，如投资蔬菜、水果、药物及生海捕鱼等，另外，有关农业现代化与商业化的资本开销都将获100%的免税优惠。

2005年10月，中小企业银行正式运作。中小企业银行专门为农业，特别是为农业小企业的自雇人士及农民提供微额贷款，解决他们资金不足的困难，让他

① 廖小健：《1999年马来西亚经济展望》，载《当代亚太》，1999年05期，第31页。
② 汪舟：《1999—2000年泰国、马来西亚的经济发展与展望》，载《南洋资料译丛》，2000年04期，第54页。
③ 吴定保：《马来西亚大力振兴农业》，载《国际商报》，2001年2月13日，第004版。

们有较充裕的资金寻求更大的发展。①

　　2006年，第九大马计划（2006—2010年）增大对乡村的拨款，政府设立了一系列食品生产园地，以促进农业发展现代化或农业食品商业化，到2006年6月底，共设立了28个食品生产园地；在原有13亿马元食品基金的基础上，再增加3亿马元，用于资助中小型食品企业。同年，农业增长第一季度高达7.4%，第二季度有所放缓，但也还增长了5.8%。由于橡胶原料出口比2005年同期相比猛增104.4%，以及橡胶手套需求和价格高涨，橡胶产品在2006年上半年创下28.1%的高增长。橡胶业和家畜、林业及渔副业在第一季度取得双位数增长后，第二季度再分别增长7.1%和4.4%。在国际原油价格上涨等因素的影响下，棕油生产结束2005年第四季度和2006年第一季度连续两个季度负增长的局面，在2006年第二季度增长7.5%。估计全年农业增长可达5.3%，明显高于2005年2.5%的增长。②

　　2007年，由于洪水泛滥等不利因素的影响，棕油及橡胶生产下降，造成农业生产仅增长2.0%，比2006年第四季度降低了3.1%。随着橡胶和棕油产量的继续趋跌，第二季度农业出现了0.9%的衰退，虽然持续努力，但1—9月总共1 119.7吨的棕油产量，还是比2006年同期的1 178.5吨缩减了5%以上。1—10月橡胶产量为101.4万吨，也比2006年同期的108.2万吨缩减了6.7%。2007年底，柔佛等6个州再度发生大水灾，农畜业蒙受了近5 000万马元的损失，使农业发展雪上加霜。农业的全年增长并不乐观。③

　　2008年，马来西亚受到金融海啸的影响，国际原产品价格巨幅波动，油棕、橡胶等传统热带经济作物产量下降，农民收入受到影响。为此，政府出台多项政策扶持油棕产业，其中也同时惠及橡胶业。其次，与印度尼西亚、泰国等原产品生产大国联手共同应对价格波动，共同研究制定棕榈原油价格，通过伐树共同减少橡胶产出，稳定下跌的胶价。另外，政府通过了粮食安全政策，增加粮食储备，扩大粮食种植与设立粮食供应保障机制。④

　　到了2009年，农业市场继续受到国际市场需求变动影响，橡胶、棕油等原产品产量继续下降。2009年1—9月，马来西亚天然橡胶产量与2008年同期相比

①　廖小健：《2005年来马来西亚经济展望及农业政策》，载《亚太经济》，2005年04期，第34页。
②　廖小健：《2006年马来西亚政经形势回顾与展望》，载《东南亚纵横》，2007年02期，第27页。
③　廖小健：《马来西亚：2007年政治、经济与外交》，载《东南亚纵横》，2008年01期，第23页。
④　韦朝晖：《在经济政治海啸中发展——马来西亚2008—2009年回顾与展望》，载《东南亚纵横》，2009年03期，第5页。

下降23.6%，降至86.5万吨，全年产量下滑2%，天然橡胶面积萎缩2万公顷，单产从每公顷1 411千克下滑至1 128千克。与2008年同期比较，2009年1—11月马来西亚原产品整体出口总额为846亿马元，下跌19%。[①]

2010年，随着世界粮价上升以及农产品价格的上涨，马来西亚采取各项措施增加农产品产量，确保食品供应。政府把农业纳入国家关键经济领域，采取科技手段提高粮食产量，进行农业转型，提高农业技术含量，培养农民成为农业增值的企业家，鼓励私人企业和政府官联公司投资农业，引进先进科技，提高农业的规模发展。[②]

2011年以来，马来西亚政府继续大力扶持农业。政府重视粮食生产，进一步调整农业产业结构。2011年4月，马来西亚政府开展种稻改革计划，实行国内的稻米种植业园丘化管理，以提高稻米生产量，农业部还将会同农业研究发展局探讨如何增加稻米产量问题。鼓励多元化农业发展，增加蔬菜、水果、畜牧、草药、水产和农产品加工等附加值较高的农业，提高农民收入；逐步调整农业产业结构，以减少对油棕、橡胶等经济作物的依赖，降低油棕等经济作物的产量，减少其出口量，增加胡椒、可可的种植面积，促进海藻养殖、观赏鱼等特色农业的培育和发展。

21世纪以来，政府一直支持发展农业，但是农业发展没有达到预期效果。如表3-1所示，农业在GDP中所占比例基本上是在每年递减的，而农业增长率表现得不太稳定，农业在马来西亚国民经济中仍是处于不发达水平。

表3-1　农业在GDP中所占比例及农业增长率（2006—2013年）

年份	2006	2007	2008	2009	2010	2011	2012	2013
在GDP中的比例（%）	8.3	7.9	7.8	7.9	7.6	7.7	7.3	7.1
年增长率（%）	5.8	1.4	3.8	0.1	2.4	5.8	1.3	2.1

资料来源：大马经济网/我国经济/经济走势/马来西亚2006年至2014年第一季各行业GDP的年度变化率。

http://www.malaysiaeconomy.net/my_economy/my_econ_trend1/my_econ_trend/2013-11-15/26352.html

① 韦朝晖：《马来西亚：2009年回顾与2010年展望》，载《东南亚纵横》，2010年04期，第6页。
② 韦朝晖：《马来西亚：2010—2011年回顾与展望》，载《东南亚纵横》，2011年03期，第26页。

当前，马来西亚农业面临的机遇和挑战主要有：

第一，初步实现了农业结构多样化的发展计划。从20世纪70年代起，政府一直实施农业经济多元化发展战略，将发展多种经济作物作为发展农业经济的主要措施。过去完全依靠橡胶种植业的农业结构，现在已经发展为以棕榈、橡胶、可可、椰子和胡椒等多种经济作物为农业产品出口的重要来源的多元化农业结构。对于粮食作物，以市场为主体、政府适度引导的粮食安全战略在马来西亚取得了良好的效果，稻作面积扩大，产量每年递增，粮食需求趋于稳定。此外，马来西亚政府将发展畜牧业、渔业作为加速农业结构调整的措施。但是，由于工业化的发展，农业人口满足不到农业多元化的发展趋势，一些初级农产品开始逐渐丧失其比较优势，这主要是农业劳动成本上升造成的。

第二，农业集约化和机械化程度较高。马来西亚人口较少，但在东盟中工业化程度处于较高的水平，人均耕地面积和拖拉机使用量在东盟也处于领先地位。虽然马来西亚工业化程度较高，但是离建立强有力的国内农业机械工业还有一段距离，因为存在农业机械化成本高于其潜在利益的问题，机械化优势在山区难以实现。此外，农业机械化方案有临时性和缺乏系统性，机械化研究应该放在哪些项目中，机械化重点应该放在哪些农业活动中，这些问题仍待进一步的解决。

第三，农村人口贫困率逐渐下降。1970年，马来西亚农村有58.7%人口生活在贫困线之下，其中稻农、胶农占了大部分。1984年，马来西亚农村贫困率已经下降至24.7%。贫困率下降主要得益于政府制定振兴农村经济政策，如为农民提供低息贷款、组织农民开发荒地与为农村提供自来水和电力等措施。90年代，马来西亚农村的贫困率为14%，马来西亚基本上解决了农村人口的温饱问题。不过，农村及其农业生产者的税收负担过重，特别是对橡胶、油棕榈及胡椒等农作物出口税的征收，影响了农村及其农业生产者的收入，城乡贫困率差距逐渐拉大。

第四，粮食作物供应依赖国外进口。马来西亚国内不生产小麦，但国内的面粉厂与饲料厂需要大量的小麦，所以每年马来西亚主要从澳大利亚、阿根廷、加拿大和美国进口大量小麦。另外，大豆也是全部依靠进口，同时玉米产量在国内极少，因此马来西亚积极发展粮食加工业，促进食品产品现代化。国家鉴于粮食作物过分依赖进口，一直致力于提高大米自给率。每年马来西亚生产国内大米需要的70%，大米的生产量及其自给率已经有较高的发展水平。

第五，农业部门拥有的资源逐渐减少。首先是农业劳动力的严重流失，由于城市化和工业化发展迅速，工业部门对劳动力的需求一直很旺盛，工资水平上升很快，导致大批从事农业的人口流进工业部门和城市。劳动力不足，导致农业单产成本上升，上升的负担又压在正在递减的农业人口上。其次是农业耕地面积的持续减少，一方面是工业化发展占用农业用地，农业用地的保护被忽视；另一方面是大量人口流入城市，农村土地被抛荒。不过，正因为农业部门过分缺乏资源，政府始终对农业部门采取宏观性政策调控，保证了农业部门的健康发展，努力稳定国内农业发展水平。

第六，农业部门内部发展不平衡。从事农业生产的部门主要有两类：一是土地拥有者，另一类是小的农场主。前者是指大型农场，这些农场雇佣劳动力并应用现代化生产技术从事农业生产，大部分还有必需的加工设施以开展大规模的商业性生产；后者主要是租用私人土地的农业生产者和参与政府土地发展项目的承租人。马来西亚大部分耕地集中在大型农场，而小的农场主因土地规模过小、资金缺乏，往往在农产品价格较低时就要削减生产，甚至放弃农业生产，他们还要肩负沉重的税收，税收体制并没有为他们提供保障。不过，政府积极扶持小农经济，在国家农业发展政策中，提供低息贷款、制定最低保障价与给予农业补贴等保护小农措施经常出台。

近年来，在经济自由化的市场经济背景下，从劳务、商品和资本流动情况看，马来西亚开放程度很高，而高度出口导向型的农业部门则暴露在国际市场之下，对此，政府进行有力的改革，避免农业部门直接面对市场经济的冲击。另外，劳动力不足状况还会持续下去，政府进一步解决了农业就业和劳动力利用状况的动态变化的问题，如调整工资状况、充分利用国外劳动力市场和完善教育体系等措施。最后，有关财富的收入与分配，是迄今为止马来西亚解决农业问题的重要领域。为此，马来西亚政府进行所有制和就业形式的调整，进一步减轻贫困。从目前发展趋势来看，马来西亚农业正沿着"农业培养工业，工业发展农业"，即工业与农业协调发展的轨道前进。农业生产愈来愈走向企业化和生产的专门化，农业部门在整个国民经济中继续扮演着重要角色。[①]

二、农业部门职能及其结构

马来西亚农业部门主要有以下职能：

（1）为农业不同领域（特别是粮食作物及其产业领域）提供政策支持、技术帮助和专业意见，以保证国家粮食需要的生产量；

（2）加强对先进农业企业家的培养和指导，以提供农业生产力，达到最终增加国家农业生产量的目的；

（3）发展有经验和有技术的农业生产队伍，满足农业产业化的需要；

（4）通过农作物保护方案和检疫服务来对抗害虫和病疫对农作物的威胁；

（5）确保粮食生产及其消费，控制环境污染；

（6）管制农业资源的出口量和控制农业资源的利用率；

（7）通过研究机构建立满足地方环境和需要的农业技术体系，对其进行修正和评价，并把技术体系普及到农业企业家们；

（8）对企业家、私营组织和农业发展机构提供一站式的政策支持和技术帮助；

（9）建立有利于农业发展规划和实施的农作物及其土地利用的信息体系；

（10）建立农业培训学院和培训中心，培训满足农业部门生产需要的技术工人；

（11）监控国家农业资源及其品种的质量；

（12）负责监督国外农药的进口，确保农药质量不会对消费者、家畜、农作物和环境造成危害；

（13）负责植物检疫法的实施，防止外来有害生物的进入；

（14）保护地方品种及其知识产权；

（15）组织和协调国内外各部门的合作，促进国内外农业贸易。

管理马来西亚农业发展的有以下部门：

第一类是农业与农基工业部，其管辖的分支部门有农业局、渔业局、兽医局、农业水利灌溉组、农业银行、农民组织局、联邦农产品销售局、哥慕布农业发展局、慕达农业发展局、农业发展研究所和渔业发展局。

---

① 韦红：《马来西亚农业发展的困境及政府对策》，载《社会主义研究》，2005年05期，第80页。

第二类是种植与原产业部，其管辖的分支部门有可可、烟草、黑胡椒工业发展组、柴油与油脂工业发展组、橡胶工业发展组、木材工业发展组、园丘工业组、马来西亚棕油局、黑胡椒销售局、木材工业局、可可局、橡胶局、烟草局、家具促销理事会、木材理事会、木材鉴定理事会和橡胶出口促销理事会。

第三类是乡村与区域发展部，其管辖的分支部门有策划组、区域组、投资与子公司组、监管组、资讯工艺与乡区信息组、消除贫困组、乡区经济组、基建与社会设施组、乡区发展局、橡胶业小园主发展组、原住民事务局、土地统一与复兴有限公司、乡区发展研究所和联邦土地发展局。

第四类是天然资源与环境部，其管辖的分支部门有土地测量与图测组、电子土地计划组、水利灌溉组、矿物与地球科学组、环境保护与管理组、林业发展组、海洋公园组、土地与矿物局、马来西亚测量与图测局、环境局、水利灌溉局、野生动物保护与国家公园局、半岛森利局、矿物与地区科学局、国家土地与测量学院、全国水力研究所和森林研究所。

马来西亚农业部门的使命是努力建立具有竞争力的农业产业，保证生产的产品质量，建立具有安全、环保和以出口为导向等特征的农业生产体系。通过采取农业技术和农业监管服务，给予农业生产者提供优质、高效的政策支持，提高农业生产率，保证农业部门的安全及其健康发展。

三、农业发展布局

马来西亚的农业生产具有明显的区域性，除了丘陵地区，橡胶和油棕榈几乎遍布马来西亚全国，因此马来半岛主要是种植业和畜牧业并存的农业区，而婆罗洲岛主要是林业和种植业并存的农业区，而马来西亚的渔业区主要分布在几个重要港口及其附近海域。

马来半岛虽属丘陵地带，又有中央山脉位于其中，但半岛东部拥有较广阔的土地，如半岛东北部的北段是宽阔的高地，吉兰丹平原位于其中。另外，半岛西海岸冲积层的土地肥沃，海拔较低，分布着宽窄不等的平原。因此，马来半岛的种植业较为发达。如半岛西部雪兰莪州的丹戎加弄为重要稻米种植区，有"中马谷仓"之称；而半岛西北端的吉打州，盛产稻米，素有"北马粮仓之称"，所产稻米行销全国；至于半岛东海岸北部的吉兰丹河谷则盛产稻米，被称为马来西亚的"谷仓"。半岛西南部的森美州是马来西亚的主要橡胶产地，其橡胶种植园面积及其产量在马来西亚各州名列前茅；还有半岛西北部的霹雳州橡胶园众多，且胶汁质量高，是马来西亚的橡胶主产地，另外，该州的丘陵地带以茶叶种植为主，金马伦高原原出产的茶叶闻名全国；半岛南端的柔佛州盛产橡胶，其产量在西马地区曾长期居第一位，椰子、油棕、菠萝的种植面积和产量也居各州之冠。半岛农作物的种植促进了该地畜牧业的发展，如在养牛业上，黄牛主要分布在吉打、吉兰丹两州，其次则分布在霹雳、彭亨和丁加奴3个州。水牛主要分布在吉打州，次之是吉兰丹州，最后还有霹雳州。在养羊业，山绵羊主要饲养在吉兰丹州，其次是吉打州，霹雳州和森美州的山羊养殖业也较为发达。而养猪最多的州是森美兰州，其次是槟榔屿州、霹雳州、雪兰莪州和柔佛州。

婆罗洲岛因大部分地区被热带森林覆盖，只有部分沿海地区为冲积平原，故此该地区的林业较为发达。如沙捞越州的林产资源极为丰富，以龙脑香属、婆罗树属等林木为多，还产有树脂、藤条等，此外沙巴州的森林覆盖率居马来西亚各州的首位，是马来西亚的木材出口基地。该岛沿海地区也有大量橡胶种植园和稻田，当地还出产香蕉、菠萝和椰子等热带水果。

马来西亚渔业主要分散在沿海地区及其附近海域，如沙巴州的直辖县纳闽境内维多利亚码头，其周围沿海鱼类丰富，当地居民大多从事渔业。位于霹雳州的海岸地区则有全国最大的渔场——邦咯渔场。而彭亨州的海岸地区关丹附近海域渔类资源丰富，生产的干鱼片驰名全国。至于马来半岛南端柔佛州的丰盛港背山面海，居民大多从事渔业，是西马有名的渔场。玻璃市州的更加港附近海域渔类也较多，是西马西北部重要的渔类市场。而马六甲沿海地区渔产丰富，沿海居民主要从事渔业。位于东马的沙巴州水产资源也很丰富，有渔类及海参、海扇、珍珠、龙虾和鳖等水产品。

第二节　种植业

传统的种植业是农业的基础部分。马来西亚以盛产棕榈、橡胶等经济作物而闻名于国际市场，粮食作物的生产及其产量又是国家重视的问题。因此，满足国民需要的粮食产量，为工业化提供原材料和促进农业商品化，种植业的现代化发展成为马来西亚农业的重点领域。

一、经济作物

马来西亚的经济作物是国家重要的出口商品和工业化原材料，主要有橡胶、棕榈、可可和胡椒等热带农作物。由于马来西亚地处赤道附近，四周环海，属于典型的热带雨林气候和热带海洋性气候，终年高温多雨，相对湿度大，而境内地势较平缓，平均海拔不高，多丘陵平原，少崇山峻岭，河流广布，流量较大。此外马来西亚全境分布着较多灰壤土和砖红壤性土的土壤地带。因此，马来西亚拥有十分适宜种植热带经济作物的气候、光热、水分和土壤的自然条件，加上政府一直推进发展热带农作物的农业政策，马来西亚的经济作物种植业成为农业的主导产业。

1. 橡胶

橡胶树种植的用途主要是制造天然橡胶。橡胶树又称巴西橡胶树、三叶橡胶树，俗称胶树。原产于南美洲，因南美洲早期劳动力不足，后经引种传播到东南亚。1879年引进马来半岛。初期马来西亚橡胶种植业发展不大，主要原因是需求量不大，直到后来轮胎制造对原料的需要，加上咖啡大跌价，橡胶作为一种新兴农作物在马来西亚种植园发展起来。20世纪20年代，橡胶成为马来半岛最主要的农作物。独立后的马来西亚，为了促进橡胶生产的发展，政府建立了橡胶研究发展局、橡胶生产者研究协会等组织，并采取各种方法来提高橡胶产量。

然而，由于国际市场上天然橡胶价格的下跌，特别是1970年代合成橡胶的大量生产，冲击了天然橡胶市场。1989年，橡胶的种植面积、产量和产值均退居油棕之后，天然橡胶已经失去了在马来西亚农作物中排列第一的地位。[①]

橡胶树的生长发育分为五个阶段；第一阶段为苗期，从播种、发芽到开始分枝，大概需要1.5—2年的时间；第二阶段是幼树时期，从分枝到开割，大概需要4—5年；第三阶段是初产期，橡胶树从开割到产量趋于稳定的阶段，需要3—5年的时间；第四阶段是旺产期，从产量稳定到产量明显下降，大约持续20—25年；最后是降产衰老期，30—40年龄的橡胶树树就失去了经济价值。[②]而20世纪90年

[①] 王国平：《马来西亚的种植业》，载《东南亚》，1998年01期，第37页。
[②] 王惠君等：《橡胶综述》，载《安徽农业科学》，2006年13期，第3 049页。

代，马来西亚的开割树中，大多树龄达到20—25年以上，已经过了盛产期，后续进入盛产期的胶树又比较少，造成产量逐年降低。

由于单产逐年下降，胶农转种其他经济作物，特别是大橡胶种植园种植面积的减少。1990年，橡胶种植总面积为183.7万公顷，其中小橡胶种植园为148.8万公顷（占总面积的81%），大橡胶种植园为34.9万公顷。2000年，橡胶种植总面积为143万公顷，其中小橡胶种植园为130万公顷（占总面积的91%），大橡胶种植园为13万公顷。2010年，橡胶种植总面积为102.8万公顷，其中小橡胶种植园为96.6万公顷（占总面积的94%），大橡胶种植园为6.2%万公顷。可见，马来西亚国内橡胶种植面积是逐年减少的，小橡胶种植园和大橡胶种植园种植面积也是逐渐减少，但相对而言，小橡胶种植园在种植总面积中所占的比例逐年上升，所以马来西亚橡胶种植主要是以小橡胶种植园为主。[①]这些小橡胶种植园农户投资力量有限，采用传统耕作方法，生产技术差，收入偏低，平时是依靠政府政策支持才得以经营，一旦出现橡胶价格急剧下降的情况，小橡胶种植园的农户就抛弃橡胶种植，转向城市寻求更高的工作，导致大量橡胶种植土地被抛荒。2010年，马来西亚橡胶种植面积和产量均降至世界第三位。

对于马来西亚目前的天然橡胶生产状况，多数人认为马来西亚的天然橡胶产业前景暗淡。据一位橡胶加工厂经理介绍，在马来西亚，胶块的收购价为每千克1.7马元，初产品的更新税是每千克0.99马元，研究税是每千克0.038马元，5号标准胶的生产成本接近每吨600美元，而出口价为每吨590美元。可见，天然橡胶产业承受着不少税收负担，从种植业到制造业，天然橡胶的生产成本过高成为生产者的忧虑。据一位胶园主介绍，因外籍劳工比较便宜，胶园割胶一般雇佣外籍胶工，但月工资一般也要700—800马元，农业劳动力的缺失也是橡胶种植业的一大问题。因此，橡胶种植和加工无利可图，这也导致橡胶园管理水平下降，小橡胶种植园一般是不施肥，大橡胶种植园是少施肥，因而单产水平下降。[②]1987年大胶园平均每公顷产量为1 506千克，而到1997年降为1 164千克，降低29.4%；小胶国也从1987年每公顷的1 116千克，降至1997年的967千克，降低15.4%；全

---

① 姚元园：《马来西亚天然橡胶业的发展现状与趋势》，载《东南亚南亚研究》，2012年第3期，第37页。

② 林位夫、黄华孙：《马来西亚橡胶与油棕产业考察报告》，载《热带农业科学》，2002年2月，第22卷01期，第53页。

国平均每公顷产量从1987年的1 216千克降到1997年的1 000千克，减产21.6%。[①]

为了改变橡胶种植业更新停滞局面，马来西亚政府制定了振兴天然橡胶的计划。首先是使小胶农有合理的收入；其次是橡胶产品制造业有足够的橡胶原料，即是保证橡胶树的产量；最后是鼓励橡胶产品多样化，发展橡胶木家具制造业。这些计划措施需要加强先进适用技术和优良胶木品种的推广，建立抛荒胶园的数据库并组织恢复生产和政府部门的全力合作和支持。

关于保证小胶农有合理的收入，主要是由于小胶农掌握了天然橡胶原料生产的80%以上，随着全球经济一体化过程中保护主义政策的削弱，确立小胶农全球竞争力的可持续发展战略是非常重要的。为此，政府成立了专业部门保证这项战略的实施，具体部门如下：

马来西亚橡胶局：主要促进橡胶树的栽培、割胶与加工、橡胶制品生产及销售一体化，使各个生产环节更适应全球国际的市场经营，能扩大橡胶产业的开发和现代化。

马来西亚小橡胶种植园开发局：主要工作是加快小橡胶种植园的现代化建设；引种高产种植品种，实现小橡胶种植园的更新种植；促进小橡胶种植园的现代化，改善其管理及经济现状；完善制定和管理有关小橡胶种植园发展的必要统计资料，开展和参与有助于改善和发展小橡胶种植园的其他活动。

据此，在国家的大力扶持之下，马来西亚在橡胶产业的育种、种植、新品系推广应用方面及其研究工作是做得比较成功的，他们在橡胶产品的开发利用，新品种的推广等迎合了当今世界橡胶产业发展趋势的胶木兼优品系的培植，已经取得了进展性的成功，国家并没有因为橡胶产量的降低而减少对橡胶产业的资源投入。

除了优良品种体系的推广，政府还做了大量改善橡胶产业的工作。例如为了保持橡胶有利润空间，印度尼西亚、马来西亚、泰国和其他天然橡胶生产国成立了天然橡胶生产国协会，努力保持天然橡胶价格在有利润水平的空间，这将构成全部天然橡胶生产国战略的一部分。还有为了使小橡胶种植园胶农们的利益和整个行业的利益结合，建立规模经济效益，实现大规模管理，从种植、加工和开发

[①]　周敏毓：《马来西亚的天然橡胶业》，载《世界农业》，1999年11期，第41、42页。

技术以及耕作系统合并中获得效益，政府建立了不少示范种植园和公共种植园，通过股票和土地租赁等形式吸纳胶农，促进小橡胶园种植园的合并，扩大了小橡胶种植园的规模。政府还建立天然橡胶特定种植区，种植区内要求种植橡胶树，鼓励天然橡胶原材料的供应。最后，政府还是实施补种计划，补种计划是鼓励胶农淘汰没有经济效益的橡胶品种，补种更好的品种。此外，补种计划中还包含混合种植，增加了小橡胶种植园胶农的收入。

马来西亚的橡胶种植园大部分在马来半岛，尤其以柔佛州最多。全国有12个州生产天然橡胶，马来半岛10个州的产胶量占全国的98%以上，婆罗洲岛的沙巴和沙捞越两个州的产胶量有限。

在政府的推广下，马来西亚早期的橡胶种植品种有RRIM600、PR107和GT1等，这些品种符合了当时国际橡胶市场要求，显示出高产和抗病害等特点。但是随着橡胶市场竞争激烈，橡胶供求趋于缓和，世界各国对天然林区砍伐的限制和保护，加上经过更新的橡胶木造就了受消费者欢迎的胶木家具业市场，于是马来西亚培育了一种既是高产又能在更新后提供优质木材的品种，这主要是在1998—2000年大规模推广胶木兼优的品种，包括RRIM900系列908、911、921、936，PB260、PB350、PB355和PB359共8个，其中RRIM936是由GT1和PR107组合，割胶十年后平均亩产是143千克，具有很大的引进价值。而小规模推广的胶木兼优品种共有14种，包括有RRIM2008、2009、2014、2015、2016、2020、2023、2024、2025和2026等，其中的RRIM2025于1983年定植，1991年开割，头5年平均每公顷产干胶2 700千克，14年生单株产木材为1.87立方米，在高度150厘米处茎围达162厘米，最粗达到210厘米，树高达20米。每亩可定24株，种下5年就可开割，比一般的树平均早2年投产，而同龄相比对照树茎围只有95厘米，这品种最具有胶木兼优的特征。[1]RRIM2001，头5割年平均每公顷产干胶2 850千克，17年生单株产木材1.23立方米；至于RRIM2014、2008和2015等品系，14年生的单株木材在1.30—1.33立方米范围内，头5割年平均每公顷分别产干胶2 007千克、2 686千克和2 760千克。[2]

① 黄志敏：《马来西亚橡胶产业考察》，载《中国农垦经济》，2002年04期，第41、42页。
② 周敏毓：《马来西亚的天然橡胶业》，载《世界农业》，1999年11期，第41、42页。

在种植技术上，马来西亚胶园种植定植前会对高截干苗的茎干进行刷白处理来保护树身。施肥方面主要采用叶片营养诊断指导施肥技术。此外，马来西亚在利用胶园林资源的技术方面，主要是在幼树胶园间种零散小规模的热带经济作物、粮食作物和蔬菜等。此外，胶农在胶林间进行养殖业的发展，主要是在胶园内进开展山羊、奶牛、鱼和鸡的养殖。胶农还实行篱笆式栽植制度，在胶园内种植耐阴作物，提高了胶园的产量。

合理割胶是使橡胶达到高产稳产的重要环节，这通常取决于开割标准、割线斜度和长度、开割高度、树皮消耗量、割胶深度、割胶制度等。[①] 马来西亚割胶制度主要有3种：第一种是10割龄内的幼树胶园采用 S/2 D/6 FT1.5Ba（0.64）La Pa12Y 半螺旋割制，六天一刀是该国极力推广的新割制之一，一个人可以割五个树位，每人要割到胶树 3 000 株以上，人均生产率和总体效益非常可观。第二种是采用气催短线割制：S/8 d/3 或 d/4 ET（80%气剂），其方法是事先在离割线10厘米左右旁刮去粗皮，粘贴密封一充气半边塑料罩，使气剂加入后树皮直接吸引，这样人均割3—4个树位，2 500株左右，也可大大提高劳动生产率。第三种是塑料供气瓶提供刺激剂，在割线上方10厘米处树干打一直径0.5厘米施气孔，通过一导气管将刺激剂施入气孔内刺激胶乳，从节省劳动力上考虑，还是比较新的采胶方法。[②]

总的来说，虽然橡胶园种植面积是逐年递减，但是这主要是近年来马来西亚调整了对天然橡胶产业政策扶持的重心。过去，马来西亚主要是天然橡胶生产国，完全依赖橡胶种植上游产业出口贸易，经过马来西亚政府几十年来的努力，实现了技术型的现代化种植，使橡胶种植业走向高品质和技术密集型道路，大力发展橡胶配套产业，逐渐淘汰了烟胶片生产，取而代之的是世界最高质量的液态浓缩乳胶和固态马来西亚标准胶。马来西亚已经从天然橡胶生产国转化为天然橡胶消费国，橡胶制造业取代了橡胶种植业成为橡胶产业链中的主导部门。

---

① 王惠君等：《橡胶综述》，载《安徽农业科学》，2006年13期，第3 049页。
② 羊荣伟：《赴马来西亚、泰国考察橡胶产业的报告》，载《海南农垦报》，2010年2月27日，第002版。

表3-2　1995—2005年马来西亚各地区大、小橡胶种植园的种植面积（单位：千公顷）

年份	马来半岛小胶园	马来半岛总量	沙巴州小胶园	沙捞越州小胶园	婆罗洲岛总量	全国总量小胶园	总量
1995	1 133.91	1 384.33	88.70	210.50	304.48	1 433.11	1 688.81
1996	1 101.23	1 319.89	89.68	210.35	305.31	1 401.26	1 625.20
1997	1 069.29	1 264.71	90.15	232.36	327.79	1 391.80	1 592.50
1998	1 113.47	1 288.11	77.90	172.32	255.50	1 363.69	1 543.61
1999	1 026.10	1 207.10	78.70	168.40	257.70	1 273.20	1 464.80
2000	995.30	1 170.90	80.00	169.20	259.80	1 244.50	1 430.70
2001	965.40	1 123.50	82.00	173.20	265.80	1 220.60	1 389.30
2002	935.80	1 078.40	82.00	177.20	270.00	1 195.10	1 348.40
2003	907.70	1 036.00	82.00	186.30	279.00	1 176.00	1 315.00
2004	880.10	995.90	82.00	193.40	286.10	1 155.50	1 282.00
2005	854.10	958.00	82.00	199.30	292.00	1 135.40	1 250.00

资料来源：中国橡胶信息贸易网/资讯/行业知识/橡胶知识/马来西亚橡胶种植状况。
http://www.qinrex.cn/news/show-592.html

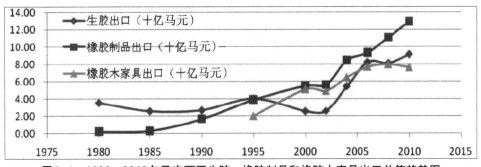

图3-1　1980—2010年马来西亚生胶、橡胶制品和橡胶木家具出口总值趋势图

资料来源：姚元园：《马来西亚天然橡胶业的发展现状与趋势》，载《东南亚南亚研究》，2012年第3期，第39页。

2. 油棕

油棕主要产品是棕油，有"世界油王"之称。油棕原产非洲西部，1875年引进到马来半岛，1917年马来半岛有了第一个油棕种植园。与天然橡胶相同的是，因消费需求低，油棕种植面积不大。到了20世纪60年代，马来西亚政府实施农业结构多元化发展战略，加上世界油脂消费量增大，棕油市场价格不断上升，马来西亚农民纷纷改种油棕树，油棕继橡胶之后成为第二重点发展的经济作物。当时政府为发展油棕种植采取了许多措施：扩大20年代的老油棕园；在翻种的老橡胶园与低产椰子园中，砍去部分胶树、椰树改种油棕；新开发的土地主要以油棕种植为主；对棕油出口征收低于橡胶的出口税；允许农户把橡胶换种补助金用于油棕种植；资助农民设榨油厂，为农民炼油提供种种方便；为了加强油棕种植的科学研究，解决生产过程中出现的技术难题，建立了油棕研究所。[①]

在此期间，马来西亚为了扩大油棕种植面积，进行了多种试验，开荒扩种油棕，发展了油棕种植潜力。如在吉隆坡附近丘陵地带，布满了大量整齐的棋盘式的油棕园丘，在丘陵地种植油棕的方式是英、马合资经营的哈里逊公司所属普朗勃河研究所从1969年试验种植研究出来的。为了在广大丘陵地区扩大种植油棕面积，而在地处"内陆"丘陵的普朗勃河橡胶园（共占地1 700公顷）试种750公顷的油棕（橡胶种800公顷，其他可可、咖啡共150公顷）积累和研究了丘陵种植油棕的经验，并推广了以营养钵（黑塑料膜袋内装有肥料土）在苗圃育苗移植的方法，证明了丘陵植棕是可行的。1983年7月8日，马来西亚油棕研究所又宣布了一项新的成果，在泥炭地土壤中种植油棕成功，从而进一步扩大了油棕适种土地的范围。1982年马来西亚油棕种植面积为122.6 585万公顷，占当时全国耕地的25%。据马来西亚原产部统计，目前马来西亚的油棕种植总面积已经达到200万公顷。如将散在马来半岛的柔佛州、彭亨州、雪兰莪州等地区的泥炭地以及婆罗洲岛的油棕适宜地完全开发利用起来，油棕种植面积扩展速度大大加快了。

20世纪80年代，马来西亚油棕种植园大部分位于马来西亚半岛，主要分布在半岛南部的柔佛州，集中于铁路干线沿线的居奎、拉美士及拉央拉央等三个地区；其次为位于半岛中部的毗叻、雪兰莪及彭亨等三个州。毗叻州的油棕园集中

---

① 朱振明:《当代马来西亚》，成都：四川人民出版社，1995年版，第159页。

于这个州西南部的涪南河及毗叻河的平原地区。雪兰莪的油棕园分布于峇株劳勿及瓜拉雪邦之间的海岸至巴生港口东南部，巴生及吉隆坡之间的岑株知甲北部、摩答色巴以及雪兰获河上游一带。彭亨及吉兰丹州北部的曼塔拉和森美兰州瓜拉比朥的雪马那哈特，都有大面积的油棕园。此外，还分布于半岛西北海岸面对槟榔屿的威斯利省以及东海岸的吉兰丹等州。马来西亚种植面积较大的油棕园在柔佛及毗叻两州，大部分油棕园面积在1 000—5 000英亩之间，但位于沙巴及沙捞越的油棕园面积都不很大。1982年，油棕种植面积增加5.7%，其中62 400公顷为新种或翻种的油棕。马来西亚油棕种植园丘，88%在马来西亚半岛，其余则在沙巴和沙捞越。[①]随着油棕面积的不断扩大，沙巴和沙捞越的种植面积也逐渐扩大，到了1996年，沙巴和沙捞越两州的油棕种植面积占全国总面积28%。2006年，沙巴州的油棕种植面已经占了全国种植总面积的30%。由于马来西亚的棕油产业不断发展，马来西亚本土的种植面积已经满足不了马来西亚棕油的需求。马来西亚的油棕种植公司无法在国内获得土地种植，于是在印度尼西亚、越南和缅甸等东南亚国家投资种植油棕，甚至扩展到非洲。这些国家对于马来西亚来说，土地成本低，劳动力资源丰富，而当地提供土地和劳动力，作为交换的是马来西亚政府提供种植技术知识、研发结果以及营销技能。2013年，加入在印度尼西亚的马来西亚种植投资者协会的种植公司数量达到18家。这18家公司的种植园总面积达100万公顷左右。已种植油棕的种植园面积达到80%，有20万公顷仍未种植油棕。[②]

为了增加产量，马来西亚引进象鼻虫授粉。油棕是雌雄同株，授粉全靠风力和昆虫，完全是"天然授粉法"。此种方法所授之花粉仅及雌花花囊之表面，油棕结果也仅在表层，而绝大部分雌花没有授粉，没有机会结成棕油果粒而"死亡"。自从油棕被移植到园丘，进行商业性生产以后，才开始进行"人工授粉"，授粉雌花因此大增，油棕果产量也随之增加。但是人工费用开销也相应增加，据说在20世纪80年代以前，马来西亚每年用在为油棕人工授粉的开支大约在5 000万马元以上。尽管如此，人工授粉仍然有其局限，难以达到雌性花囊的深部，产量仍不理想。内部雌花仍然是"不孕而死"或"不果而终"。为此，20世纪80年代初马来西亚从西非喀麦隆引进"象鼻虫"来代替人工授粉。象鼻虫体小，繁殖很快。习性是喜欢棕油雄、雌花香味，而在其中乱窜，将雄花花粉带到雌花花囊。

---

① 郑焕宇：《马来西亚油棕业》，载《东南亚研究资料》，1984年01期，第72页。
② 《马来西亚3家油棕公司拟购买印度尼西亚种植园》，载《世界热带农业信息》，2013年12期，第23页。

由于体小可以进入花囊深部，从而将其躯体粘来之雄花花粉授予雌花，油棕果囊深部从来不授粉的雌花，也因象鼻虫的功劳而结果，使得棕油果囊内外果实粒粒饱满。"不孕而死，不果而终"的现象基本克服了，使得棕果产量大增。尤其是由于象鼻虫繁殖迅速，在一年多的时间就从南到北遍及整个马来半岛，使得棕油产量猛增。[①]

耕种地形限制被打破，以及象鼻虫授粉技术的普及，使得油棕种植业的收益大幅度提升了。棕油种植的收益是稻田的5倍、胶园的1.6倍，加上政府的大力扶持，马来西亚油棕种植业发展得很快。1989年，油棕种植面积超过了橡胶，成为马来西亚主导的热带经济作物。1994年棕油产量达718万吨，占世界棕油总产量的一半，高居世界之首。在种植面积中，种植园占91%，其中私人种植种植园与政府机构管理的种植园各占一半。2001年种植面积为350万公顷，2005年种植面积达到400万公顷。[②]

目前马来西亚的油棕主要是改良品种Tenera，种植3年可以结果，经济期有25年，每公顷油棕园的油棕鲜果串及棕油产量分别为19吨和4吨左右，榨油率为20%。

马来西亚油棕生产较为规范化，园内建设规范，土地规划利用合理，充分考虑到生产、运输和环保的需要，油棕园的公共设施能够与油棕加工设施相协调。油棕种植先是在油棕苗圃培育所需的优良种苗，油棕种子催芽后直播于营养袋内，油棕苗培育过程中要更换营养袋3次，每次更换是将小袋换成较大的营养袋，更换营养袋的同时还要扩大苗间的距离，目的是为了使棕苗长得更为粗壮。育苗期间还需要混合施肥，混合肥中含有氮、五氧化二磷、氧化钾和氧化镁，并根据土壤情况加入适量的硼。到了油棕种植时期，主要是等高种植，株行距为9米×9米，每公顷有330—336株。油棕树距之间通常开挖有便于运输油棕果和肥料的道路、贮水坑和施肥和收集果实的浅坑。每株油棕每年需要施复合肥6—9千克，分3次，每3个月1次，肥料撒施于油棕树间的浅坑内。马来西亚农民主要采用生物防治方法对付油棕园鼠害：养老鹰控制老鼠。在除草方面，已经由过去的人工除草和背负喷洒除草发展到现在的拖拉机除草。至于病害、虫害方面，马来西亚主要利用转基因技术来防治病害、虫害。

---

① 航风：《马来西亚的热带经济作物——油棕》，载《农业现代化研究》，1984年05期，第57、58页。
② 谢龙连：《马来西亚油棕业发展概况》，载《世界热带农业信息》，2006年09期，第3页。

　　2006年，马来西亚由于长时间的农业劳动力短缺和耕地不足，印度尼西亚的油棕种植面积赶上了马来西亚，成为全球第一大油棕国。近几年来，由于全球经济条件变差，加上库存高企与价格偏低的困扰，2012年的马来西亚棕油业可谓面临艰辛的经营环境。自2011年底以来，印度尼西亚对相关棕油产品出口税进行减税，侵蚀马来西亚种植企业的竞争力。借此，马来西亚也与印度尼西亚看齐，对类似粗棕油出口退税结构作出了回应，并于2013年1月1日起取消实施10年之久的免税配额。另外，马来西亚最大棕油出口国——中国，从2013年1月1日起宣布中国质量监督检验检疫总局会对所有可食用油实施更严格的执法措施，马来西亚2013年棕油业不太乐观。但是依目前形势来看，马来西亚油棕产业在目前国际市场仍然保持竞争性和优势。马来西亚凭借着国家工业化优势，掌握了较先进的油棕种植技术，棕油生产、提炼科技水平在不断提高，其棕油产业拥有供应稳定、价格诱人、成本较低、质量较高、使用面广等方面的优势，这些优势不仅使马来西亚能保持现有的市场，还能抢占新的市场。

表3-3　2006年—2013年马来西亚油棕园面积（单位：公顷）

年份	马来半岛	沙巴州	沙捞越州	总计
2006	2 334 247	1 239 497	591 471	4 165 215
2007	2 362 057	1 278 244	664 612	4 304 913
2008	2 410 019	1 333 556	744 372	4 487 957
2009	2 489 814	1 351 598	839 748	4 691 160
2010	2 524 672	1 409 676	919 418	4 653 766
2011	2 546 760	1 431 762	1 021 587	5 000 109
2012	2 558 103	1 442 588	1 076 238	5 076 929
2013	2 593 733	1 475 108	1 160 898	5 229 739

　　资料来源：大马经济网/我国经济/三次产业/第一产业/棕油/棕油种植面积和产量/1975—2010大马油棕园面积。[①]

　　http://www.malaysiaeconomy.net/my_economy/three_industries/primary_industry/oilpalm/oil_palm_product/2012-08-18/20998.html

---

① 2010—2013年数据来源于马来西亚棕榈油局官网（http://bepi.mpob.gov.my/index.php/statistics/area.html）。

表3-4　2006年—2013年马来西亚原棕油和原棕仁油产量（单位：千吨）

年份	原棕油产量	原棕仁油产量
2006	15 881	1 956
2007	15 824	1 908
2008	17 734	2 131
2009	17 565	2 097
2010	16 994	2 015
2011	18 912	2 145
2012	18 782	2 159
2013	19 216	2 270

资料来源：大马经济网我国经济/三次产业/第一产业/棕油/棕油种植面积和产量/马来西亚原棕油和原棕仁油产量（2000年至2013年4月）。[1]

http://www.malaysiaeconomy.net/my_economy/three_industries/primary_industry/oilpalm/oil_palm_product/2012-02-07/16808.html

3. 可可

可可原产于拉丁美洲，1778年被引进到马六甲。20世纪30年代在马来半岛雪兰莪州色当农业试验场开始种植可可树，生长良好。直到20世纪50年代，丁加奴州出现第一个可可种植园，但因为虫害问题，可可种植效果不好。至1958年，可可种植面积有1 600英亩。20世纪60年代，沙巴培养出优良品种"沙巴杂交种"，该品种抗病虫害能力强，单产高，平均每公顷可产可可豆2 645千克，最高可达4 400千克。此外，可可的结果期早，种植15—18个月后即可收获，比橡胶、油棕获利快。[2]于是在马来西亚第二个五年计划中，可可种植业的扩展成为马来西亚政府实现农业结构多元化战略目标之一，政府提供辅助金和销售奖励来鼓励可可的种植，使其种植面积和产量都有明显的增加。

可可作为热带作物，喜温、雨量充沛的地方，其生长的好坏也取决于土质，而太阳辐射和风也有很大的影响。可可在没有旱季的地方可以生长得很好，而且适宜生长在雨量分布均匀的地区，而沙巴州雨量均匀使该地区产量较好。可可还

---

① 2013年数据来源于马来西亚棕榈油局官网（http://bepi.mpob.gov.my/index.php/statistics/production/118-production-2013.html）。

② 朱振明：《当代马来西亚》，成都：四川人民出版社，1995年版，第161页。

需要在终年气候变化较小的地方种植，因可可的成熟期与气温有关系，气温越低成熟所需的时间就越长，而在马来西亚半岛的霹雳州地区平均温差不超过1℃，因此成熟期较稳定。至于土壤方面，马来半岛的玄武岩土壤养分丰富，适合可可种植，此外半岛沿海重粘土也可种植可可。因为可可在幼苗期，本身叶片数量小，自身没有遮阴条件，而马来西亚喜欢种植椰子为可可遮阴。

种植可可，婆罗洲岛比马来西亚半岛更为有利。东马来西亚的干可可豆，大的每粒重达半千克；而马来西亚半岛地区的则果实小，皮皱而不饱满。因而在产量上就大有区别，半岛地区每英亩产量仅800—2 000磅，东马来西亚的每英亩产量可达2 000—4 000磅。此外，在东马来西亚可可是以单一作物种植在园坂里，而在半岛地区则作为椰子、油棕种植园的间作物。因此，沙巴是可可的主产地。不过近年来，因可可产业的调整和马来半岛的区域条件优势，马来半岛的可可产业发展得到较大的推动，如柔佛州将被打造为巧克力州。[①]

到了20世纪90年代，马来西亚可可种植增长速度甚至超过油棕，产量也随之增加，面积和产量均达到历史的最高水平，1990年可可豆产量达到24.70万吨。但是随着世界市场供大于求，价格下跌和病虫害等原因，到了2002年，其可可豆产量降至4.77万吨。[②]不过，从20世纪90年代开始，马来西亚就开始调整可可产业，通过提高可可加工能力以及通过生物技术提高可可产品质量，以及通过杂交可可改良品种来提高产量。由此，马来西亚从可可豆出口国转化为可可豆进口国，并着力发展可可下游产业。21世纪，可可产业成为马来西亚第三大农业出口产业，其中可可脂出口收入最大，已经出口至50个国家。[③]

表3-5　20世纪末至21世纪马来西亚可可种植地段、产量和可可磨制量[④]

年份	种植地段（公顷）	可可豆产量（吨）	可可磨制量（吨）
1980	123 855	36 500	6 000
1990	393 465	247 000	70 000
2000	75 201	70 262	139 443
2005	33 263	27 964	258 647

① 《推动可可种植：马来西亚柔佛州打造巧克力州》，载《时代金融》，2014年04期，第52页。
② 黄循精：《马来西亚的生产与贸易》，载《世界热带农业信息》，2004年05期，第14页。
③ 李希娟：《2007年和2008年马来西亚可可的出口情况》，载《世界热带农业信息》，2008年01期，第22页。
④ 《推动可可种植：马来西亚柔佛州打造巧克力州》，载《时代金融》，2014年04期，第52页。

续表

年份	种植地段（公顷）	可可豆产量（吨）	可可磨制量（吨）
2007	27 816	35 180	310 001
2008	20 702	27 955	323 653
2009	17 338	18 152	279 228
2010	19 417	15 654	302 366
2011	20 544	4 605	299 271
2012	21 710	3 645	299 525

4. 椰子

椰子曾是马来西亚重要的农作物，仅次于橡胶、稻米居于第三位。后来由于种植椰子的收益比种植油棕、橡胶树的差，椰子种植业逐渐衰落。20世纪60年代，马来西亚政府曾经鼓励农户更新翻种椰子，并提倡在椰园间种可可、咖啡，使椰子种植业有一定的发展。到1980年，椰子种植面积达到34.94万公顷，产椰油5万多吨。不过，由于椰子收益比不上胡椒、可可，更比不上橡胶、油棕，马来西亚椰农纷纷改种其他作物。1991年，马来西亚椰子种植面积还有31.59公顷，到1994年仅剩下26.7万公顷。[①]

马来西亚全国均有椰子种植，马来半岛尤为集中。马来半岛的椰子种植区主要集中在槟榔屿和威斯利、霹雳的巴眼拿卓、雪兰莪的沙白安南、巴生河口、柔佛的西海岸。而在婆罗洲岛上，主要则集中在沙捞越州的古晋与沙塘县，和沙巴州的古达与仙本那半岛等地。[②]

早期的椰园种植分大园丘和小园丘。大园丘资金充足，管理方法现代化，重视品种改良和翻种；而小园丘则土地贫瘠，老椰树较多，种植方法比较落后，害虫多，常受水害，灌溉差，劳动力比较缺乏。因此大圆丘种植的椰子无论在质与量都比小园丘好很多。由于在国际市场上，椰油始终竞争不过棕油，马来西亚政府逐渐放松椰子种植业的发展的关注。但是，对于农民来说，许多家庭仍然靠种植椰子维持生活，椰子依然在马来西亚的农村社会经济中扮演着重要角色。所以

---

① 王国平：《马来西亚的种植业》，载《东南亚》，1998年01期，第39页。

② 朱振明：《当代马来西亚》，成都：四川人民出版社，1995年版，第163页。

对于椰树的栽培，政府还是制定了一定的优惠政策，不过主要是为了满足国内食用需求和作为间作农作物的用途。近年来，虽然马来西亚政府提出椰子复兴计划，不过主要是发展椰子的加工产业。

5. 胡椒

胡椒是马来西亚重要的热带香辛作物，早在18、19世纪柔佛州和槟榔屿州一度盛产胡椒，吉打州也出产胡椒。独立后，政府农业采取多元化发展政策，对胡椒生产进行补贴，并且多处建立分级加工中心，胡椒种植面积和产量逐渐增加。20世纪70年代，马来西亚胡椒生产发展到了高峰期，胡椒的产量由1970年的3.16万吨增至1979年的4.03万吨。[①]但是在1979年，马来西亚政府实施新的胡椒出口税，严重打击了马来西亚的胡椒业，尤其对胡椒盛产地柔佛州影响大。许多椒农纷纷改种其他农作物。在20世纪80年代，胡椒种植面积或产量总的趋势来说是递减的，马来西亚的胡椒产业也逐渐落后于印度尼西亚和巴西。20世纪90年代，受到病虫害的影响，加上胡椒国际市场的竞争，胡椒的种植面积和产量均大幅度下降。但是到20世纪90年代中期，国际市场上的胡椒供应短缺，政府借此机会重振胡椒产业，开辟胡椒新垦区，建立优质白胡椒加工中心。至1997年，马来西亚胡椒生产下滑趋势已经停止了。

马来西亚胡椒品种主要是大叶种，该品种适应性强，耐肥耐旱，成熟期较早，但容易受到病害感染。马来西亚胡椒产业主要分布在沙捞越州，该地每年占全国产量98%。

21世纪，马来西亚政府继续专注于研究和开发胡椒产业，以提高胡椒出口价值和确保胡椒产品在国际市场上更具竞争优势。2006年马来西亚的胡椒出口额达1.45亿马元，比2005年的1.22亿马元增长了18.21%。2012年，胡椒出口额取得了2.45亿马元。[②]

6. 其他经济作物

咖啡种植业在19世纪末就开始萧条，主要是因为巴西生产过剩，咖啡叶锈病蔓延和种植橡胶日益重要。直到20世纪90年代，马来西亚咖啡种植业一直没有恢复起来，主要是因为小园主采用很不专业的方法在全国各地种植。咖啡分为

---

① 李中：《工业化中的马来西亚农业》，载《东南亚研究》，1994年第4、5期，第17页。
② 《马来西亚胡椒局鼓励小园主采取新科技种植胡椒》，载《世界热带农业信息》，2013年09期，第19页。

小粒种、中粒种和大粒种，主要种植区零散分布在沙巴、沙捞越、吉打、霹雳、吉兰丹、丁加奴、雪兰莪、马六甲和柔佛等地区。其中大粒种在马来西亚最受欢迎，不过其种植区已经被受市场欢迎的中粒种取替，而中粒种种植有95%没有得到适当的栽培和管理，农民普遍对咖啡种植没有兴趣，只是把它作为次要作物。

马来西亚的茶叶在20世纪20年代才被引进，茶叶的引进是伴随着当时的华工迁移到东南亚开采锡矿而推进的，其中的福建、广东等地的茶籽带到了马来西亚种植，而马来西亚当地居民也受到20世纪初饮茶之风的影响。因此，茶业在马来西亚占了一定的市场。20世纪30年代，金马伦平原开始有规模地种植茶叶。1945年，马来西亚全国茶园接近有4 000公顷。马来西亚茶叶分高原茶叶和平原茶叶两种，其中金马伦高原出产的茶叶质量比较好。自20世纪90年代以来，马来西亚茶园面积保持在3 000公顷以上，茶叶平均年产量是3 800吨，但马来西亚茶叶不能自给，每年都需要大量进口，2012年茶叶进口总量为18 855吨。

马来西亚的烟草种植是在1959年引进的，主要种植区在吉兰达州，后来开发了丁加奴高地种植烟草。早期马来西亚烟草种植面积增长较快，但单产低，品质也差，此外马来西亚烟草市场管理也比较混乱。1972年，马来西亚政府成立国家烟草协会，主要负责调整烟草产业及其市场，改善烟草种植技术，政府还提高关税，鼓励国内种植烟草。虽然政府大力发展烟草业，直到20世纪90年代，马来西亚国内烟草种植业没有得到较好的发展。主要原因是适宜种植烟草的土地严重不足，加上管理不当，导致单产不足。另外，劳动力的短缺也影响着烟草的产量。目前，马来西亚国内的烟草市场需要大量进口才能满足需求。

二、粮食作物

马来西亚在工业化过程中，农业的发展一直处于不平衡状态，粮食问题是其中的表现之一。由于粮食作物种植的收益始终没有得到提升，加上工业化发展中农业占有的资源逐渐流失，经济作物在农业部门中的比例不断扩大，马来西亚的粮食作物种植局面没有多大的改善。故此，从上世纪开始，马来西亚始终是以水稻为主的单一粮食作物结构，其他粮食作物如木薯、硕莪、玉米和大豆等只有极少量的供应，在粮食产量中所占比重微乎其微。而水稻种植也面临着很多问题，如劳动力流失、品种单一等。这种粮食作物结构导致了马来西亚的大米消费市场经常需要进口大量粮食才能满足需求，而饲料的加工则需要完全依赖进口粮食，每年都要进口大量小麦、大豆。

1. 稻米

马来西亚粮食作物国内供应几乎是完全依靠稻米种植，稻米占马来西亚粮食作物主导地位。但是，粮食供应不足一直是马来西亚面临的粮食问题。从20世纪开始，人口急剧增加，稻田纷纷转作耕种经济作物，使粮食供应不足这一问题更加严峻。

在独立初期，马来西亚政府开始着手改变稻作产业，比较注重稻谷生产。当时政府大力推广双造稻、对稻作实现规模化经营、改良耕作技术、增加肥料和实行补贴制度。此外，政府拨出相当款项进行排水和灌溉建设。但是这些措施取得的效果并不太理想，只是暂时减缓稻米产量下降的趋势，粮食供应不足的问题始终没有得到根本的解决。不过，由于政府持续对稻作种植给予大量支持，20世纪80年代，随着稻作产量的逐渐增加，马来西亚的粮食自给率明显有所提高。1960年稻谷产量为56.1万吨。1970年翻了一倍多，增至143.5万吨。1979年达到209.5万吨，随后两年都在200万吨以上。1960年粮食自给率为50%，1975年为87%，1980年再升至92%。[①]然而在这个增长过程中，稻米种植的收益始终没有得到有效的提高。稻米种植几乎是农作物中收入最低的部门，加上政府开始放松对稻作的支持，不再强调稻米要完全自给，而是只需要满足全国需求的80%左右。因此，稻农再次纷纷将稻田转种其他经济作物。20世纪80年代末，马来西亚的粮食自给率再次出现下降趋势。

20世纪90年代，马来西亚稻谷的种植面积徘徊在70万公顷的水平之下。其中，1991年的种植面积为68.36万公顷，1992年为67.28万公顷，1993年为69.34万公顷1994年69.86万公顷，1995年为67.26万公顷。稻米产量也一直徘徊不前，1991年为135.36万吨，1992年为130.32万吨，1993年为134.3万吨，1994年为138.9万吨，1995年为138.2万吨。1996年产量仍不足140万吨。因此，为了满足国内消费需要，马来西亚需要进口大米，主要从东南亚两个最重要的大米出口国泰国和越南进口大米。[②]1991—1995年大米进口量分别为40万吨、44.3万吨、38.9

---

① 李中：《工业化中的马来西亚农业》，载《东南亚研究》，1994年第4、5期，第17页。
② 王国平：《马来西亚的种植业》，载《东南亚》，1998年01期，第35页。

万吨、33.54万吨、42.76万吨，大约占全国消费量的30%左右。

马来西亚大部分地区都种植了水稻，其中主要分布在河流沿岸一带、海岸及三角洲一带。其中，西马北半部的吉兰丹三角洲和吉打—威斯利平原被称为马来西亚粮仓。其他种稻较多的地区还有霹雳州的双溪曼尼、木歪—实吊远平原、雪兰莪州的丹基戎加弄、柔佛州的云冰—兴楼两河下游，在内地河谷也广泛分布小块稻田。婆罗洲岛稻田主要分布在沿海平原。[①]马来西亚水稻产区发展不平衡，中部华人种植区一般每公顷生产8—10吨，高产田块可达到每公顷13吨，但掌握70%以上的水稻种植面积的马来人水稻种植面区产量水平一般每公顷有3—4吨，全国平均产量为每公顷有3.3吨。[②]

马来西亚早期的稻种有：黄谷、白谷、泰国种、圣旦马亨种、吉打小种、逞罗水稻、肩状种、南金钟、卵形种、大种、干谷种、仰光种、台湾种、纳珍39、沙劳普50、士年纳昆宁的以及龙种21等，较为优良的有马素丽、幸福及斯里马来西亚等稻种。近几年，马来西亚水稻是优质籼型常规水稻为主，在全国推广的品种主要有9种，基本上是马来西亚农科院在20世纪90年代末育成的品种，其中在1998年选育的MR219是目前主栽品种，该品种抗倒伏能力强，后期转色较好，稻瘟病与白叶枯病抗性较好。不过该品种覆盖率过高了，存在着抵御自然灾害和爆发性病虫草害应变能力下降的生产风险。因此在2013年，马来西亚政府发放新品种MR269，改善水稻品种，提高马来西亚国内水稻产量。

马来西亚水稻生产上主要采用机械插秧和机械直播二种栽培方式。采用机械插秧模式的水稻面积约占总面积的60%—70%，工厂化育秧的种子使用量约每公顷为90—110千克；利用机械直播模式的水稻面积约为总面积的30%—40%，大田的直播用种量每公顷为125—150千克。从考察到的稻田管理水平看，无论是机械插秧模式还是利用机械直播模式，稻田的草害问题均比较大，尤其是杂草稻的比例非常高，严重影响了水稻的产量。田间杂草丛生，显示稻田除草剂的使用和控制技术还有待改进。在肥水管理方面，排灌设施齐全，设备也比较先进。但是由于播种量大，化肥使用量过高，直接导致稻田通透性差，湿度大，纹枯病发生率和损失率都比较高。至于虫害方面，马来西亚水稻常见虫害有二化螟、三化

---

① 朱振明：《当代马来西亚》，成都：四川人民出版社，1995年版，第161页。
② 倪建平、金千瑜：《马来西亚水稻生产、技术及经营考察》，载《中国稻米》，2008年02期，第30页。

螟、稻蝇纹、稻飞虱和福寿螺等。常见的病害有水稻白叶枯病、水稻纹枯病、水稻稻瘟病。从考察情况看，水稻螟虫和水稻纹枯病的危害对马来西亚水稻产量的影响较大，同时稻田福寿螺的危害也比较严重。[①]

21世纪，马来西亚的粮食问题在国际市场动荡不安的影响下显得更严峻。2006年，马来西亚大米种植面积55万公顷，产量192万吨，进口75万吨。2008年稻米进口超过100万吨，马来西亚2010年稻米产量为160万吨，而稻米年消费量为230万吨，近30%需从泰国、越南等国进口。2010年粮食出口增加15%，达181亿马元，但进口粮食也增加了13%，达302亿马元，粮食贸易赤字扩大到121亿马元，比2009年增加9%。预计到2020年，稻米产量为180万吨，需求量则升至314万吨，其中对白米的需求达265万吨。[②]

为此，马来西亚再次调整发展战略，放弃不主张粮食完全自给理念，鼓励农民多种粮食，增加稻米等粮食产量。马来西亚的粮食安全政策于2008年4月9日通过，内容涉及增加粮食储备、扩大粮食种植、设立粮食供应保障机制等问题。政府宣布延缓一切非基本设施的建设项目，以此来集中资金保障粮食供给。2008年马来西亚投入近8亿美元的资金，建立一个包括以稻谷为主的缓冲储备库。马来西亚农业部拨款50亿马元开发荒废的1.5万英亩稻田，以扩大稻谷种植面积。马来西亚政府将开展种稻改革计划，实行国内的稻米种植业园丘化管理。政府实行国内的稻田种植业园丘化管理后，能集中管理所有稻田，包括建设稻田区灌溉系统，增加粮食供给，减少依赖进口，同时将有助提高稻农的收入。马来西亚积极与总部设在菲律宾的国际水稻研究所进行合作，引进优质杂交水稻良种。沙捞越州是马来西亚重要的水稻产地之一。引进新良种后，水稻产量每公顷将提高7—14吨，预计在未来3年内，沙捞越州的稻谷年产量将翻一翻，达到17万吨。马来西亚还期望采用中国成功的杂交水稻技术，将现有水稻单产提高15%—20%。

① 倪建平、金千瑜：《马来西亚水稻生产、技术及经营考察》，载《中国稻米》，2008年02期，第30页。
② 吴崇伯：《东南亚国家的粮食生产与粮食政策》，载《东南亚南亚研究》，2012年03期，第33页。

表3-6 2007—2011年马来西亚水稻种植面积、产量和平均每公顷产量

年份	种植面积 (千公顷)	产量 (千吨)	每公顷产量 (千克)
2007	345.7	1 258.8	3 642
2008	339.0	1 250.8	3 690
2009	346.0	1 330.4	3 845
2010	347.0	1 346.5	3 870
2011	350.4	1 351.1	3 856

资料来源：大马经济网/我国经济/三次产业/第一产业/稻米/各类稻米产量/2007—2011年水稻种植面积、产量和平均每公顷产量。

http://www.malaysiaeconomy.net/my_economy/three_industries/primary_industry/paddy1/paddy/2013-12-04/26719.html

2. 其他粮食作物

木薯在19世纪30年代就已经开始在马来西亚种植。1976年，木薯种植业在马来西亚发展到顶峰，当时的木薯主要用于加工淀粉，经加工后的淀粉主要出口销往英国、日本和加拿大等国家。但到了20世纪80年代，由于农业市场不景气，木薯价格低，种植时间较长，农民对木薯种植不感兴趣。加上泰国木薯种植业的发展，泰国木薯价格较低，马来西亚木薯加工业宁愿进口泰国木薯，也不需要国内木薯。所以，木薯种植业逐渐衰落。2007年，木薯种植面积面积为41 000公顷，总产量为430 000吨，每公顷产量为10.49吨。[①]

硕莪，俗称西米，高约10—20米，树干粗直，每15年成熟后长出一花穗，茎髓充满淀粉。当果实形成和成熟时，便吸收茎髓中的淀粉，使茎干中空，树在果熟后死去。因此在花穗出现时就要砍断，劈开茎部，取出含淀粉的髓磨成粉，加水在滤器上方揉捏滤去木质纤维，洗涤数次后即成为西米粉，为马来西亚当地人作辅食食用。不过，目前硕莪成为马来西亚食品加工产业的重要出口商品。

马来西亚基本上不种植小麦、玉米和大豆。因此，马来西亚每年都要从澳大

① 盘欢：《亚洲11国木薯生产概况》，载《广西热带农业》，2009年05期，第31页。

利亚、阿根廷、加拿大、美国和中国进口大量小麦、玉米和大豆。当中主要用于加工成为饲料，供国内畜牧业需求。

三、水果、花卉和蔬菜作物

1. 水果

马来西亚水果产业较为发达，盛产许多热带水果，其中包括菠萝、榴莲、番石榴、香蕉、杨桃、山竹、柚子、西瓜和红毛丹等，当中的榴莲、杨桃山竹和红毛丹的原产地就在马来西亚。20世纪60—90年代，马来西亚水果种植面积一直保持增长。到了1992年，全国水果种植面积超过15.5万公顷，产量达到127.9万吨，人均产量达到75千克，超过当时世界平均水平（68.5千克）10%左右。[①]

马来西亚水果种植分布广泛，主要产地为西海岸各州、柔佛州、霹雳州、吉兰丹州、沙巴和沙捞越州。其中菠萝主要种植在兰脑、斗湖、库达特的小部分地区和尼亚苏埃实务的北部地区、笨珍地区和马来半岛的最南部地区；香蕉主要分布在日叻务与东甲地区，同时，沙巴州的斗湖、山打根、西海岸省与根地咬、石角以及沙捞越的其他地区也种植香蕉；榴莲主要适宜在尼亚苏埃实务以及裴达马省的西北部地区种植；番木瓜主要分布在雪兰莪州、霹雳州和柔佛州。

榴莲原产马来西亚，是热带著名水果，深受东南亚地区消费者喜爱，被誉为"果中之王"。果实椭圆形，纵横径25厘米×14厘米左右，果重1千克左右，淡黄褐色或黄绿色，表面有木质圆锥状尖刺。每果有5个心室，每心室有1—3粒种子，假种皮即果肉，食用部分呈白色、奶油色至淡黄色，有特殊的浓郁香甜风味。食后精力特别旺盛，是当地售价最高的水果之一。榴莲是马来西亚最重要的水果，面积和产量均占首位。

山竹，又叫莽吉柿、倒捻子果。原产马来西亚，热带著名水果，在东南亚地区与榴莲齐名，被誉为"果中之后"。榴莲性热，一次不宜吃得太多，而山竹性凉，可抵消榴链燥热的作用，当地有先食榴链，后食山竹的习惯。

红毛丹，原产马来西亚，在东南亚得到普遍栽培。果呈球形或卵圆形，纵横径4厘米×3.8厘米，重22克左右，果皮鲜红色，表面着生密而长的红色软刺。

---

① 吴厚玖：《马来西亚的水果生产》，载《中国南方果树》，1996年04期，第54页。

果实成熟期在8—9月，由于果肉和种子的色泽、结构均类似于荔枝，故有"毛荔枝"之称。在马来西亚多用其作糖水罐头，并剔除果核后在罐头中放进一块大小与果核相同的菠萝肉，不仅可保持果肉的丰满，而且可增加罐头风味。

杨桃，原产马来西亚等地，呈卵形至椭圆形，长5—10厘米，有5个翅状棱角，横切面呈五角星。品种繁多，适宜加工制汁和制成蜜饯。在马来西亚表现特别丰产，一年可收获2—3季。

柚子，马来西亚的柚类主要栽培在北部靠近泰国的地区，品种与泰国相同，有红肉和浅粉红肉两种类型。果实梨形，红肉微酸，粉红肉无酸，品质较优。与我国柚类不同的是，马来西亚产的柚子果皮无香气。此外，由于是热带气候，马来西亚的柚类一年可开花5—6次，收获也有5—6次。在马来西亚，柚子栽培必须采取疏果和套袋两种措施。由于开花结果量大，必须疏以获得大果；套袋的目的则是防止虫害，特别是吸果夜蛾和果实蝇等的为害。[①]

21世纪，马来西亚的水果自给水平一直保持在100%以上，2003年，马来西亚已经创了水果出口量记录。其中，主要以番木瓜、西瓜、榴莲和杨桃、香蕉和菠萝为主要出口水果。番木瓜主要出口到中国香港、新加坡、阿拉伯国家和沙特阿拉伯；西瓜分别出口到新加坡、中国香港、中国台湾和文莱；榴莲的主要出口目的国是新加坡、文莱、中国香港和泰国；杨桃大约90%以上用于出口，主要出口市场是荷兰、新加坡和德国；90%的香蕉产品内销，10%的产品出口到新加坡、文莱、中国香港和中东国家；菠萝出口产品主要是菠萝罐头和菠萝汁，主要出口到新加坡、阿拉伯国家、沙特阿拉伯和文莱。[②]

2. 花卉

从20世纪80年代中期开始，花卉种植作为一项新兴产业兴起，构成了马来西亚农业发展新的组成部分。花农根据市场需求种植各种各样的花卉，逐渐在马来西亚的怡保市、吉隆坡、金马伦和柔佛等地区发展了花卉产业。此外，花卉业的发展离不开政府的支持，政府和企业对花卉产业的倾斜，当中包括政府对科技的大量投入，企业对生产和销售的一套科学的管理方法，以及抓住机遇迎合国际活跃的销售市场的机制。这一切使马来西亚花卉业在短时间内得到腾

---

① 吴厚玖：《马来西亚的水果生产》，载《中国南方果树》，1996年04期，第54页。

② 黄艳：《马来西亚热带水果产销情况》，载《世界热带农业信息》，2007年01期，第4页。

飞的发展。

花卉产主要实行小规模农场式经营，面积在1—10英亩之间，实行专业化生产和产业化经营，每个农场的花卉生产从生产资料的准备到各生产过程及其产品的加工销售、售后服务等环节紧密相连，而且有机地统一起来，通过市场供求调节生产数量、质量和品种，使生产服从于销售，销售又保证生产的顺利进行。

马来西亚霹雳州怡保市境内地势平缓，土地肥沃，四季气温高爽，雨量充沛，年平均气温25—27℃之间，年降雨量超过2 000毫米。由于终年气候温暖，生产条件和交通条件便利，怡保市的花卉农场主要生产热带兰花，当中的品种主要包括万代兰、千代兰、文殊兰和石斛兰等高档切花品种。这些品种都具喜高温、耐湿润的特点，怡保市四季盛夏，这些品种能四季开花。兰花产量很高，一株兰花一年的产量达8—12支花，以每英亩25 000株计算，每英亩的花量达200 000支以上。万代兰等热带兰作为切花品种，植株具有很强的再生性，植株通过茎端组织分蘖成侧枝，侧枝分蘖能力强且具连续性和持续性，只要植株正常生长，这种分集能力能持续10年以上。在生产实践上，兰花生产达5龄后开花能力开始下降，高水平的管理条件下生产寿命也只能达7年左右，即生产周期为5—7年，这时要进行分株换盆，更新植株，否则产量就大量减少。目前马来西亚种植的花苗主要采用泰国惠雅兰花种苗公司通过特别方法育成的组培苗，组培苗具有生长速度快，植株均匀，投产早和产量高的特点，组培苗一般通过脱毒技术，使之不带病菌，免遭种植后常见的落腐病和溃疡病的侵害。

彭亨州金马伦地区的花卉农场大多建立在海拔1 000—1 500米高的半山腰上。这里的环境独特，与山脚平地相比显然就是另一个天地。这里气候凉爽，昼夜温差大，平均温度从夜间12℃到白天24℃变化，在这种夏季不太炎热，冬季没有明显低温的环境中，发展温带或亚热带花卉种植是非常理想的。金马伦高地生产的花卉品种有兰花、玫瑰、康乃馨、鹤望兰、红掌、百合、满天星、跳舞兰、补血草、安祖花、非洲菊等。金马伦高地的花卉不仅产量高、质量也好，大部分产品供出口，主要出口到新加坡、韩国、菲律宾、澳大利亚、日本、中国台湾和香港等地。

为了不断改善花卉的品质，马来西亚农业大学、马来西亚农业研究与发展协会都在设立研究项目，对花卉品种、品种的农艺性状、病虫害控制和保鲜贮运等方面进行研究。为了保证花卉出口，把好产品质量关，马来西亚标准与工业研究协会为出口花卉制定了质量与包装标准。此外，农业部和各地农民协会建立花卉专门技术推广机构，推广应用高新技术，各级农业市场管理机构则负责市场信息和组织促销活动。①

3.蔬菜

相对于水果产业，马来西亚的蔬菜种类就比较少，主要有芥菜、白菜和包菜等。马来西亚蔬菜主要种植在气候凉爽的山地高原，如金马伦高原就是主要产区之一。马来西亚的蔬菜种植较为落后，种类少，产量低，不能自给，每年需要从外国大量进口，其中包括洋葱、大蒜、菜花、西兰花、西红柿、胡萝卜、辣椒、白菜、圆白菜等。因此，政府经常呼吁人民在房前屋后开展蔬菜种植活动，以缓解蔬菜供应紧张的状况。而马来西亚菜农总会则希望政府开辟蔬菜种植区，实行大规模的商业性种植。

第三节 林业

马来西亚位于赤道附近，常年高温多雨，土地肥沃，因此森林覆盖率较大，森林资源十分丰富，植物种类繁多。丰富的林业资源为马来西亚的木材加工产业提供了大量原材料，林业成为了马来西亚国民经济产业的重要组成部分，也是国家出口创汇的主要来源之一。

一、森林资源的分布

根据2009年国际热带市场报告，马来西亚拥有近2 000平方千米森林，森林面积占国土面积的59.5%，其中，有583万平方千米森林是位于马来半岛，440万平方千米森林位于沙巴州，924万平方千米位于沙捞越州。森林保护区在森林总面积中占73.4%，其余26.6%为国有或私有土地。

马来西亚的森林种类繁多，结构复杂，拥有8 000多种植物，其中仅仅乔木

---

① 黄恩胜：《赴马来西亚花卉考察报告》，载《广西热作科技》，1997年04期，第30页。

就有2 500多种。根据植物的分类和分布状况，马来西亚森林也可为多种类型：

龙脑香林，分布广，经济价值大，其有用化学成分是树脂，用于医药和喷漆工业。另外其木材纹理细致，坚硬耐用，耐湿力强，可用于木材加工业。依照地形又可分为平原龙脑香林、丘陵龙脑香林和大丘陵龙脑香林。

红树林，主要分布在沿岸一带。红树林的树木是重要的燃源，另外又可被加工为出口产品，因此被大量砍伐。马来半岛的马坦哥州的红树林，在科学的政策方针指导下经营了相当长时间，提供了大量碳木原料。

泥碳沼泽林，主要分布在沙捞越州，林内以棱柱木为主，生产的木材十分优良，因此长时间被人为砍伐，现今已经很难找到大面积泥碳沼泽林这类的原始森林了，而且人工林也因更新上所存在的困难得不到发展。马来半岛也有一些泥碳沼泽林，但不是当地主要的森林类型，而且当中有不少已经被改造为农耕地。

山区森林，在马来西亚山区森林不是主要的产林基地，但它是园艺业和种植业的一个重要种植环境。马来西亚山区森林主要位于沙巴州的基纳巴鲁山，高达4 100米，素有东南第一峰之称。山区森林以栎树林为主，栎树木材可作为软木材料，另外还可烧制木炭。此外，森林山区还有大量苔藓林分布。

二、林业管理

早在20世纪30年代，马来西亚各州已经颁布了地方性森林法令和法规来管理好森林，但是这些法令法规还不够完善。根据宪法，马来西亚各州能够独立颁布林业法律和制定林业政策，后来为了全国能够采取一致的政策及其行动，1971年成立了马来西亚国家林业委员会，1977年国家林业委员会通过了《国家林业政策》。1984年马来西亚议会又通过了《国家森林法》和《木材工业法》，主要是防止森林边缘地带的非法侵犯和木材盗伐，随后1993年又对《国家森林法》作了修订，修订后的森林法对打击非法使用森林资源更为严厉。但是，马来西亚政府只是以森林执法和森林管理为关注点，紧密结合预防性规则和强制性法律制裁来管理森林。并没有太多关注到森林可持续经营策略及其营林技术，而且只是将森林利用置于广泛的公共管理之下，没有强调私人机构和民间团体对长期营林生产的参与性。因此，森林经营和森林利用主要是受到国家控制和驱动，当中的技术和支持没有得到法律作出的规定，森林法的权力平衡明显倾向于国家机构一边。

早在1992年，国家林业委员会就考虑到国际社会对生物多样性保护和森林资源可持续利用重要性的关注，以及社区在林业发展中的作用，对《国家林业政策》进行了修订。这项政策的修订促进了联邦和州政府在林业发展上的相互协作与理解。其中与森林经营和采伐有关的要求包括：根据土地合理利用的原则，对国家永久保存林实行战略性规划，按照保护林、生产林、休憩林及教育和研究林进行分类和经营；根据可持续经营的原则，经营永久保存林，最大限度地发挥其社会、经济和生态效益；执行和支持林业发展和林产品研究项目，从森林采伐和利用中获取直接和间接的最大效益，从林业发展的投资中获取最大的利润回报。1994年马来西亚成立了森林可持续经营委员会，制定了马来西亚可持续经营的标准；1998年，颁布了国家生物多样性政策，强调森林的可持续经营；1999年成立了马来西亚木材认证委员会，并于2001年建立了森林认证体系开展森林认证工作。

马来西亚在20世纪90年代就已经损失了大片天然林区，而且现有的以木材为基础的产业有许多依靠非法砍伐支撑，2001年马来西亚使用的木材就有超过1/3是非法进口或国内采伐。为此，马来西亚政府把森林地区划定大部分为永久森林地产，对永久森林地产管理特别严格。此外，马来西亚政府还特别注意控制原木产量，规定每年允许砍伐的森林面积。近年来，马来西亚天然林的原木产量正在下降。原木产量的下降严重影响了初级木材加工企业，主要是锯材、胶合板和单板的生产能力，也将影响纸浆和造纸产业。因此，马来西亚的木材企业的生产能力已超过了木材供应能力，新建初级加工企业将受到限制，政府将会鼓励现有企业提高效率进行改造，利用更多的小径材和欠开发的木材树种，另外还会鼓励建立一些小型的乡村企业，利用藤本和竹类植物等其他林产品来加快农村的经济发展。

表3-7　2005—2010年马来西亚林业及伐木业的主要统计数据

年份	森林面积 （千公顷）	原木产量 （千立方米）	木材工业雇员 （人）
2005	18 313	22 399	137 966
2006	18 304	21 740	128 349
2007	18 225	22 051	126 884
2008	18 258	20 803	137 367
2009	18 243	18 307	117 837
2010	18 081	17 313	116 103

资料来源：大马经济网/我国经济/三次产业/第一产业/木材/木材统计数据/2005—2010年马来西亚林业及伐木业的主要统计数据。

http：//www.malaysiaeconomy.net/my_economy/three_industries/primary_industry/woodlog/timber/2013-11-30/26675.html

　　目前，马来西亚正在调整森林经营计划，力争使森林达到可持续经营。为此，按照森林的用途，马来西亚政府把马来西亚森林主要划分为以下五类：

　　1.永久保存林：考虑到森林在木材生产、土壤、水源和野生动植物保护以及环境保护中的关键作用，确保森林的可持续经营，马来西亚划出了1 429万公顷的天然林作为永久保存林。《国家林业政策》（1992年修订版）把永久保存林划分为保护林、生产林、休憩林、研究和教育林4个部分。在《国家森林法》（1993年修订版）中又把永久保存林划分为：可持续经营用材林、土壤保护林、土壤改良林、防洪林、水源涵养林、野生生物保护区、原始林保护区、休憩林、教育林、研究林和综合用途林。

　　2.保护区：马来西亚复杂的森林系统中蕴含着丰富多样的植物和动物资源，为了保护这些资源，除永久保存林以外，还有约180万公顷的森林划为国家公园和野生动植物保护区，所以，可持续经营的天然林面积达到1 600万公顷。

　　3.转化林：考虑到土地能力和综合利用，需要将某些领域的森林转化为其他用途，以满足不断增长的人口的需求，如基础设施、学校、医院、住宅、农业和工业等等。这部分森林被划分为转化林，共约284万公顷。它将作为发展马来西亚经济多元化的一种途径，从长期来看，将减少国家经济对木材出口的依赖。

4.人工林：除天然林外，马来西亚也开展人工造林，但规模很小。现在人工林的主要造林树种有马占相思、甲合欢，次要树种有赤桉、松树和南洋杉。这些人工林可提供一般用途的木材，补充天然林木材供应的不足。

5.经济林：马来西亚还有森林区种植经济作物，主要有橡胶、油棕榈、椰子、可可。这些经济林可视作一种替代木材资源，如马来西亚80%的家具采用橡胶材。

由于锯材原料需要量急剧增加和采伐作业机械化程度加大，同时，随着非目的树种（次要树种，主要起辅助主要树种早期生长作用）占优势，一般生长慢的经济树种处于劣势。因此，马来西亚根据木材生产形势要求和森林现状，在低地雨林推行一致经营作业法，在山地雨林推行选择经营作业法。

一致经营作业法是指在林分中有采伐价值的树木一致地加以采伐，余下的都是没有采伐价值的树木，林分的成熟期与轮伐期一致。主伐只在森林成熟时进行，经营期内进行抚育采伐。这一作业法是期望通过主伐收获，将树种繁多、结构复杂的异龄低地雨林，改造为接近同龄、经济树种占较大比例的林分，使商品材增加。此法在低地雨林最为常用。其缺点是经营周期长，虽然一次收获量大，但林主长期不能从木材收获中取得效益。

一致经营作业法在低地龙脑香林中应用很成功，但在山地龙脑香林则不理想，主要原因是山区地形复杂，林木分布不均，伐前林内天然更新不足；在山地采伐容易损伤保留木，使大量幼树死亡。另外，坡地土壤易受冲刷，商品材树种天然更新更加困难。因此，在山地森林推行了选择经营作业法。

选择经营作业法以择伐方式为主导，对采伐木和保留木要作出精心选择，包括各树种采伐木最小直径限额的选择。为了确定最小采伐胸径限额和采伐木的选择，伐前需要进行林分调查，起测胸径5厘米，按树种、径阶分布统计每公顷株数、蓄积，并对天然更新幼树、幼苗进行调查统计，在此基础上提出伐区作业设计。

选择经营作业法在采伐前1—2年期间，就要系统抽取采伐面积的10%进行带状样地调查，确定适宜的采伐方案和限额。在采伐前1年期间就要标记采伐木和伐倒方向，保留木则不标记。采伐时采伐所有已标记的树木。在采伐后3—6个月，进行伐后林调查，根据错伐、漏伐和树木损伤等情况，决定处罚事宜。在采伐后2—5年内，系统抽取伐后林面积的10%进行带状样地调查，确定适宜的营林措施。最后在伐10年，进行森林更新恢复状况调查，确定林分发展方向。

在实践中，一般择伐周期为25—30年，第一次采伐每公顷可采到经济材产量为30—40立方米。择伐过程具体规定有：龙脑香树种最低采伐直径要大于50厘米，海米新棒果采伐胸径要大于60厘米；非龙脑香树种采伐胸径大于45厘米；伐后林每公顷保留胸径为30—45厘米的健壮商品材树种立木不少于32株；伐后林中胸径大于30厘米的树木中，龙脑香树种所占百分率不应低于伐前林分的百分率。根据对实施选择经营作业法的伐后林调查表明：采用适宜的采伐限额和保留足够的中等径级的商品材树种，经过25—40年的自然生长就可以再次获得足够的经济采伐收获量。[①]

三、林业产业

马来西亚主要的木材产品有锯材、单板、木制模具、家具、规格材、木制预制房、层积材、木箱、柳条箱、铅笔、火柴、木制地板、胶合板、刨花板、模具刨花板和中密度纤维板等。制材业的规模最大，其次是胶合板和单板企业，再次是模具业。

马来西亚木材加工企业主要生产低附加值初级产品，但近几年深加工产品，如模具、家具、细木工板有了相当大的发展。人造板包括中密度纤维板、刨花板和水泥刨花板等也取得了飞速发展。这与国家积极倡导充分利用现有资源，生产高附加值产品和优先发展第二和第三加工产业的目标是一致的。除了一些大型木材企业由国家创建和拥有外，大部分木材加工企业属私有。

与原木和制材相比，深加工产品，如胶合板和单板、模具、家具出口呈快速增长趋势，木材加工企业已转向生产高附加值产品，尤其是家具生产业取得飞速发展，各种木材产品主要销往日本、韩国、中国、中国台湾、新加坡、澳大利亚及美国等地。

由于石油和电力资源丰富而价廉，马来西亚生活能源较少使用木质能源。但

---

① 陈永富、王松龄：《马来西亚森林资源可持续经营方式》，载《世界林业研究》，2000年06期，第47—48页。

为了提高效率和减少污染，生活能源中也使用一些木质废弃物和红树木炭材。另外，木材企业产生的锯屑，如小边、碎屑、低质的旋切单板也可用作燃料。橡胶木炭正大量地应用于工业，主要是钢铁企业。

马来西亚发现的106种藤本植物中，只有20种被开发商利用。最重要的有马南省藤、蓝灰省藤、杖省藤、装饰省藤和蚁棕。除了生长于自然环境下，伐后林和橡胶林下也种植藤本植物。另外，政府也鼓励小型橡胶林主在橡胶林下栽培藤本植物，以增加他们的收入。目前，藤本植物在家具行业需求量最大。它们也是手工工艺品和家庭工业的原材料，用于编制篮子、手杖、藤球、画架、席子、帽子和其他一些物品。

马来西亚发现的竹类植物约70种，仅有12种商用。竹类植物分布在海平面以上至海拔3 000米的区域，生长在伐后林、废弃地和森林边缘地带、河岸和山腰。竹类植物的用途很广，竹笋是最流行的食品，竹子可生产手杖、牙签、竹篮、工艺品、筷子、竹片和家具等，主要供应国内市场。

第四节　畜牧业

马来西亚的橡胶园和棕榈园拥有良好的林间草场，还有水草丰富的灌溉草场，因此很适宜发展畜牧生产业。马来西亚国内马来人喜食牛肉，华人喜食猪肉，而印度人喜食清真羊肉，所以国内需要发展畜牧业来满足国内饮食市场需求。马来西亚畜牧业主要包括鸡、猪、牛、羊以及乳品加工品，其中猪和鸡的肉类自给率较高，但羊和牛的肉类及其奶制品则需要国外进口满足需求。

一、畜牧业发展情况

（一）养鸡业

马来西亚的养鸡业较为发达，是禽畜业的主流，占全国禽畜生产总量一半以上，全国共有3 000多家养鸡场和屠宰场，主要集中在马来半岛。近年来，虽然鸡肉自给率有所下降，但是基本上能够满足国内需要。

养鸡业在马来西亚的畜牧业中是发展最快的行业，肉鸡品种主要是：AA占55.1%、安拉克ANAK占8.3%、HYBRO占6.4%、ORGA占4.9%、皮尔奇占4.3%。蛋鸡品种主要有：海赛克斯占33%、巴布考克占24.1%、海佩科19.8%、迪卡布

14.6%。[①]

马来西亚的禽畜业可分为乡村式的传统分散饲养和大型的商业畜牧场。马来西亚的大型家禽农场，其产量约占肉鸡市场的60%，虽然供过于求、出口减少及工资提高为家禽业制造了不少难题，但以合约方式进行生产的农场却发展很快，而且日益发挥主导作用。[②]

养鸡户多为华人，其比例占经营者中的90%，而人口占65%的马来人，是主要消费群体。政府重视养殖户的药用情况，没有35天鸡龄的鸡不可出栏。只有滥用抗生素者，才会禁止上市。而小鸡到出栏，需使用各类疫苗3—5次，抗生素更是必需的药物，还有各种维他命等。马来西亚有两次禽畜病毒事件对马来西亚的养鸡业造成了较严重的影响。一次是2001年爆发的新城疫病毒，导致马来西亚60万只鸡被销毁，肉鸡饲养业遭到了毁灭性的打击；第二次是2004年初亚洲周边国家相继爆发禽流感，对马来西亚养鸡业冲击很大。尽管马来西亚境内未发现禽只或人员感染禽流感病毒，但受其他国家疫情迅速蔓延的影响，马来西亚境内禽只产品一度滞销、售价巨幅下滑，旅游、食品、航空等相关股票下跌。所幸此次疫情持续时间短、对马来西亚的国民经济冲击不大。

马来西亚养鸡业虽然发达，但是饲料的供应一直是养鸡产业发展的障碍，每年马来西亚需要从国外进口大量饲料原料，其中每年需要从中国等地进口约250吨玉米。这种依靠国外饲料原料进口的情况全因马来西亚粮食作物供应不足，这种情况造成了马来西亚养鸡业生产成本不稳定，利润空间波动大。因此，许多养鸡户因入不敷出而减产或者放弃本业。

（二）养猪业

马来西亚的养猪业处于发展阶段，主要是以小规模饲养场饲养，大部分是由华人经营的农场。马来西亚养猪水平并不高，每头繁殖母猪平均年产断奶仔猪13—14头，外来品种及杂种猪占总数的85%，大型猪场实施三种杂交方式。由于育种标准低，营养不平衡，致使外来品种瘦肉率低，猪肉品质不佳。良种猪主要从从澳大利亚、比利时、加拿大、荷兰、英国、美国和以色列等国进口。马来西亚生产的猪肉和活猪多为对外出口，主要出口到新加坡、泰国、老挝等，至于猪肉加工企业每年也要进口部分猪肉产品供国内消费。

① 吴立新：《马来西亚的畜牧业概况》，载《山东畜牧兽医》，2004年03期，第29页。
② 《马来西亚积极发展畜牧业》，载《东南亚南亚信息》，1995年12期，第29页。

1998—1999年间爆发的立百病毒导致马来西亚100万头猪被宰杀焚毁，80多人死亡，5 000人失业，直接和间接经济损失6亿美元，给马来西亚国民经济和社会稳定造成了严重冲击。马来西亚政府从此加大了对禽畜行业安全及质量监管的措施和力度，要求业者加强对环境卫生、废物处理、厂房设施、虫害防控、屠宰加工、运输、储存和销售等环节的管理，严格按标准和要求运作，推广饲养屠宰加工一条龙运作模式。此举有利于加速饲养业者的整合，提高禽畜业的整体素质，保护消费者利益，但同时也将加重饲养业者的成本和负担，对禽畜业的短期发展会造成一定负面影响，从长期利益来看，此举是利国利民的。

近年来，马来西亚养猪业没有再发生类似病毒侵害事件，但猪的产能和消费量已经趋于饱和，研究新型替代饲料降低综合成本是业者最为关心的问题。马来西亚农业研究部门也一直在研究降低饲料成本的方案，希望通过真菌和嗜热细菌的生物转化、改善油棕仁渣质量并籍此替代进口饲料，以解决原料外购依赖性强的问题，但该项研究至今没有实质性的进展。

和养鸡业一样，饲料成本占养猪业总成本的大部分，而饲料主要依靠国外进口。2003年，国际饲料价格飞涨，养猪成本大幅度上升，对马来西亚的养猪业造成了较大的冲击。2004年百千克猪综合成本为532马元，比2000年成本上涨了158马元，为了应付不断上涨的饲养成本，养猪业者在2003年10月至2004年4月间，连续12次调高猪只出栏价至每百千克580马元，高于政府为猪只销售设定的520马元销售顶价，销售者无法将上涨的猪只出栏成本转嫁给消费者，而又不愿赔本经营，因此引发了养猪业行会与猪肉销售业行会之间的争论。后来，经过政府农业部官员的调解，养猪业者的出栏价才有所回落。但是，与同期亚洲各国的百千克猪肉销售价格相比较，韩国为1 140马元，新加坡为990马元，香港为720马元，台湾为700马元，马来西亚仅仅为520马元。可见，马来西亚养猪业的高成本并没有得到较高的经济效益，而且随着马来西亚国内养猪的场地逐渐有限，加上政府对环境污染严加控制将使养猪业的成本提高，养猪业的猪只产量将会逐渐降低。

（三）养牛业

与家禽业相比，马来西亚的牛羊肉增长率较低，大部分牛羊肉需求需要从国外进口。马来西亚养牛业主要是发展肉牛，而水牛和奶牛只占了养牛业的

1/3。因此，马来西亚的黄牛存栏量一直是上升趋势。马来西亚的牛肉加工企业较小，主要是屠宰自产出栏的黄水牛，每年屠宰量约为8万—9万头，主要是机械化屠宰，引进荷兰和德国设备，但是牛肉生产不足，每年都要从国外进口牛肉。牛肉的进口国有澳大利亚、新西兰、印度、美国、乌拉圭、巴西和以色列等国。

据马来西亚贸发局统计资料显示，多年来，马来西亚品种改良牛的主要来源于澳大利亚，用于宰杀的肉牛则是从2001年开始由澳大利亚和泰国进口。用于屠宰的进口活牛价格较为低廉，平均每千克5.85马元，年均进口总值为3 600万马元。这与用作品种改良牛的价格则相差悬殊，高者每头3万—4万马元，低者3 000—4 500马元。据业内人士透露，马来西亚十几年前在澳大利亚购买了一个牧场，专门用作供应本国活牛（改良牛和肉牛）及牛肉的基地。马来西亚进口的活牛（及牛肉）绝大部分来源于该基地。

马来西亚70%—80%的进口牛肉来自印度，20%—30%的高档优质牛肉来源于澳大利亚和新西兰。印度牛肉价格低廉但肉质粗硬，主要消费群体是绝大多数普通民众，进口高档优质牛肉则主要供应高级宾馆、酒店、上层社会以及逢年过节普通民众需求。马来西亚每年从澳大利亚和新西兰进口的牛肉只占牛肉进口总量的20%，进口总值却占牛肉进口总值的30%。

马来西亚的牛奶及牛奶制品在居民的饮食消费结构中占了很大比重，在市场需求结构中也成长较快。目前，市场上销售的的牛奶多为热带速生牛奶，奶汁偏稀，香味不足。国内主要供应来自于马来西亚兽医局管理的政府农场以及从事独立生产的个体农户，年供应量为2.2万吨，而国内需求量为73万吨，自给率仅为3%，绝大多数奶品需要从澳大利亚和新西兰进口。

（四）养羊业

养羊业在马来西亚禽畜业占的比例很小，与养牛业一样，国内羊肉供应不足，人均占有0.48千克，每年也要从澳大利亚和新西兰大量进口活种羊。马来西亚本土地方种山羊平均成羊体重20—25千克，出生重平均为1.5千克，最大出生重2.2千克，改良羊3月龄时体重可达16.6千克，12月龄时日增重达到55克，出栏率的出肉率为44%—55%。杂交山羊的平均出生重为2.1千克，比当地品种增加0.6千克，公羊1岁时为36千克，母羊成年体重为30千克。而马来西亚绵羊的品种有无角道赛特、萨福克、罗姆尼、有角威特夏、边区莱斯特、美利奴及中国云南绵羊等。山羊品种有安哥拉努比、阿尔卑斯、莎能和土根堡。[①]

表3-8　2003—2011年马来西亚禽畜产品的自给率(单位：%)

年份	牛肉	羊肉	猪肉	禽肉	鸡蛋/鸭蛋	牛奶
2003	18.49	10.36	99.32	107.74	113.82	2.86
2004	17.95	8.76	99.56	107.80	111.70	2.98
2005	21.15	8.6	98.85	124.74	108.70	4.59
2006	21.78	8.99	98.85	124.94	109.06	4.66
2007	24.17	10.17	98.73	104.90	114.58	5.74
2008	28.22	10.30	98.35	104.00	119.38	8.68
2009	28.26	11.20	97.20	104.72	117.53	8.79
2010	30.12	12.13	95.36	105.55	114.63	8.49
2011	29.17	11.73	94.57	105.36	115.35	13.17

资料来源：大马经济网/我国经济/三次产业/第一产业/农林渔牧/2003—2011年马来西亚禽牧产品的自给率。

http：//www.malaysiaeconomy.net/my_economy/three_industries/primary_industry/agri_fish_forest/2014-02-27/28390.html

二、畜牧业的分布

马来西亚的养鸡业主要集中在马来半岛，超过一半的肉鸡养殖场位于柔佛、霹雳和森美兰三个州，其中大部分孵化场则位于柔佛州。养猪业最多的州是森美兰州，另外槟榔屿州、霹雳州、雪兰莪州和柔佛州也有养猪业，这些州养猪业得以发展，主要是这些地区是华人居住地。养牛业主要则分布在吉打州、吉兰丹州、霹雳州、彭亨州和丁甲奴州。其中黄牛养殖业主要在吉打州和吉兰丹州，水牛养殖则在吉打州、吉兰丹州和霹雳州。养羊业则主要分布在吉打州、吉兰丹州、霹雳州和森美兰州，其中吉兰丹州和吉打州主要饲养山绵羊。

① 吴立新：《马来西亚的畜牧业概况》，载《山东畜牧兽医》，2004年03期，第29页。

总的来说，马来西亚的畜牧业基本上分布在马来半岛。一方面，马来半岛的丘陵平原分布均匀，适应畜牧业发展，加上马来半岛的种植业发达，畜牧业依靠种植业的原料供应有所发展；另一方面，马来半岛城市化较高，为畜牧业提供了庞大的消费市场。

第五节　渔业

马来西亚位于太平洋与印度洋之间，海岸线长约4 800千米，周边水域为热带海域，年平均表层水温为28℃，气温引起的变化不大，其自然十分适宜发展渔业经济。因此马来西亚渔业资源丰富，可捕的渔业品种繁多，水产品是马来西亚居民食物的重要来源，渔业在国民经济中发挥了很重要的作用。

一、渔业发展情况

马来西亚渔业由渔业捕捞和水产养殖两部分组成，以渔业捕捞为主。其中，渔业捕捞包括近海渔业和深海渔业，以近海渔业为主；而水产养殖包括淡水养殖和海水养殖，以海水养殖为主。

（一）渔业捕捞

马来西亚的渔业捕捞作业大部分是以家庭为单位进行，小部分采取个体联营方式，另有少数组成规模化经营的渔业公司。渔业捕捞方式以拖网、围网和流刺网为主。就数量而言，以流刺网最多；就渔获物数量而言，首推拖网，其次为围网。虽然从事现代化捕捞方式作业（如拖网和围网）的渔民差不多占了一半，但是仍有大部分渔民从事传统捕捞方式（如流刺网）。拖网的渔获物以底层鱼类、虾类和头足类为主，这些底层鱼类包括金线鱼科、石首鱼科、鲔科和笛鲷科等。围网多数以中上层鱼类为捕捞对象，主要包括羽鳃鲐、银带鲱、沙丁鱼和鲹等。流刺网广泛使用于马来西亚沿岸，捕捞对象主要是金枪鱼。

为了更好实施渔业管理，马来西亚政府将渔业捕捞的作业海域划分为A、B、C和C2四个区域。A区范围为沿岸至离岸5海里以内，B区为离岸5—12海里以内，C区为离岸12—30海里以内，C2区为离岸30—200海里或专属经济区界限以内。每艘渔船外面都需标上相对应的作业海域字母A、B、C或C2。标有A字母的船只一般功率较小，从事传统的捕捞作业方式；标有B字母的船只总吨位在40吨以下，可进行拖网和围网作业，而且B区船只还可进入C区和C2区作业；标有C字母的船只总吨位在40吨以上，可进行各种方式作业，而且C区船只还可进入C2区作业，但不能进入B区作业；标有C2字母的船只总吨位在70吨以上，可进行各种方式作业，但仅允许在C2区作业，不能进入B区和C区作业。

马来西亚海洋渔业捕捞主要集中在12海里以内的A区和B区，就整体而言，目前这个海域的渔业资源已被过度开发。因此政府已开始强调沿岸渔业资源的养护与管理，实行捕捞许可证制度，限制沿岸渔区的捕捞量，实施减船减人政策。同时提高沿岸渔民的生活，为失业的渔民提供各种培训，引导其转业到水产养殖、食品加工、深海渔业捕捞和种植业工作。

（二）水产养殖

马来西亚的淡水养殖方式主要包括池塘养殖、网箱养殖、水泥池养殖、矿区蓄水池养殖和围栏养殖等。以养殖面积而言，以池塘养殖为主，其次为矿区蓄水池养殖；而以单位面积产量而言，网箱养殖产量最高，其次为水泥池养殖。淡水养殖种类主要是鱼类和虾类。鱼类包括莫桑比克罗非鱼、红罗非鱼、爪哇鲤、鲶鱼、鳙鱼、草鱼、鲤鱼、乌鳢、鳗鲡和笋壳鱼等。池塘养殖的品种主要有鲶鱼、红罗非鱼、鳗鲡和黑罗非鱼等。矿区蓄水池养殖的品种主要有红罗非鱼、鳙鱼和黑罗非鱼等。虾类主要是罗氏沼虾。

马来西亚的水产养殖业的历史可追溯到本世纪初。20世纪30年代后期与40年代初期，开始有些养殖户在沿海红树林地区挖掘泥地，引入天然虾苗养殖海虾，同时也有一些养殖户利用红树林浅滩涂养殖一些泥蛤。20世纪五六十年代以淡水鱼半精养和泥蚶粗养占主导地位。至于海水养殖业则于20世纪50年代在柔佛海峡一带开始盛行。60年代初罗氏沼虾在马来西亚突破人工繁殖技术，罗氏沼虾养殖便在70年代盛行一时，但由于技术不臻完善而造成养殖场倒闭。70年代初开始利用浮网箱与浮筏养殖海水鱼和贻贝等海贝类。70年代末，海水虾人工养殖随着中国台湾省养虾业的兴旺而传入马来西亚，但因环境条件与技术上存在问题，许多养殖场最终倒闭。自从20世纪八九十年代后，一些大企业财团与政府机构才大规模投资养虾及淡水鱼养殖。

海水养殖方式则主要包括池塘养殖、网箱养殖、扇贝养殖、贻贝与蚌养殖、牡蛎养殖和海藻养殖等。以养殖面积而言，以池塘养殖为主，其次为扇贝养殖；而以养殖产量而言，以扇贝养殖居多，其次为池塘养殖。海水养殖种类主要包括鱼类、虾类、贝类和藻类4大类别。鱼类品种主要有斜带石斑鱼、棕点石斑鱼、鞍带石斑鱼、尖吻鲈、紫红笛鲷、约氏笛鲷、星点笛鲷、狮鼻鲳鲹等。虾类包括斑节对虾、凡纳滨对虾、墨吉对虾和印度对虾等。贝类主要是扇贝、贻贝、蚌和牡蛎等。海藻养殖品种以麒麟菜为主。

目前马来西亚的海水鱼苗生产量难以完全满足生产需求，因此需从邻近地区进口海水鱼苗，如印度尼西亚、泰国、新加坡和中国台湾等，另外同时也进口受精卵。据不完全统计，马来西亚建有海水鱼苗繁育厂，一些繁育厂蓄养了鱼类亲本供繁殖用，另一些繁育厂仅靠孵化收购的受精卵。这些繁育厂大多拥有3—10个土池或部分水泥池，每个池子面积1 000—5 000平方米。刚育出的鱼苗处于从内源营养转为外源营养的开口期是个关键阶段，有时平均成活率仅1%—5%，通常每家繁育厂每年可生产20万—100万尾鱼苗。因鱼的种类不同，各种受精卵的价格相差较大，100万粒受精卵售价为100—800美元。

为了满足海水虾类苗种需求，马来西亚已经建有国家虾苗繁育中心，另外还有很多私人虾苗繁育厂。这些生产单位主要是繁育斑节对虾苗种，虾苗繁育厂大多采用室内集约化生产方式，装备紫外线或臭氧杀菌设备，因空间和资金限制，多数繁育厂仅靠1套水池系统完成整个生产周期，只有少数繁育厂分别建立了繁殖池和培育池系统。为了保证苗种质量，苗种出售前通常需检测是否感染杆状病毒、白斑综合症病毒和桃拉症病毒等病菌。[①]

二、渔业的资源分布

马来西亚渔业可分为四个区域，即马来半岛西海区、马来半岛东海区、沙捞越和沙巴。这四个区域的渔业结构虽然相似，但资源状况和发展阶段各异。

马来半岛西海区毗连马六甲海峡，是繁忙的国际通航水道，有定期货轮、大型运输船、油船、渔船、渡船、游艇穿梭往来；也有岛屿、暗礁、浅滩星罗棋布。作为渔场，本来任何作业方式都不合适。但因其鱼类资源丰富，得天独厚，产量

---

① 冯广朋：《马来西亚水产业发展现状》，载《现代渔业信息》，2007年03期，第12、13页。

高，品质优，常年可作业，加之海岸线长，有良好的基础结构和众多城市市场，促使这个既小且复杂的西海区的渔业自60年代以来便蓬勃发展起来。渔业的机械化和拖网渔船的出现，加速了西海区渔业的进展，产量冠于全国。

西海区的主要渔场，从凌加卫经槟榔屿—雪兰莪至邦各岛一带，离岸50海里以内的海域都是35—55米的浅海，适合各种渔具生产，作业的渔船多为10—20吨小型单拖渔船，以槟榔屿为拖网渔业的主要基地，可拖网作业的面积占72%，目前作业渔场已跨出马六甲海峡，进入安达曼海。主要渔期为10月至翌年4月，6—9月为淡季，但因受马来西亚半岛的中央山脉和苏门答腊岛阻挡，西南季风期间仍可在马六甲海峡一带继续作业。主要捕捞对象为虾、龙虾、沙丁鱼、枪乌贼和泥蚶等。

东海区为巽他陆架，毗连越南和印度尼西亚，面积比西海区大80%左右。该海区的渔业虽不及西海区重要，但70年代以来，渔业有较大的发展，且发展速度比西海区快。可拖网作业的面积占77%。该海区的渔业，南部和北部差别很大，北纬4°以南，渔船相对集中，主要是单船底拖网作业，拖捕底鱼和虾类，生产水平近似西海区；北纬4°以北，渔船相对分散，主要是围网和流刺网作业，捕捞小型中上层鱼类。在南部拖网作业区内，岛屿与障碍物多，无多大发展余地，但北部围网和刺网作业区内，渔船局限在离岸50海里以内作业，渔场宽度大，最宽处离岸约160海里，许多海区完全空白，未有渔船去作业。

东海区尚有广阔的未开发的渔区，渔业研究所对离岸30海里以外的外海鱼类资源进行了调查，得出能够年产10.9万吨的资源量，并对季风和非季风季节外海鱼类的构成和分布情况都分别作了论述，现有渔船的渔具、渔法，完全适应外海作业，但马来西亚渔船总是出不去。据认为是因为政府对开发外海没有给予优惠政策，渔民没有积极性，顾虑较多。最主要影响是生产时间的问题，因东海区受东北季风影响比其他海区大，每年12月至翌年2月，海上风力常在5级以上，围网和刺网船全部休渔，其他月份又受月相和潮汐影响，也会有空网而休渔；其次是成本，燃油是主要开支，其他如销路、船网工具等也是影响渔民积极性的因素。

东海区的小型中上层鱼类渔业主要分布在丁加奴、彭亨等州沿岸海区，主要捕捞羽鳃鲐和沙丁鱼类。主要渔期为3—11月，12月至翌年2月因受东北季风的影响，风浪较大，产量大幅度减少。

沙巴州渔业以海洋捕捞为主，虾类是沙巴的主要捕捞对象。捕虾业始于60年代，在东北沿岸采用虾拖网后迅速发展起来。捕虾场主要有4处：文莱湾和西海岸其他地区。因西海岸在季风季节受南海强波浪的影响，虾类大部分集聚于有掩护的海湾内，虾类资源有限，只有文莱湾及其附近海区产量较高。马鲁杜湾。该地的虾类资源主要来自山打根和库达特地区的拖网船所捕获，还有相当数量的渔获物由传统渔具所生产。塔乌，虾类捕自南部从沙巴和加厘曼丹之间到森波纳沿岸，渔场呈半封闭区。东北沿岸，以山打根为基地的东北沿岸虾渔业面向苏禄海，向岸边延伸120海里，并受西南季风盛行风的掩护。由于有广阔的红树林沼泽，以及有若干条重要的河流汇入其间，提供了幼虾成活和生长的条件。对虾密集的海区在拉布克湾南面，离岸不到20海里，水深50米，大部分捕于近岸。传统采用潮滤网、撒网、推网和刺网捕捞，而拖网捕虾则始于1961年，目前拖网捕虾量已占沙巴捕虾总量的90%，其他传统渔具逐年减少。上述四个捕虾场可捕到22种虾，其中，最重要的有墨吉对虾、印度对虾、短角对虾、刀额对虾、近缘新对虾、亨氏仿对虾、短沟对虾、斑节对虾和刻纹仿对虾等9种。

沙捞越州在沙巴州西南，海岸曲折小，直线距离相对较长，742千米的海岸线，全部朝向南海，海域辽阔，渔业的发展让沙巴州后来居上，但前景更具潜力。近海资源比不上沙巴州，外海资源却是很丰富。尤其是达士湾以东的大部分海区，即锡里角至巴兰角一带，离岸20—50海里范围内，盛产金枪鱼、鲭、笛鲷、裸颊鲷、鲷、金线鱼等科鱼类。据认为，该州外海渔获量比沙巴州高10倍，而相当于近海的60%左右。

沙捞越州的渔民多在沿岸浅水水域及丹戊巴督和丹戊西腊间作业，渔期约10个月，主要渔期为5—9月。渔民多为马来人和华人，马来渔民主要用小船在近岸和河口使用各种网具，诱捕篓、定置捕集器作业，这些渔民几乎均为兼职的，还从事种植椰子和橡胶为业。华人渔民使用的渔法既有传统的又有现代的，捕鱼是其专职，使用装有内燃机的大型渔船在沙捞越和印度尼西亚勒姜河口之间外海区捕捞，海上作业时间至少三个星期，因而渔船内装有冷冻设备。

表3-9 2007—2011年马来西亚渔业产量（单位：吨）

年份	淡水养殖	海洋养殖	渔业捕捞	总量
2007	268 514.3	198 450.0	1 381 423	1 848 387
2008	354 427.6	258 581.4	1 394 543	2 007 552
2009	453 860.1	318 621.3	1 393 225	2 165 707
2010	581 048.4	425 649.8	1 428 881	2 435 579
2011	525 838.2	403 619.5	1 373 118	2 302 576

资料来源：大马经济网/我国经济网/三次产业/第一产业/海水淡水业/渔业统计资料/2007—2011年淡水水产养殖的产量、2007—2011年海洋水产养殖的产量和2007—2011年各种鱼具捕获的海鱼的数量。

http：//www.malaysiaeconomy.net/my_economy/three_industries/primary_industry/fishing_industry/acquatic_stats/2013-12-14/26864.html

http：//www.malaysiaeconomy.net/my_economy/three_industries/primary_industry/fishing_industry/acquatic_stats/2013-12-16/26920.html

http：//www.malaysiaeconomy.net/my_economy/three_industries/primary_industry/fishing_industry/acquatic_stats/2013-12-14/26862.html

第四章　第二产业的发展和布局

工业是国民经济中最重要的物质生产部门之一。一个国家的工业发展状况，决定着国民经济现代化的速度、规模和水平。马来西亚独立前受英国殖民统治，经济畸形发展，以农业种植业为主，工业落后。独立后，马来西亚大力改造旧的经济结构，经过近30年的高速发展形成了相当规模完整的工业体系，马来西亚成为一个新兴工业化国家。工业在马来西亚国民经济中比例最大、最为重要。

第一节　工业发展概述

马来西亚独立前和独立初期经济主要依赖农业和矿业，制造业只有一些原料加工业、消费工业和机械修理业。20世纪50年代末政府把改造殖民地时期遗留的畸形单一经济结构作为重要任务，加快制造业发展，推动经济的全面发展，逐步实现工业化。马来西亚经济在20世纪90年代突飞猛进，为"亚洲四小虎"国家之一。政府鼓励以本国原料为主的加工工业，重点发展电子、汽车、钢铁、石油化工和纺织品等。目前工业是马来西亚经济最主要的领域之一，产值约占国内生产总值的1/3强。2002年马来西亚制造业产值（按1987年不变价格）估计为668.05亿马元，增长5.1%，约占国内生产总值的30.4%；就业人数267.02万，占全国就业人数的27.2%。2010年，马来西亚制造业销售额为8 365亿马元，就业人数181.2万。[1] 如今，马来西亚重点发展出口导向型经济，工业向技术密集型转型，注重增加工业产品的附加值，已经成为东南亚地区主要的半导体组件产销国和汽车装配、钢铁、石油化工生产国。[2]

一、工业发展历程

历史上，马来西亚以自给自足的自然经济为主，由于地理优势，原始商品生

---

[1] 《马来西亚国家概况》，中华人民共和国外交部网站，2014年9月，http://www.fmprc.gov.cn/mfa_chn/gjhdq_603914/gj_603916/yz_603918/1206_604426/。

[2] 马燕冰、张学刚、骆永昆编著：《马来西亚》，北京：社会科学文献出版社，2011年版，第255页。

产和对外贸易比较活跃。18世纪后期英国殖民者入侵后，马来西亚的经济逐渐被纳入资本主义世界经济体系，自然经济逐渐解体，沦为殖民地经济。随着19世纪中叶锡矿的发现和20世纪初推广橡胶种植成功，英国殖民当局强迫当地人民种植橡胶，把粮田变成种植经济作物的种植园。从此，马来西亚以锡、橡胶生产的单一经济参与殖民地的经济分工，成为世界最大的锡、橡胶生产和出口国。第二次世界大战前，马来西亚锡的年产量达8万吨，占世界锡产量的一半以上，橡胶种植面积也曾占世界橡胶总种植面积的一半以上，年产40多万吨。[①]独立前马来西亚的工业、农业、商业和交通运输等各方面被英国资本所控制。

第二次世界大战结束后到独立前，殖民者始终控制着马来西亚的经济命脉，外国公司控制了60%—70%的出口及75%的进口，控制着70%的橡胶园和60%以上的锡产业，以及大部分商业银行及主要的制造业和交通运输业。马来西亚作为殖民宗主国的工业产品倾销地及原料供应地的地位没有改变，最为主要的经济部门还是锡、橡胶业。民族工业规模小、经营分散、技术落后、基础脆弱，只有一些原材料加工业、消费工业和机械修理业。除了少数外资企业外，大部分企业都是资金短缺、技术落后的小企业，且主要集中在马来半岛海岸的港口城市。制造业在国民生产总值中所占比例很小，处于非常次要的地位。

1957年马来西亚独立后，为改造单一的经济结构，马来西亚政府采取各种措施，制订了一系列工业化政策，大力发展工业。1956—1990年间，马来西亚先后执行了7个"五年计划"。1957—1970年马来西亚政府实施了第一、二个马来亚计划和第一个马来西亚计划。计划主要是改造不合理的殖民经济结构，扭转锡、橡胶贸易衰退造成的困难，解决严重的失业问题，并减少对原宗主国工业产品的严重依赖，重点发展劳动密集型的进口替代工业，改变产业结构。为促进进口替代工业的发展，马来西亚政府采取颁布法令等多种激励政策，1958年政府颁布《先导工业法》，该法规定对于新成立的主要从事进口替代品生产的企业提供利润税减免。马来西亚政府的激励政策包括：(1)税收政策，凡从事进口替代生产的本国或外国企业，可按固定资本投资额及雇工多寡，享受2—5年豁免40%公司所得税的待遇；(2)允许外资企业自由汇出本利，不收归国有；(3)运用关税壁垒和非关税壁垒措施，对进口与进口替代雷同的工业品实行进口许

① 马燕冰、张学刚、骆永昆编著：《马来西亚》，北京：社会科学文献出版社，2011年版，第239页。

可制；（4）成立马来亚工业资产有限公司和马来亚工业发展金融公司，为从事进口替代的企业获取新工业贷款提供便利。[①]在此优惠政策的刺激下，进口替代工业得到了迅速发展。1959—1968年间，制造业产量以年均17.4%的速度节节上升[②]。20世纪60年代，制造业在马来西亚的GDP中所占比例从8.5%提高到13.1%。此外，进口替代工业化还使制造业出现了多元化发展的趋势：原材料加工业在制造业中的比重大幅下降，而相对新型的工业如化学工业等得到发展[③]。在这一时期建立的经营进口替代工业企业，大部分是外国公司的子公司，它们利用马来西亚政府所给予的优惠措施进口原料，生产制成品，然后在马来西亚国内市场上销售，获得巨额利润。有的公司则进口半成品来替代进口成品，在马来西亚进行包装与装配之后，再在马来西亚市场上出售。由于外国子公司的技术几乎完全是从国外母公司引进，在整个进口替代工业发展过程中，本国企业缺乏动力和压力，这些外资企业也未能为马来西亚创造更多的就业机会。马来西亚经济结构变化不大，国家经济依然以非工业产业为主，国家经济并没有摆脱对外资和进口的依赖。

20世纪60年代中期以后，替代进口工业的迅速发展已使国内市场渐趋饱和。而此时，发达国家由于劳动力价格上涨，生产成本提高，纷纷将劳动密集型产业迁往成本低廉的拉美和东亚。为了促进经济的高速发展，消除贫困、重组社会，达到全民团结并建立一个公平合理、进步和繁荣的国家，马来西亚政府对工业发展战略进行调整，以克服进口替代工业的弊端。1968年，马来西亚通过了《投资奖励法》，鼓励扩大制成品的出口。这一法令表明了马来西亚工业化发展战略的重点开始从进口替代转为出口导向工业。1970年代初期，马来西亚工业发展的转向效益开始显现。1970—1981年是马来西亚工业发展的一个重要阶段。此阶段是马来西亚第二至第三个五年计划时期，也是马来西亚实施"新经济政策"的前半期，重点发展面向出口、劳工密集、资本密集的出口导向工业。马来西亚政府在实施"新经济政策"时将工业发展战略由进口替代转向出口导向，利用自身战略性地理位置和丰富的自然资源等优势，大力发展本国制造业并扩大制成品出口。出口导向的工业化战略刺激了劳动密集型产业的发展，改变了产业结构，促成了马来西亚独立后最主要的商品出口繁荣期的到来：第一产业（农业和矿业）在

---

① 沈红芳：《马来西亚工业化政策及其发展模式：从比较研究的视角》，载《南洋问题研究》，2007年第2期，第2、3页。
② 青木昌彦等：《政府在东亚经济发展中的作用》，北京：中国经济出版社，1998年版。
③ 刘晓平：《马来西亚工业化：进程、战略及启示》，载《东南亚纵横》，2005年第12期。

GDP中所占比重下降，第二产业（制造业和建筑业）的比重从1970年的17%上升到25%。20世纪70年代，商品出口年均增长18.5%，其中制造业出口年均增长26.1%。1983年，制造业已取代原油成为马来西亚最大的出口部门[1]。1987年马来西亚制造业产值首次超过农业[2]。这为马来西亚的重工业化积累了一定的资金和技术，从而有助于重工业化的顺利进行。

这段时间，马来西亚政府为了实现工业化发展方向从进口替代向出口导向转变，并使各种族共同享有经济增长所带来的好处，采取了一系列重大举措。1969年7月，马来西亚政府提出实行"新经济政策"，并于1970年开始贯彻执行。1975年，马来西亚政府颁布了一项重要的法令——《工业协调法》。《工业协调法》规定拥有25名工人和25万马元以上资本的制造业企业，必须让马来人拥有该企业至少30%的股权，所雇用的工人中马来人应占50%。此外，政府还强调国家对经济的干预，成立各种国营公司，大规模地直接参与经济活动，以扶持马来人经济的迅速发展。"新经济政策"的目的在于确保有秩序的发展和制造业的增长，《工业协调法》引导马来西亚人参与国家的工业发展，给马来西亚人创造严格的公平条件和其他要求，以便获得申请从事制造业生产的执照。

马来西亚政府为激励出口导向工业的发展，所采取的主要政策包括：（1）给经营出口导向制造业，尤其是利用进口设备和原料的本国居民提供便利与税收激励；包括对经营产品出口的企业和公司的所得税给予双重减免；从事培训、研究与开发的出口导向企业同样享有双重减税政策优惠。（2）从事出口导向的企业享有先驱企业5—10年的投资税款信贷优惠。在从事出口导向的企业的先驱身份截止之后，企业还能比较容易地获得另外5年的投资税款信贷。[3]

1981年马来西亚开始实施的第四个五年计划强调了扶持重工业和资源工业的原则，决定实施五项工业发展政策：（1）重视发展重工业；（2）以发展民间资本投资为中心；（3）工业地区分散；（4）发展小型工业；（5）全面发展边远地区工业，重点发展汽车制造业、钢铁业、石化、水泥制造、造纸业和化肥制造业等。为了使重工业化有计划、有步骤地进行，政府专门成立了马来西亚重工业公司，对其实施有效的管理、协调和监督。作为重工业投资的结果，公共部门对商业和工业

---

[1] Jomo K.S, Growth and Stmctural Changes in the Malaysian Economy, Macmillan, 1990.pp 42-56.

[2] 《人民日报》，1988年4月2日报道。

[3] 沈红芳：《马来西亚工业化政策及其发展模式：从比较研究的视角》，载《南洋问题研究》，2007年第2期。

的投资从1978—1980年的3亿马元跃升至1984年的15亿马元。在政府的支持下，石化、钢铁和汽车制造等项目纷纷上马。[1]经过数年的努力，马来西亚的重化工业初步得到发展。

20世纪80年代中后期，世界经济全面衰退，马来西亚采取措施努力吸引外资，鼓励外资投向制造业部门，再次推动以本地资源为基础的出口导向制造业的发展。为促进工业化进程，马来西亚政府1986年制订了工业发展十年规划——"大蓝图"，即《马来西亚中长期工业基本计划概要（1986—1995）》。"大蓝图"将制造业作为今后发展的主要目标，重点发展以本国资源为基础的劳动密集型产业，如橡胶、石油和非重金属矿业，建立和发展知识和技术密集型产业，鼓励和促进出口。此外，政府还实行私有化政策以减轻政府的经济负担，缩小具有垄断倾向的公共部门的规模，促进市场竞争，提高效率，从而加速经济增长。这些政策的实施，促进了经济的复苏。1988年马来西亚经济出现大幅度上升的势头。到1990年时，马来西亚制造业的产值占国内生产总值的比重已达27%。工业制成品出口在出口总额中的比重从1970年的10%提高到90年代初的70%。[2]

1991年马来西亚政府公布了两个中长期经济计划，即《第二个远景计划纲要（1991—2000年）》和《2020年宏愿（1991—2020年）》。《第二个远景计划纲要》用以取代"新经济政策"，它将发展问题放到首位，强调经济增长与利益分配的均衡发展，鼓励不同民族之间的经济合作。主要目标是在今后10年内使国民经济总产值翻一番，国内生产总值年均增长率达7%，其中制造业要达到10.5%。《2020年宏愿》的总目标是到2020年将马来西亚建成一个工业化先进国家。虽然两个计划规定的期限和强调的重点不尽相同，但共同的目标都是加快工业化，建立一个进步、繁荣、团结、公正的国家。在工业方面，两个计划继续把制造业发展放在经济发展首位。在新国家发展政策的作用下，到1996年为止，马来西亚持续9年GDP年均增长率超过8%。工业结构和贸易结构也呈现出多元化和复杂化的特点：制造业占GDP的比重从1990年的27%上升至1995年的33.1%；在制造业内部，机器生产占其总产量的比重从1983年的22.8%提高到1993年的36.8%。在出口方面，制造业的比例也大幅度上升，达到1995年的79.6%和1996年的81.0%，电子

---

① 陈晓律等：《马来西亚——多元文化中的民主与权威》，成都：四川人民出版社，2000年版。
② 马燕冰、张学刚、骆永昆编著：《马来西亚》，北京：社会科学文献出版社，2011年版，第245页。

和电机产品的出口是其主要推动力。[①]

　　1996年11月马来西亚推出第二个工业发展蓝图（1996—2000），提出促进工业迅速向资金密集型和技术密集型转化，以提高工业产品的附加值，使工业在国内生产总值中的比重在10年内提高到38.4%。1997年东南亚金融危机，马来西亚经济遭受沉重打击。随着1999年全球经济环境好转，马来西亚的经济亦开始复苏。2000年制造业产值（按照1997年的不变价格）为675.51亿马币，同比增长了17%；就业人数245.5万，占全国就业人数的27%。2001年受全球经济不景气影响，马来西亚经济增速大幅放缓，制造业和对外贸易严重萎缩，全年国内生产总值增长率仅为0.4%。马来西亚政府反思工业化战略，在2001年4月3日颁布的《第三个远景计划纲要》，马来西亚政府提出了建设知识经济国家的宏愿。2002年，马来西亚经济开始回暖。此后几年经济持续稳定增长，到2006年马来西亚经济继续保持强劲增长势头。经济结构逐步改变，农业比重下降，制造业比重上升。政府鼓励发展以本国原料为主的加工工业，重点发展电子电气产业。马来西亚成为东南亚地区主要的半导体组件的产销国和汽车装配、钢铁、石油化工生产国。2008年，席卷全球的美国金融危机对东盟国家经济影响巨大。马来西亚也不能幸免，经济陷入全面衰退，工业生产萎缩，甚至出现负增长的态势。2008年10月以后，马来西亚政府推出一系列经济刺激计划和配套措施，并且加强与东亚及伊斯兰国家的经济合作，有效缓解经济危机。2010年，制造业是马来西亚经济增长最快速的领域，增长率达13.5%，占国内生产总值的27.9%；服务业则增长7%，占国内生产总值的57%。国内投资者积极投资制造业，2010年批准的投资计划主要集中在电子及电器产品、汽油产品、基本钢铁产品、交通食品等行业，占总投资的65.7%。[②]2011年制造业占马来西亚国内生产总值达到的61.6%。[③]据马来西亚统计局数据显示，2012年6月份马来西亚制造业销售额达528亿马元，同比2011年496亿马元增长了6.3%。当时，马来西亚制造业销售额增长较大的工业领域包括：汽车设备制造（25.4%）、电子管及电路板制造（22.5%）、棕油精炼产品（20.1%）、钢铁制造业（9.5%）和半导体设备制造业（5.6%）。[④]2012年及2013年制造业产值分别

① 刘晓平：《马来西亚工业化：进程、战略及启示》，载《东南亚纵横》，2005年第12期。
② 《国际商报》，2011年1月21日报道。
③ 《经济日报》2011年8月3日报道。
④ 《国际商报》，2012年8月21日报道。

达到1 867.5亿马币和1 930.1亿马币[1]（见表4-1），对马来西亚整体经济贡献仍举足轻重。

表4-1　2012年、2013年马来西亚GDP和各产业产值（按2005年不变价格）

项目	2012年		2013年	
	产值（亿马币）	增长率（%）	产值（亿马币）	增长率（%）
GDP	7 514.7	5.6	7 867.0	4.7
农业	547.8	1.0	559.1	2.1
矿业	634.3	1.4	637.7	0.5
制造业	1 867.5	4.8	1 930.1	3.4
建筑业	265.3	18.1	294.2	10.9
服务业	4 099.8	6.4	4 340.0	5.9

资料来源：马来西亚统计局、马来西亚央行。

二、工业部门结构

因为马来西亚独立前受英国殖民统治，经济畸形发展，经济以农业种植业为主，工业部门单一落后。独立初期，经济结构严重依赖于天然橡胶、锡、棕榈油、木材、石油等初级产品的生产和出口。1966年马来西亚政府开始实行的第一个马来西亚五年计划（1966—1970年）和第二个五年计划（1971—1975年），采取了从依赖初级产品转向重视发展工业的政策。这两个五年计划实施后，国内生产总值的产业部门结构发生了明显变化（见表4-2）。在1965—1975年间，制造业部门所占比重从10.4%提高到14.3%，提高了3.9%。同期，制造业部门产值的年平均增长率约为10%。另一方面，农业在国内生产总值中所占的比重则从31.5%降到29.8%。[2]

① 《马来西亚概况》，中华人民共和国驻马来西亚大使馆经济商务参赞处网站，2014年7月2日，http://my.mofcom.gov.cn/article/ddgk/201407/20140700648581.shtml。
② 《马来西亚工业化的进展和对外贸易结构的变化》，载《南洋资料译丛》，1980年第1期。

表4-2 1965—1980年马来西亚国内生产总值的产业部门结构

	占国内生产总值百分比（%）				年平均增长率（%）		
	1965	1970	1975	1980	1966—1970	1971—1975	1976—1980
农业	31.5	32.1	29.8	26.5	6.8	5.9	6.0
矿业	9.0	5.7	4.0	3.5	1.1	0	5.7
制造业	10.4	12.2	14.3	16.8	9.9	10.9	12.0
建筑	4.1	4.5	4.6	4.7	4.1	8.1	8.9
电力、供水业	2.3	2.3	2.6	2.7	8.1	10.4	9.2
运输、通讯	4.3	5.7	7.2	7.1	3.0	12.6	8.3
商业	15.3	13.3	13.6	13.5	3.2	7.9	8.4
金融、不动产	6.1	7.8	7.2	7.2	10.2	5.8	8.4
政府部门	6.2	7.4	7.8	8.2	5.2	8.6	9.6
服务业	10.8	8.2	8.1	8.4	4.7	7.2	9.5

资料来源：《马来西亚第二个五年计划》《马来西亚第三个五年计划》。

从表4-2可见，1960年代初期，食品、化学、橡胶等工业部门所占的比重较高，但是到了20世纪60年代后半期，纤维纺织、金属、食品和木制品等工业部门所占的比重提高了。这说明了初级产品加工、消费品生产及代替进口的轻工业有了某种程度的发展。然而，机械、运输机械、电气机器这三个工业部门在60年代仍然未占有重要的地位。在1970—1975年期间，制造业部门内部的各个行业部门的结构发生了变化，增长特别显著的工业部门有纤维纺织、电机、食品、精密仪器、木制品工业（见表4-3）。

表4-3 1970—1980年马来西亚制造业部门内部的行业部门结构

主要行业部门		行业部门占制造业百分比			年平均增长率	
		1970	1975	1980	1971—1975	1976—1980
消费品		35.6	39.8	42.6		
	食品工业	27.3	30.3	31.8	4.8	8.9
	纤维纺织工业	2.5	3.8	5.3	17.2	17.8

主要行业部门		行业部门占制造业百分比			年平均增长率	
		1970	1975	1980	1971—1975	1976—1980
半制成品		56.5	29.3	43.9		
	木制品工业	5.4	5.7	5.4	9.1	9.3
	化学制品工业	4.3	5.6	6.2	15.9	12.0
	橡胶工业	1.8	1.8	1.8	8.3	10.2
	非金属工业	2.3	2.4	2.3	7.1	11.1
	钢铁工业	17.7	14.3	11.9	9.7	12.6
生产设备		7.9	10.9	13.5		
	机器工业	1.5	1.9	2.2	13.3	13.9
	电气机器工业	1.3	2.4	3.7	22.0	19.7
	运输机械工业	4.0	4.7	5.4	11.8	13.4

资料来源:《马来西亚第三个五年计划》。

据统计,1960—2003年,马来西亚制造业产值占国内生产总值比重从9%升至31%,在国内产业结构的转型中,马来西亚实现了制造业产值超过农业产值、工业制成品出口比重超过农产品出口比重的目标。1985年,马来西亚大约有3 720家小型企业和1 640家中型企业,分别占全国企业总数的64%和28%。这类企业的特点是其产品主要供国内消费。基于其商品质量相对较次,生产成本和价格的水平均缺乏竞争力,只有屈指可数的企业(少于10%)拥有为出口市场生产的潜力。这些规模较大企业大部分由华人经营。在人民信托局、马来西亚工业发展局和马来西亚开发银行的支持下,马来人的中小企业集中在手工艺品、蜡染印花布、家具、机动车工场和食品加工上。[1]在1970—1982年间,大部分出口生产由跨国公司承担。从70年代中期以来政府借助外国技术和专门知识,使用大量的国家资本建立资本密集的国营企业。1980年马来西亚重工业公司的创立标志着马来西亚完全由国家拥有的重工业的诞生。作为负责执行马来西亚重化工业项目的官方机构,马来西亚重工业公司的长远目标是根本改革高度依赖于脆弱商品的

---

① 王泰奇:《马来西亚的工业发展、新经济政策与国际分工》,载《南洋资料译丛》,1991年第2期。

国民经济。至1983年9月，马来西亚政府在重工业方面的总投资已达到30亿马元，这些资金很大部分来自石油收入和国际贷款，主要用于建立与发展钢铁厂、水泥厂、国家汽车项目、摩托车引擎厂、石油提炼与石化项目、纸浆厂等一系列重化工业建设项目。除了马来西亚重工业公司外，还有一些其他的国营企业，它们涉及食品加工、资源开发、建筑材料和其他行业。在马来西亚政府对制造业部门的投资基金中，马来西亚重工业公司所获资金占第五个马来西亚五年计划时期（1986—1990年）的76%。第二大受资者是国家经济发展公司，所得资金相当于分配给马来西亚重工业公司款项的10%。而小型工业包括手工业，则得到相对很少的重视。1987年马来西亚制造业产值首次超过农业。与此同时，工业制成品的出口比重不断提高。1990年，马来西亚的工业制成品出口所占比重首次超过50%。在制造业内部，马来西亚传统制造业行业的地位总体日益下降，而新兴制造业行业迅速发展。马来西亚电子、石油、机械、钢铁、化工及汽车制造等行业的深入发展，传统的初级产品加工业地位逐步下降，制造业成为马来西亚民经济发展的主要动力。1990—2000年间，马来西亚制造业内部主要行业产值比重的变化分别为：马来西亚的食品、饮料与烟草行业从15%下降至8%，纺织与服装行业从6%下降至4%，机械与交通设备行业从31%上升至47%，化工行业从11%下降至7%。[①]1993年，马来西亚大型制造业企业已有2 166家，中小型企业则达20多万家。

　　进入21世纪，马来西亚的工业主要由两个主要面向出口的工业部门组成。一是以资源为基础的初级产品加工业，二是面向出口的制成品工业。马来西亚本国大公司投资于本国能源、电信、汽车装配、钢铁、重工业、化学、纺织、汽油、水泥和食品加工业等，而为数众多的中小企业的投资主要集中在初级产品加工部门。外国公司则在马来西亚的面向出口制成品工业部门占据着领先位置，它们的投资领域分布面很广，但主要集中在轻工业、石油、电子与电器、化学和化工产品等。在马来西亚制造业部门投资的大跨国公司所有权多数为新加坡、日本、香港、美国和英国所拥有，产品面向出口。目前马来西亚的制造业由原产品加工业（主要为锡、橡胶）向多元化附加值制造业转变，劳动密集型初级产品制造业则向高科技、技术密集型制造业过渡。21世纪马来西亚工业化发展的愿景是：在实现工业投入物本地生产的基础上，建立一个具有生命力和完整的工业部门。马

[①]　王勤：《东盟五国产业结构的演变及其国际比较》，载《东南亚研究》，2006年第6期。

来西亚政府希望通过全球工业网络与联系提升本国的工业技术，通过发展本地厂商向多国公司提供零部件，激励多国公司生产程序一体化等措施，使制造业各部门从装配、设计、机床安装、技术、研发、市场营销和消费者服务等方面达到与其他发达国家相媲美的水平。①

近几年来，马来西亚制造业发展平稳，但占GDP的比重逐年降低。制造业以国内市场为主的生产企业占半数。2010年制造业总产值约为2 641.7亿美元，增加值为539.1亿美元，占GDP的比重达22.5%。马来西亚制造业以食品制造、电子电器业、木制品业、炼油业、橡胶产品业和非金属矿产品业为主。从产值规模看，在制造业各行业中，精炼石油产品、化工产品、电子元件和电路板制造和动植物油脂制造（主要指棕油制品）是2010年马来西亚GDP的主要贡献行业。这四个行业的工业增加值为238.7亿美元，占制造业的比重达到44.2%。（见表4-4）从出口产品看，2010年马来西亚出口总额达2 017.4亿美元，其中机械及运输设备、矿物燃料及润滑油、工业制成品等是其主要出口产品，分别占出口总额的39.0%、14.2%和7.8%。

表4-4　2010年马来西亚制造业主要行业增加值

	产业名称	增加值（亿美元）	占制造业比重（%）
1	精炼石油产品	93.4	17.3
2	化工产品	58.8	10.9
3	电子元件和电路板制造	56.3	10.4
4	动植物油脂制造	30.2	5.6
5	塑料制品	18.3	3.4
6	塑料制品	17.8	3.3
7	非金属制品	16.6	3.1
8	机械制造业（含普通机械和专用机械制造）	15.4	2.9
9	木材及木制品	14.5	2.7
10	基本钢铁制品	14.2	2.6

资料来源：the Economic Census 2011Malaysia.

---

① 沈红芳：《马来西亚工业化政策及其发展模式：从比较研究的视角》，载《南洋问题研究》，2007年第2期。

2013年，制造业产值为1 930.1亿马币，同比增长3.4%，占GDP的24.5%。出口金额5 496.1亿马币，同比增长5.7%，占出口总额的76.4%。出口产品中电子、机械、石油、化工分别占25.9%、10.8%、9.3%和7.2%。主要出口市场包括东盟（占比30.8%）、中国（14.0%）、欧盟（10.3%）、美国（9.8%）、日本（6.1%）以及中国香港（5.6%）等。[①]

三、工业发展布局

20世纪70年代以前，马来西亚以农业经济为主，依赖初级产品出口。70年代以来，马来西亚不断调整产业结构，大力发展出口导向型经济，电子业、制造业、建筑业和服务业发展迅速。同时实施马来民族和原住民优先的"新经济政策"，旨在实现消除贫困、重组社会的目标。

20世纪80年代中期，受世界经济衰退影响，马来西亚经济下滑。在政府采取鼓励私人投资和吸引外资等措施后，经济明显好转。1991年，马来西亚政府提出"2020宏愿"的跨世纪发展战略，旨在2020年建成发达国家。1995年，又提出"多媒体超级走廊"计划和"生物谷"计划，大力发展信息产业和生物科技。2006年4月，马政府第九个五年计划（2006—2010年）获得国会通过，其主题是"共同迈向卓越、辉煌和昌盛"，施政重点是降低财政赤字，加强人力资源开发，加大农业投入，扶持中小企业，推动旅游业发展。2007年，马政府相继实施北马输油管线、伊斯干达发展区、北部经济走廊和东海岸经济区等大型发展计划，以刺激经济发展和实现未来经济转型。2010年6月，马政府公布第十个五年计划（2011—2015年），将私营经济和以创新为主导的行业作为引领国家经济腾飞的主动力，并逐步改革被认为偏高的国内补贴制度，以减轻政府财政负担。第十个五年计划共拨出2 300亿马币用于发展支出，其中55%用于发展经济。2010年下半年，马政府又提出经济转型计划，提出包括批发零售、旅游、商业服务、电子电器、教育、医疗保健等在内的12个国家关键经济领域的发展目标，具体措施包括推出150项"切入点计划"，预计该计划到2020年将创造330万个新的就业机会。

2012年以来，由于主要市场需求减少，马来西亚出口下降，经济增长主要靠

---

① 《2010—2011年马来西亚制造业发展概况》，上海情报服务平台网站，2012年12月24日，http://www.istis.sh.cn/list/list. aspx?id=7669。

强劲的内需以及投资拉动。马来西亚政府继续推行经济转型计划，尤其是其中的基础设施项目将有利于刺激投资继续增长。[①]

工业作为马来西亚经济最主要的领域之一，在历年的政府调控经济政策中都得到特别的重视。在政府工业化战略的指导下，政府采取多种措施推动制造业的发展，如颁布各种投资法令，给予制造业企业各种税务优惠；大力吸引国内外私人资本投资，适时引导制造业沿着出口替代、出口导向和综合深入发展三个阶段循序发展。[②]

马来西亚政府一直欢迎外商在制造业领域的投资。20世纪70年代，推行出口导向型政策后，欧美和日本部分制造加工业转移到马来西亚。1997年亚洲金融危机爆发后，马来西亚受到较大冲击，尽管采取了征收撤资税等措施，外来投资还是呈下滑趋势。进入21世纪，随着对贸易、投资的不断开放，以及谨慎的宏观经济政策的实施和在关键领域采取结构改革，马来西亚经济得以恢复并取得较大发展，外商投资日趋活跃，目前已成为推动马经济发展的重要因素。

马来西亚政府还在全国多个地方设立自由贸易区和工业发展区以推动工业的发展。1972年，马来西亚政府设立了自由贸易区，为出口加工活动提供更为安全、更为协调和更易控制的环境。最初主要吸引国内外电子与纺织行业在区内投资。之后，在自由贸易区投资的企业的经营范围和领域迅速多元化。两种类型的出口导向工业在这一时期得到了迅速发展。一类是以资源为基础的出口导向工业，包括了传统的橡胶、锡矿、棕榈油和木材等新兴初级产品加工与出口。另一类是以非资源为基础的出口工业，包括某些为获得优惠待遇，搬迁到自由贸易区内经营的劳动密集性制造业。其中，经营电器与电子元件组装的企业增长最快。[③]1984年初，全国96个工业区和8个自由贸易区生产一半以上的出口制成品。到1992年1月，马来西亚全国共有12个自由贸易区。这12个自由贸易区以外资为主，分别设在雪兰莪、马六甲、柔佛、槟榔屿、霹雳和沙捞越等地，在自由贸易区设厂企业可免税进口原料，产品以出口为主。在马来西亚半岛上建立起诸多工业据点：钢铁设在丁加奴，水泥在吉打，摩托车发动机制造厂在槟榔、吉打和雪兰莪，造船在拉布安（沙巴），石油化工厂在拉布安和沙捞越的宾图卢，以及一个汽车制造

① 《马来西亚概况》，中华人民共和国驻马来西亚大使馆经济商务参赞处网站，2014年7月2日，http://my.mofcom.gov.cn/article/ddgk/201407/20140700648581.shtml.

② 马燕冰、张学刚、骆永昆编著：《马来西亚》，北京：社会科学文献出版社，2011年版，第264页。

③ 沈红芳：《马来西亚工业化政策及其发展模式：从比较研究的视角》，载《南洋问题研究》，2007年第2期。

厂设在沙阿拉姆。工业发展区达到166个，总面积约20 140公顷，分设在全国各地。在政府的大力扶持下，制造业成为发展最快和最主要的经济部门，并有力地推动了全国的经济发展。[①]

1992年马来西亚政府为了缓和巴生谷和槟榔屿地区的制造业过于稠密拥挤的趋势，决定在其后5年内建立6个专业化工业区，这6个工业区预定将把制造业分散疏导到该国的一些工业不发达地区，它们的主要发展方向是：高技术产品、塑料、铸造、木材加工以及计算机技术。第一阶段将首先是在普赖、塞奈和恰保3个地区建立3个工业区。巴生谷将建成一个高技术工业区，计划建设一个技术园，以促进高技术的发展。[②]

2006年以来，马来西亚政府陆续启动了五大经济发展区的建设。

1. 伊斯干达发展区（Iskandar Development Region，简称IDR）于2006年11月正式启动，涵盖马来半岛南部柔佛州的新山、哥打丁宜和笨珍等数个地区，与新加坡隔柔佛海峡相望，占地面积2 217平方千米，人口约135万。根据发展规划，新山、努沙加亚、西大门发展区、东大门发展区以及士乃—士古来地区等5个区域被确定为功能不同的重点发展区域。其中，新山和努沙加亚两个区域还被确定为可以实行智能快速过境卡的首批自由出入区，以吸引外国公司特别是新加坡公司在IDR设立办事机构。IDR的管理机构为伊斯干达发展区管理局（Iskandar Regional Development Authority，IRDA）。从2006—2011的6年中，IDR累计投资额高达847.8亿马币，其中60%（506.4亿马币）为国内投资，40%（341.4亿马币）为外资。目前，发展区第一阶段各旗舰计划大部分已完成，迈入计划的第二阶段。主要目标是加强地区性合作，改善发展区周边的交通体系。

2012年3月，马总理纳吉布宣布，政府将在2012—2020年间，在IDR推动及落实59项发展计划，预计可吸引约1 400亿马币的国内外投资，创造6.8万个就业机会。

2. 北部经济走廊（Northern Corridor Economic Region，简称NCER）于2007年7月正式启动，直至第12个马来西亚计划结束的2025年。这个经济走廊涵盖马来西亚半岛北部的玻璃市、吉打、槟城和霹雳四州，人口429万。重点是该地区农业、制造业、旅游业、物流业的革新与发展。根据该计划，马来西亚将在2015

---

① 马燕冰、张学刚、骆永昆编著：《马来西亚》，北京：社会科学文献出版社，2011年版，第264页。

② 秦文：《马来西亚发展工业区》，载《世界科技研究与发展》，1992年第01期。

年前筹集并投入1 770亿马币资金，其中1/3的资金将来自政府，其余依靠私人，包括私人融资计划（PFI）。时任总理巴达维成立了一个由他领导的北部走廊发展执行委员会（NorthernCorridor Implementation Agency，NCIA），负责监督和推动该项经济走廊计划的实施。

2011年底，北部经济走廊推出"走廊及城市实验室"计划，拟与私人合作，选定26个项目，争取在2025年前为GDP贡献174.6亿马币，吸引270.2亿马币的投资。该计划涉及农业、制造业、旅游业等，将为北部各州创造7万个就业机会。

3. 东海岸经济区（East Coast Economic Region，简称ECER）于2007年10月正式启动。该经济区涵盖了马来西亚半岛东海岸的吉兰丹、登嘉楼和彭亨3个州以及柔佛州的丰盛港地区，占地面积66 736平方千米，人口约390万。该计划将持续12年，计划到2020年吸引投资1 120亿马币，并为该地区创造56万个新的就业机会。马来西亚政府初期将投入60亿马币资金。旅游业，油、气及石化产品，制造业，农业和教育业将成为发展重点。马政府还成立了东海岸经济区发展理事会（East Coast Economic Region Development Council，ECERDC），以支持该计划的开展。

4. 沙巴发展走廊（Sabah Development Corridor，简称SDC）于2008年1月正式启动。该计划拟用18年时间，吸引1 050亿马币外资，创造90万个就业机会，使沙巴州国民生产总值增加4倍到632亿马币，失业率从目前的5.8%降至2025年的3.5%。马来西亚政府初期将拨款50亿马币，主要用于提升州内基础设施建设。SDC分为西部、中部和东部三大区域，主要发展农业、制造业和服务业三大领域，以发展高附加值产品、实现经济发展和分配的均衡、确保可持续发展为三大目标。马政府成立了沙巴经济发展执行局（The Sabah Economic Development and Investment Authority，SEDIA），以吸引外来投资，支持该计划的发展。

5. 沙捞越再生能源走廊（The Sarawak Corridor of Renewable Energy，简称SCORE）于2008年2月正式启动。该走廊覆盖沙捞越州中部地区，包括民都鲁、加帛、诗巫、沐胶及泗里街，占地面积70 709平方千米，占沙捞越州土地总面积的57%，人口超过60万。该走廊的发展核心是能源资源，尤其是水力发电、煤炭及天然气。该走廊计划在2008—2030年的23年期间，共吸引投资3 340亿马币，并为沙捞越州创造160万个就业机会。马政府成立了区域走廊发展机构（Regional Corridors Development Authorities，Recoda），作为统一处理沙捞越再生能源走廊发展事务的机构。[①]

第二节　能源工业

马来西亚主要能源是石油、天然气、煤炭和水电，所占比例分别为45.79%、49.74%、3.68%和1%。马来西亚能源矿产资源十分丰富，既有煤炭又有石油和天然气。特别是石油和天然气，开采至今仍拥有探明储量分别为4.11亿吨和2.12亿立方米的资源。石油和天然气是马来西亚经济的支柱产业，利税占全国财政收入的21.7%。20世纪五六十年代，马来西亚的生活和工业用能源主要是电，也兼用一些木柴和煤。20世纪70年代以来，随着石油天然气工业的迅速发展，对石油天然气的利用日渐增加。油气资源较丰富，是东南亚第二大石油生产国。主要出口产品为原油、化工产品、液化天然气等，主要贸易伙伴是新加坡、日本、美国和欧盟。

一、煤炭工业

马来西亚煤炭储量约为17亿吨。主要分布在沙捞越州、沙巴州、霹雳州、雪兰莪州和玻璃市州，其中14亿吨（约82%）位于沙捞越州。沙捞越州的摩力特一比拉煤田煤层厚1—3米，为高挥发、中灰分、低硫次烟煤，资源量超过3.87亿吨。锡里泰克煤田煤层厚约1米，产自始至渐新统锡里泰克组；宾土卢煤田蕴藏有2 000万吨低灰分、高挥发烟煤，热值可达7 000—7 500大卡/千克，主要用作冶金用煤；沙巴州的煤田主要分布在梅里瑙盆地，至少有2亿吨烟煤。[②]马来西亚的煤炭勘探和开采均集中在沙捞越州，生产煤田集中在沙捞越州的民都鲁、摩力特—比拉、西兰特和图多几个地区，其中摩力特—比拉是马来西亚最大的煤田。[③]

马来西亚的煤炭年需求量为900万吨，多年来，马来西亚全力发展油气工业，而对煤炭资源开发重视不够，在马来西亚能源结构中，石油天然气占81.8%，煤炭仅占18.2%。煤炭产量远远不能满足国内的需要，致使其煤炭需求长期依赖进口解决。每年马来西亚要从印度尼西亚、澳大利亚、中国和南非等国进口大量煤炭。其中采购的煤炭70%来自印度尼西亚。2009年煤炭产量为212.2万吨，但是

①　《马来西亚概况》，中华人民共和国驻马来西亚大使馆经济商务参赞处网站，2014年7月2日，http://my.mofcom.gov.cn/article/ddgk/201407/20140700648581.shtml。

②　《马来西亚煤炭》，冶金网站，2012年7月16日，http://www.yejinye.com/news/show-5143.html。

③　龚晓辉等编著：《马来西亚概论》，广州：世界图书出版公司，2012年版。

仍需要进口煤炭528万吨。马来西亚国内煤炭需求的70%（国内产量加上进口量）用于电力生产，其余部分主要用于水泥和钢铁生产。[①]

2004年马来西亚沙巴州原始森林地区发现了蕴藏量约2.15亿吨的大煤田，马来西亚矿业委员会大受鼓舞。为了协调和平衡全国能源工业发展布局，改变煤炭依赖进口的现状，马来西亚矿业委员会向政府提出了开发新煤田的建议和计划。开发沙巴州煤田，可带动正处于低谷状态的锡矿生产，有利于全面振兴马来西亚的采矿事业。[②]马来西亚将逐步减少对石油和天然气的依赖，转为用煤炭做燃料，煤炭在马来西亚能源结构中将大幅成倍增长。

二、油气工业

石油和天然气在马来西亚矿产资源中占有重要地位。石油主要分布在马来西亚近海地区，原油为轻质油、含硫低。天然气主要分布在东马近海地区。[③]20世纪60年代，随着石油需求量的增大，政府开始联合外资在近海地区寻找石油和天然气，并于1968年正式产油，1983年正式生产天然气。根据马来西亚官方资料，2008年，马来西亚原油探明储量为48.8亿桶，日产约74.3万桶；天然气探明储量为2 265亿立方米，日产约1 784万立方米。目前，马来西亚有油气田63个，其中油田48个，气田15个，以及40个勘探井和73个发展井。原油生产主要集中在马来西亚半岛近海区域，部分油田位于沙巴和沙捞越近海地区。主要油气田有：坦皮亚斯油田（Tapis），基纳巴卢油田，基卡油田（Kikeh），塞利基油田（Seligi）等。坦皮亚斯油田油气田为马来西亚提供约一半以上的油气产量，油田面积83平方千米，石油可采储量6 027万吨，天然气可采储量286亿立方米，发现于1969年，1978年投产，1980年达到1.1万吨的峰值日产量后逐步递减，2002年石油日产量降至3 836吨。1980年马来西亚原油日产量27.5万桶，超过文莱成为仅次于印度尼西亚的东南亚第二产油国，1992年马来西亚原油日产量已达65.9万桶，天然气年产量为6 422.41亿立方英尺（181.75亿立方米）。马来西亚每年原油日均产量在70万桶左右（表4-5），其中凝析油占20%。天然气在马来西亚比石油更加重要，当原油产量下降时，天然气产量稳步上升，2005年产量为772亿立方米，比上一年增长10.1%。石油和天然气生产的长期可靠性和安全性保证了国家石化工业的持续发展。

① 龚晓辉等编著：《马来西亚概论》，广州：世界图书出版公司，2012年版。

② 《马来西亚煤炭工业发展动态》，煤炭网站，2004年4月21日，http://www.coal.com.cn/Gratis/2004-4-21/ArticleDisplay_68873.shtml。

③ 马燕冰、张学刚、骆永昆编著：《马来西亚》，北京：社会科学文献出版社，2011年版，第10页。

表4-5　2003—2006年石油、液化天然气产量

产量	2003年	2004年	2005年	2006年
石油（万桶/日）	73.3	76.23	72.69	70
液化天然气（万立方米）	1 731.1	2 072.9	2 194.8	2 300

资料来源：马来西亚财政部2005/2006年度经济报告；马来西亚统计局2006年报告。

马来西亚所生产的石油和天然气，除供应本国外，部分出口。随着国际价格的不断攀升，马来西亚石油和天然气的出口额也持续增长，成为该国重要的出口商品（表4-6）。1990年，石油、天然气的出口额为106.4亿马元，占出口总额的11.8%。1999年马来西亚的石油及天然气出口为141亿马元（37亿美元），占全国出口收入的4.6%。2005年原油产量2.65亿桶，约合3 785万吨，出口值79.5亿美元，占全年出口总额的5.66%。2005年液化天然气产量2 073万吨，出口值54.7亿美元，占出口总额的3.89%。2004年的石油和天然气出口同比分别增长43.2%和13.3%，2005年1—11月，分别增长31.2%和23.1%，其中石油出口额273.2亿马元，天然气出口额185.7亿马元，分别占出口总额4 843.7亿马元的5.6%和3.8%。丁加奴海岸外生产的天然气被加工成石化工业的燃料或给料。沙巴海岸外生产的天然气则是该处甲醇及热块铁工厂的给料。沙捞越的天然气用以生产液化天然气，外销至日本及韩国。

表4-6　1997—2004年马来西亚石油、天然气产量及进出口量

年份	原油产量（万吨）			天然气
	产量	进口	出口	产量（百万立方英尺）
1997	3 310.5	125.6	1 587.2	1 364 246
1998	3 393.4	192.9	1 807.1	1 358 500
1999	3 234.0	324.7	1 772.5	1 442 395
2000	3 193.1	696.3	1 667.2	1 598 325
2001	3 146.5	855.9	1 511.8	1 657 685
2002	3 354.5	684.5	1 619.2	1 716 238
2003	3 687.8	799.1	1 791.3	1772 659
2004	3 593.6	788.8	1 868.6	1901 888

资料来源：马来西亚统计局，SERI NASA 2005，第103—104页。

目前，马来西亚是原油和天然气的净出口国，是世界第三大天然气出口国，生产的油气主要出口到日本、印度、泰国和中国。

马来西亚石油公司（以下简称马石油）成立于1974年，总部设在吉隆坡，是马来西亚政府全资拥有的国有企业，并获有国会通过石油开发法令，授予拥有和控制马来西亚石油资源的所有权利。承担开发及使这些资源增值的责任。其业务范围广泛，包括上游的石油天然气探测及生产，下游的石油提炼、石油制品营销，交易，天然气处理及液化，输气管网运营，液化天然气营销，石化制造与营销，运输，汽车工程，资产投资等。通过30年的发展建设，马石油已经成长为一家综合性的跨国石油天然气公司，属下拥有三家子公司（马来西亚石油贸易有限公司、马来西亚石油天然气有限公司和马来西亚国际船务有限公司），并在海外30几个国家设有100多家子公司，被列为世界500强企业。截至2004年3月31日的财政年，马石油整体收入为256.64亿美元，净利62.27亿美元，整体资产为534.82亿美元。公司整体收入的77.8%来自它的国际业务和出口。它与世界主要石油公司以分享生产的方式开发马来西亚的石油与天然气资源。目前，在马来西亚进行油气作业的外国公司有美国埃克森美孚（ExxonMobil）公司、墨菲（Murphy）公司、康菲（Conoco）公司、英荷壳牌（Shell）公司、瑞典伦廷（Lundin）公司、加拿大Talisman公司，挪威Statoil公司等。

埃克森美孚马来西亚勘探生产公司（EMEPMI）是马来西亚最大的原油生产企业，产量约占到全国产量的一半。该公司在马来西亚半岛近海经营着7个作业油田，约1/3的产量来自于塞利基油田。EMEPMI对塞利基油田拥有78%的股份，其余的22%为马来西亚国家石油天然气公司的勘探公司（Cafigali）拥有。2002年EMEPMI公司对区块PM5中的拉律海上油田进行开发，该油田的峰值日产量可达14万桶，在一定程度上弥补了后来马来西亚一些老油田出现的减产。

皇家荷兰壳牌集团是马来西亚另一个重要的油气生产商，目前该公司所属的沙巴壳牌石油公司经营着位于东部沙巴州纳闽岛区块SB—1中的基纳巴卢气田。该油田自1997年12月投产以来，油、气日产量已经分别提高到了3.6万桶和79万立方米。作为区块SB—1的作业者，壳牌公司拥有80%的股份，马来西亚国家石油天然气公司拥有其余20%。

美国的墨菲石油公司也是在马来西亚进行油气勘查和开发的重要公司之一，目前正在勘查和开发沙巴州K区块的石油，该公司是在2002年在该区块发现石油的，也是马来西亚发现的第一个深水油田，可得储量估计在4亿—7亿桶之间。

该区块面积约32 389平方千米，墨菲石油公司拥有80%的权益，马来西亚国家石油天然气公司拥有其余的20%。墨菲石油公司计划该油田在2007年实现商业开采。

马来西亚进行天然气勘探和开发最重要的区域之一是马来西亚—泰国联合开发区（JDA），联合开发区位于下泰国湾地区，由马来西亚—泰国联合管理机构（MTJA）共同管理。马来西亚—泰国联合开发区包括区块A—18、B—17和C—19。马来西亚国家石油天然气公司与阿美拉达赫斯公司以均股的形式参与区块A—18的开发，泰国石油管理局（PTT）与马来西亚国家石油天然气公司以等额权益开发其余区块。

三、电力工业

马来西亚的电力工业是随着矿业的开采而发展起来的，在独立前已有一定规模。独立后在政府的大力投资下，电力业发展十分迅速，兴建了不少新的大发电站，总发电量也大幅度增长。马来西亚的电力需求在1986—1997年的10年间以12%—15%的速度增长。最大用电负荷由1986年的2 990兆瓦增长到1997年的9 200兆瓦。最大用电负荷以每年15%的速度增长。发电量和用电量分别由1986年的16.51太瓦时、13.84太瓦时增长到1997年的56.20太瓦时、49.08太瓦时，人均用电量由840千瓦时增长2 260千瓦时。1998年马来西亚全国发电量为56.2太瓦时，用电量为49.1太瓦时，人均用电2 260千瓦时。目前马来西亚全国装机容量为12 299兆瓦，其中国家电力公司（TNB，马来西亚最大的电力公司）拥有7 715兆瓦，占62.7%；独立发电商（IPP）装机容量为4 584兆瓦，占37.3%。[①]

马来西亚的发电能源主要有油、天然气、水力和煤炭4种。能源利用政策是逐步减少燃油，促进利用天然气、水力和煤炭。目前天然气是一种最为廉价和清洁的发电能源，随着燃气轮机技术的不断完善，得到了愈来愈广泛的应用。近年来，马来西亚的水电工业也发展迅速，而东马的电力工业更是以水电站为主。建有巴甘水电站、丁明歌水电站、柏西亚水电站、格勒林水电站、肯益河水电站、河巴当艾水电站等大型水电站。2005年，建成2个容量分别为650兆瓦和330兆瓦的燃气蒸汽联合循环电厂和一个2×110兆瓦的燃气轮机电厂。煤炭是仅次于

---

① 林廷卫：《马来西亚电力工业发展对我国电力工业改革发展的启示》，载《电网技术》，2000年第10期。

天然气的发电能源,现有巴生港口电厂装机2×300兆瓦,另外2×500兆瓦燃煤电厂正在同一厂址上建设。在2000—2004年间新增容量分别为2 100兆瓦、1 400兆瓦和1000兆瓦的燃煤火电厂。马来西亚现已初步形成多样化的电源结构,除去独立发电商所占份额外,国家电力公司62.7%的装机中燃气轮机和联合循环的燃气轮机组占29.1%,水电14.6%,燃油火电14.1%,燃煤火电只占4.9%。2002年全国装机容量14 024兆瓦,其中火电占86%,水电占14%。

目前马来西亚输电电压有6.6万伏、13.2万伏和27.5万伏。从南部到北部的50万伏输电系统正在建设,从沙捞越的巴坤水电厂到马来半岛地区将采用40万伏直流输电方式。配电系统采用的电压为3.3万伏、1.1万伏和240伏。马来西亚的电力主要由国家电力公司、沙捞越电力公司、沙巴电力公司以及独立发电公司经营。国家电力公司主要负责西马来西亚的发电、输电与供电。沙捞越电力公司负责东马来西亚沙捞越的电力发电、输电和供电。沙巴电力公司负责东马来西亚沙巴州的发电、输电、供电。

在东盟国家之中,马来西亚的电力消费量排第二。随着人口的不断增长,城市化和工业化生产的迅速发展,马来西亚电力需求也在不断地增进与扩展。目前马来半岛的最大电力需求约为14 245兆瓦,且预计每年以7.8%的速度增长,预计到2020年将增加到19 400兆瓦。

现在,马来半岛的发电严重依靠天然气(59%)和进口煤炭(36%)作为燃料。而政府逐步取消马来半岛天然气价格的补贴,加上气源逐渐枯竭,使得长期依靠天然气作为发电的持久性燃料已不切实际。为确保整个电力系统的正常运行,未来马来西亚将逐步加强电力基础设施的建设,提高电力运行技术和管理技术,努力发展可再生能源。[①]同时努力拓展多样化的能源结构,形成一种比较协调的电源结构,以达到最佳利用能源资源的目的。

第三节　原材料工业

原材料工业是为制造业提供原材料的工业部门。马来西亚原材料工业包括采矿业、冶金工业钢铁工业、有色金属工业、石油化工、化学工业、建材工业等,在国民经济中占有重要地位,在很大程度上影响整个工业部门、特别是制造业的发展。

---

① 《马来西亚电力需求大》,南博网站,2014年8月22日,http://malaysia.caexpo.com/jmzx_mlxy/2014/08/22/3629778.html。

一、采矿业

马来西亚矿产资源丰富，投入开采的主要有锡、铁、煤、铜、金、钨、铝土等，其中锡矿蕴藏量最大。马来西亚的采矿业包括煤矿业、有色金属矿业、铁矿和有色金属矿加工业等小部门和工业原料、石油及天然气开采及加工等部门。除了石油和天然气，其他矿产开采和加工企业由马来西亚的私人公司所有及运营，石油和天然气开采业务由国有油气公司独立经营或国有油气公司和外国公司联合经营。近年来，随着已开采矿产资源的枯竭，政府采取较自由开放的政策，鼓励私人投资矿产资源的勘探和开采工作。2004年采矿业产值为149亿美元，占国内生产总值的6.9%。据2007年亚太矿业大会报告称，矿业为马来西亚GDP直接贡献为78.03亿美元，约占国内生产总值的5.3%，其中92.6%来自天然气和石油。生产的其他主要矿产还有煤、锡、金、铝土矿、稀土矿物、铁矿石、钛铁矿、硅砂和高岭土等。但在马来西亚矿山生产企业中，只有石油、天然气和工业矿物生产具有较大的规模，煤炭、黑色和有色金属开采均为小规模矿山。

（一）锡

锡矿是马来西亚的重要矿产，锡矿产量在世界上曾经占有重要地位。马来西亚锡矿储量100万吨（2005年资料），仅次于中国，居世界第二位。马来半岛11个州中有9个有锡矿，但以霹雳州和雪兰莪州最多。矿石类型以砂矿为主，主要为冲积砂矿。长期以来，锡是马来西亚主要矿产品，锡产量在第二次世界大战前曾创下年产8万吨的最高纪录。当时，马来西亚成为世界上最大的锡生产国和出口国，锡产量占世界锡产量的比例曾高达50%—60%。第二次世界大战后，锡产量有所降低，年产约6万吨，占世界锡产量的30%左右。

经过100多年的开采活动，马来西亚的优质锡矿资源大幅减少，品位降低，锡矿产量连年下降。20世纪80年代以来，锡产量急剧下降，特别是1985年以后，大量矿场倒闭，锡矿开采业陷入低谷。1991年锡产量仅为2万余吨，占世界锡产量的15%，退居世界第四。锡出口额7亿马元，在出口额比重中从1970年的20%下降到1991年的0.8%。2002年马来西亚出口锡矿2.06万吨，主要销往欧盟、韩国、日本、印度、中国台湾。马来西亚自身的锡产量已不能满足本国加工业的需求，每年都从其他国家进口大量锡矿进行加工再出口。2000年进口锡矿23 744吨，主要来自中国、秘鲁、澳大利亚、越南以及玻利维亚。目前正运营的锡矿山约30

多个，主要集中在西马地区，2010年锡矿山产量为3.3万吨。

马来西亚冶炼公司（MSC）是马来西亚唯一的精炼锡生产商。马来西亚精炼锡国内消费仅占一小部分，大部分出口到新加坡、韩国、日本和台湾。

（二）铁

铁矿是马来西亚仅次于锡的另一重要金属矿产。其铁矿总储量超过1亿吨，矿石种类包括磁铁矿、赤铁矿、褐铁矿、砖红壤铁矿。其中磁铁矿石品位较高，铁含量超过50%。铁矿主要分布在彭亨、丁加奴、柔佛三州。马来西亚铁矿床规模均不大。主要矿床有丁加奴州的武吉伯西、柔佛州的佩莱卡南和沙巴州的塔瓦伊高原铁矿。武吉伯西和佩莱卡南铁矿均为接触交代矿床，与花岗岩侵入体有成因关系，主要矿石矿物为磁铁矿，铁矿石品位较富；塔瓦伊铁矿为风化残余矿床，产于超基性岩顶部风化层中，推测矿石储量7 500万吨，含铁40%—49%，含镍0.4%—0.55%，矿区面积约15平方千米。20世纪60年代以前，马来西亚铁矿砂产量一直居东南亚首位，但是随着中小矿床枯竭，产量逐渐减少，70年代起产量在20万—40万吨之间。20世纪90年代以来下降趋势更为明显，1993年上半年铁砂产量为13.08万吨，比上一年同期下降了15.1%。马来西亚铁矿开采行业在近些年来受中国需求拉动开始发展，2005年铁矿石产量为95万吨，比上一年增长43.1%。马来西亚铁矿石主要出口中国，因此马来西亚铁矿石企业兴衰与中国市场息息相关，受中国国内市场钢铁需求变化的影响。据《南洋商报》报道，2014年由于全球最大的铁矿石消费国——中国钢铁供大于求，导致国际铁矿石需求和价格受挫，国际铁矿石价格跌至5年来新低，马来西亚铁矿石企业订单骤降而纷纷倒闭或停产。

由于缺少优质的铁矿资源，马来西亚只能生产少量的低品位铁矿石，每年要从巴林、巴西、加拿大和智利等国进口大量高品位的铁矿石用于炼钢。

（三）铝

马来西亚铝土矿生产集中在柔佛州，有2个正生产的铝土矿山位于柔佛州的Bungai Rengit地区，近年来由于资源的耗竭，铝土矿产量大幅度下降，2001年产量还有64 161吨，2005年下降到4 735吨，仅为5年前的7.4%。马来西亚国内没有铝的精炼和冶炼厂，因此生产的全部铝土矿均出口到邻近的东南亚国家。

近年来，马来西亚政府正试图通过引进外资来改变没有原铝生产的现状。马来西亚与多家外国企业协商在马来西亚兴建铝厂，其中包括力拓公司、中铝国际工程有限公司等。

（四）金

2005年马来西亚金矿产量为4.2吨，比上一年增长0.7%，主要产自彭亨州的
Penjom金矿，该矿山的所有者是英国的阿沃赛特（Avocet）公司，其经营者是该
公司的子公司——马来西亚特种资源公司，此外，在吉兰丹州、彭亨州和丁加奴
州有一些较小的金矿。目前在马来西亚进行金矿勘探的公司很少，阿沃赛特公司
在Penjom金矿附近的Panau进行金矿勘探。

二、冶金工业

（一）钢铁产品

马来西亚的冶金工业包括钢铁产品子部门和有色金属产品子部门。目前，约
有290家公司从事钢铁产品制造，行业雇佣工人达到2.94万人，年产值达到49.5
亿美元。由于该部门为马来西亚的其他经济部门，尤其是建筑业、电子电气工业、
汽车制造业、家具制造业、机械和工程制造业提供了基础原材料和零配件，因此
地位十分重要。然而，马来西亚钢铁行业主要为小型轧钢厂，几乎每个州都有小
型轧钢厂。这些小型轧钢厂技术水平与自动化程度低，有些甚至是手工操作。作
为钢铁工业的源头工业，即铁矿和煤矿工业，在马来西亚规模尚小。在马来西亚
东北部的丁加奴州有一处铁矿厂，现由中国的鞍钢集团同该州州政府合作进行选
矿，品位不理想，数量也太少。其他地方的几个铁矿小且品位不够理想，未进行
开采。炼铁工业没有高炉，只有一家直接还原铁和一家热煤还原铁。总体来说，
马来西亚的炼钢业规模小、产量低，平时无法满足国内其他经济部门的需求。

马来西亚最早的钢铁工业是因锡矿而兴起的铸铁厂，第二次世界大战后初
期约有200多家。1950年第一家钢铁厂投产，当年产量400吨。20世纪80年代以
来，在政府的扶持下，钢铁工业的发展处于上升阶段，钢铁工业占制造业的比重
从1981年的1.9%提高到1988年的2.9%；钢产量也从1982年的26.5万吨增至1993
年的195万吨；1986年马来西亚钢铁消费量为150万吨，1990年增加到330万吨，
1996年达到810万吨。由于马来西亚铁砂蕴藏量较小，钢铁工业的原料绝大部分
依靠进口，到90年代中期，全国约有70家较大型的炼钢、轧钢工厂。

1997年发生的东南亚金融风暴，使国内的建筑业和基建业受到沉重打击，钢
铁消费量滑落至460万吨，降幅近46%。在政府一系列刺激经济措施的影响下，
从1999年起国内钢铁消费量开始回升，并处于上升趋势。2001年钢铁消费量增

至720万吨，人均钢消费上升至近400千克左右，大大高于东南亚地区74千克的平均水平。到2004年钢铁消费量进一步增至770万吨。2004年政府批准了32个钢铁投资计划，总投资额19.2亿马元。2005年国际钢市疲软，马来西亚钢铁工业也快速滑落。2005年原钢产量为530万吨，比上一年减少7%。但是2005年政府还是批准了19个总投资额为23.4亿马元的钢铁投资计划，其中94%是本地投资。从2006年8月开始，随着美国、中国和其他新兴经济国家需求的增加，马来西亚钢市又逐步走出低潮期，价格开始回升。2007年，随着第9个五年计划的启动，从2005年开始的5年内，大约184亿投资于房屋建筑，使当地建筑业获得大发展，钢铁业也从中受益，国内钢铁价格稳步上扬，钢需求量明显增长，企业效益前景看好。另外，泰国已成为东南亚最大的钢铁进口国，越南、缅甸、印度尼西亚等国也在大力发展基础建设，东南亚地区钢铁需求将为马来西亚提供机遇。当地唯一的钢铁联合企业美佳钢铁公司2007年2月份交货的热卷基价已从2006年同期的2 200马元/吨涨至2 480马元/吨。2009年，受全球经济危机影响，马来西亚钢铁业的投资金额从2008年的258亿马元骤降至25.9亿马元，尤其是国外投资下降较为明显。尽管不久之后制造业的回暖对钢材需求起到较大的支撑作用，但发达国家，尤其是欧洲和美国这两大市场的经济动荡也将影响到马来西亚制造业的产品出口，进而制约国内钢材消费，因此钢铁需求的增长是缓慢而稳步的。但钢铁工业也有需求利好因素的支撑。马来西亚政府的经济刺激政策今年仍将持续以拉动内需，得益于此，国内建筑业将会进一步好转。马来西亚稳定的政治环境有利于促进国内私人投资和引进外资，尤其是在建筑业和制造业，这将有助于国内经济尽快摆脱全球经济放缓的影响。马来西亚在2010年6月10日公布第十个国家发展计划（2010—2015年）。计划提出在未来5年，马来西亚政府计划投入710亿美元用于基础设施、民生、教育以及节能减排等领域。根据这一计划，政府将加大基础设施建设力度，完善交通设施等，并且政府还将营造良好的投资环境以吸引外国直接投资。马来西亚建筑用钢材需求在钢材总需求比重达到73%，这些都将拉动钢材需求。

　　由于马来西亚炼铁行业没有高炉，主要采用直接还原炼铁法，炼钢依靠电炉。国际钢协估计，2005年马来西亚粗钢产量约630万吨，比2004年的570万吨增长10.5%。在钢材产量中，方坯基本持平，为400万吨，盘条为150万吨，棒材358万吨；热卷从165万吨增至180万吨，厚板从29万吨增至30万吨，冷板产量从59万吨下滑至50万吨。另外，近几年来，马来西亚的直接还原铁产量均在100万吨以上，2004年达到170万吨创纪录水平，2005年回落到140万吨。直接还原铁由丁加奴州的PERWAJA钢铁厂生产，设计能力是120万吨，金狮集团的AMSTEEL钢铁厂生产采用MEDRIX直接还原法，年产量70万吨。马来西亚钢铁协会（MISIF）表示，受建筑需求不振的影响，2005年该国钢铁消费减少，降至750万吨，同比降2.5%，马来西亚的钢铁消耗主要集中在建筑用棒线材和结构用型、板材。2004年，钢消费为770万吨，比上年增16%。长材和扁平材消费分别为360万吨和500万吨，增14.6%和18%。预计2006年钢消费将增8%。

2004年，马来西亚进口钢材750万吨，净进口420万吨。2005年，马来西亚进口350万吨废钢，进口方坯13.2万吨，同时还进口88万吨长材、60万吨热卷和31万吨冷卷。尽管马来西亚增加直接还原铁产量，但仍不能满足整个东南亚地区对废钢替代品的需求。马来西亚炼钢生产依赖进口废钢，2003年马来西亚进口废钢400万吨，占其废钢总需求量的68%。目前全球废钢资源紧缺，价格上涨给马来西亚废钢进口带来压力。预计未来随着钢材产量的增长，废钢进口量还将进一步放大。出口产品主要以直接还原铁、方坯及长材和部分板材为主，其中热压块铁和直接还原铁9.5万吨，方坯49.5万吨、长材45.5万吨，热卷50万吨及冷卷14.6万吨。随着东南亚和中东市场需求旺盛，马来西亚钢厂将继续扩大出口，Kinsteel钢厂目前出口量已占到该集团总产量的40%—50%。

（二）有色金属产品

马来西亚冶金工业除钢铁工业外，还包括有色金属制品工业。有色金属制品工业包括铝、锡、铜、锌和铅产品的生产，主要是基于本土锡矿的熔炼和基于进口金属原料的半成品铝和铜产品的生产。现有48家公司从事有色金属产品制造，年产值达4亿美元，雇佣工人总数达8 600人。该部门与建筑业、电子电气业、汽车制造业以及食品和包装业联系紧密。

三、石化工业

石油化学工业是马来西亚国民经济中一个重要的领域。马来西亚拥有较丰富的油气资源，天然气贮量占世界第14位，石油贮量占世界第23位。马来西亚也是世界第3大液化天然气生产国，能量达每年2 300万吨。长期可靠及稳定的天然气供应可确保马来西亚石化工业的持续成长。

马来西亚目前已从一个石油化学产品的进口国跃升为主要石化产品的出口国。它可生产多种的石化产品，包括烯烃、聚烯烃、芳族化合物、乙烯化氧、甘醇、基醇、乙醇盐、丙烯酸、邻苯二甲酐、醋酸、苯乙烯单体、聚苯乙烯、乙烯苯、氯乙烯单体及聚氯乙烯等。马来西亚的石油化工产业是在20世纪六七十年代迅速发展起来的，现已成为马来西亚制造业的另一支柱。70年代，石化产品是制造业出口的主要项目，占制造业出口额的31.9%；80年代中期降到11.6%；1990年仅占5%，为28亿美元。石化工业计划为马来西亚带来大量的外国直接投资，1998年该领域投资额达36亿美元。据统计，石化行业是吸引投资最多的行业之一，1995—1999年累计吸引投资226亿马元，其中外资占59%。通过吸引外资，石化工业已成为制造业的支柱产业。2000年政府投资36亿马元发展石化工业，计划将马来西亚建成一个地区性石化中心。

马来西亚有6大炼油厂，加工能力约为51.5万桶/天。其中，马来西亚最大的国家石油集团公司（简称马石油，Petronas）运营着三座炼油厂，合计加工能力为25.9万桶/天；而Shell公司运营着两座炼油厂，加工能力为17万桶/天；ExxonMobil运营着一座炼油厂，加工能力为8.6万桶/天。天然气生产保持稳步增长，1995—2000年，天然气产量增长了42%。2001年石化行业出口达98亿美元，占总出口额的10.9%。

马来西亚油气及其基础石化工业主要由马石油控制，其中包括许多国外大公司投资进驻。目前，全国共有42家大型公司生产经营石化品，合计生产能力为1 290万吨/年，产品除内需外，还有大量石化品供出口外销。

马石油成立于1974年8月17日，由马来西亚政府全资拥有。该公司有拥有和管理国家石油资源并为它增添价值的权利。该公司还是东盟国家中唯一被列入全球《财富》500强之一的公司，在2009年的世界500强里排名第80位，年营业收入约为77亿美元，利润约15.3亿美元。目前，该公司在30多个国家设有100多家子公司和联营公司，80%的收入来自国际贸易和出口。

马石油已成为马来西亚经济的主要驱动力。除本国外，该公司在国际市场从事极其广泛的经营活动。1993年，该公司开始实施大力发展石化工业计划，化工生产能力已从1985年仅有60万吨尿素发展成为各种石化品超过千吨每年的大型生产企业。该公司表示还将继续进行下一阶段的发展，并且目标是要成为亚太地区重要化学品经销商。目前，该公司名下与石化有关的所有资产的上市证券超过20亿美元。

自参与石化行业以来，马石油就很重视与国外大公司进行有效合作，以引进先进工艺技术和管理经验。多家国际石化公司在这里设厂，这清楚显示出马来西亚作为一个石化工业投资地点的潜能。这些国外公司包括BASF，BP，Dow，Shell，Exxon Mobil，Eastman Chemical，出光兴产，三井，东丽，Polyplastic，Thirumalai及West Lake Chemicals等，其中大多数公司与马石油组建合资企业。马石油可从合作者学到市场运作方式、引进技术和提高竞争力的策略等诸多成功经验。

为了保持马来西亚工业的竞争力，通过厂与厂之间的协同增效的价值整合受到鼓励。开发石化工业区让石化工厂聚集在一起，创造了新的价值链，确保下游石化运营活动进一步的开发。马来西亚现有三大石化工业区：两个工业区分别设在东海岸的克尔蒂赫（Kertih）和彭亨的格宾（Gebeng）；另一工业区设在南方的巴沙古当—丹绒浪塞（Pasir Gudang-Tanjung Langsat）。除马石油外，在南方的石化工业区，泰旦化学公司（Titan）经营有10座装置。该化学公司是马来西亚第二大石化企业和最大的烯烃和聚烯烃综合生产企业。目前，该公司已占有马来西亚和印度尼西亚市场约40%的份额。

三大石化工业区都拥有综合生产企业，其中包括裂解炉、合成气和芳烃等配合装置。工业区基础设施共用、拥有受培训的熟练劳动力并有政府优惠政策的支持，故吸引国外厂商投资进驻。例如马石油在克尔蒂赫的石化综合企业迄今已吸收700多亿马元投资，建有41座装置和设施。在1998年，马石油实施半岛气体利用计划（PGU），其中包括组成一个贯穿半岛的输送系统及6个气体处理厂。这6个气体处理厂供给克尔蒂赫和格宾两处石化综合企业生产用原料。在克尔蒂赫有11座石化装置生产多种化工产品，其中包括氨/合成气、乙烯、聚乙烯、芳烃、氯乙烯、聚氯乙烯、烯烃、环氧乙烷/二醇类、丁酸/衍生物、醋酸和LDPE，供内销和出口。其中2011年，马石油与PB化学和出光兴产在克尔蒂赫合资建成40万吨/年的乙烯装置，该装置就地采用气体处理装置的乙烷为原料。在克尔蒂赫，马石油与Dow和Sasor合资经营第二套蒸汽裂解装置，生产能力为60万吨/年乙烯和9.5万吨/年丙烯。马石油与BP合资建设的高密度聚乙烯/低密度聚乙烯装置，生产能力为20万吨/年。该公司还能每年生产5万吨对苯二甲酸（PTA），并且和Sasor和Sabic公司建有一套低密度聚乙烯装置，生产能力为25.5万吨/年。马石油还经营一套40万吨/年氯乙烯单体装置，为一套15万吨/年聚氯乙烯装置提供原料。该公司生产乙烯还供一套乙二醇装置和一套乙烯衍生物装置使用，这两套装置都是该公司与Dow合资的，生产能力为14万吨/年环氧乙烷和38.5万吨/年乙二醇。马石油还有一套产量为45万吨/年合成氨装置、一套32.5万吨/年合成气装置、一套48万吨/年醋酸装置、一套芳烃装置能生产42万吨/年对二甲苯和14.5万吨/年苯。

马来西亚已成为亚洲塑料生产大户，塑料工业已成为马来西亚制造业领域中最有活力的工业之一，在过去的10年年均成长15%。目前有超过1 400家塑料制品企业在营运，产品种类从普通家庭用品、包装材料和运输物件到电子电气、汽车、办公室自动化、电脑及电信业的零部件等。为了进一步深化塑料价值链生产，马来西亚成立了克尔蒂赫塑料园区，并在区内实施减税刺激办法吸引下游塑料加工的投资。马石油对下游塑料加工活动作出重大的贡献。国外的世界级塑料生产厂商竞相在马来西亚设厂。马石油和其他厂商为塑料加工业提供稳定的原材料来源。这些塑料产品包括LDPE，LLDPE，HDPE，EPS，GPPS，HIPS，PVC，ABS，SAN 及 PET等。据《南洋商报》报道，马来西亚塑胶厂公会负责人表示，马塑料行业在2013年的营业额达179.4亿马币，同比增长4.5%，出口额107.2亿马币，同比增长6.5%。

以PVC为例，当前其国内需要量约为20万吨/年。马石油支持有40年历史的马来西亚工业树脂公司生产PVC及下游复合材料，年产能分别为5.0万吨和3.50万吨。其产品主要为建材、管材和电缆等。又如马石油与日本出光兴产合作，在克尔蒂赫建乙烯联合企业，并于1994年建成东盟第一座聚苯乙烯装置，目前已达14.6万吨/年，其销量约占马来西亚市场60%份额。早在1992年，日本东丽工业公司利用马石油提供的原料在马来西亚建成产能为3.50万吨/年的ABS生产装置，现产能已扩建至33.0万吨/年。它已成为东南亚最大的ABS树脂装置，其产品以Toyolac商标名出口外销世界市场。

第四节　制造业

制造业是马来西亚最有竞争优势的经济领域领域之一。其发展可表现国家整体经济状况，历来对经济有决定性影响。独立以来，在政府工业化战略的指导下，制造业发展受到特别重视，政府采取多种措施推动制造业的发展。在政府的大力扶持下，制造业成为发展最快和最主要的经济部门，并有力地推动了全国的经济发展。1971—1990年，马来西亚制造业年均增长率达10.3%，有些年份增长高达17%；1991—1992年制造业连续保持双位数的增长水平，特别是出口导向制造业，发展特别迅速，制造业在国内生产总值中所占的比重也从1960年的9%上升到1992年的29%。同年制造业安排就业人员163.95万人，占全国就业人数的23%，制造业出口占出口总额的69.8%。1993年，马来西亚大型制造业企业已有2 166家，中小型企业则达20多万家。

1990年代以来，面对劳动密集型产品出口竞争加剧和国内劳动力紧缺，马来西亚于1996年推出第二个工业发展蓝图——《远景计划纲要》（1996—2000），提出要促进工业迅速向资金和技术密集型转化，提高工业产品附加值，使制造业在国内生产总值中的比重到2000年上升到37%。1997年发生的金融危机对制造业打击较大，1998年制造业生产增长率从2.66%萎缩到-13.7%。1999年2月制造业开始复苏增长，全年增长在13%以上。2001年制造业的产值（按1987年不变价格）约为700.07亿马元，比上年增长0.2%，约占国内生产总值的32.8%，就业人数267.02万，占全国就业人数的27.2%。2005年制造业产值为1 553.34亿马元，比上年增长4.8%，约占国内生产总值的31.4%，就业人数299万，占全国就业人数的28.4%。

一、电子电器业制造业

马来西亚的电子电器业是20世纪70年代迅速发展起来的，属于劳动密集型的出口导向工业。在政府的大力扶植下，经过近30年的发展，已成为该国最重要的工业之一，在马来西亚经济发展中起着举足轻重的作用。目前电子电器业已成为国内最重要的产业部门和经济发展的动力。到1993年上半年，全国电子电器公司已达142家，雇用了15万多名员工。电子电器企业绝大部分设立在自由贸易区，特别是槟城和雪兰莪的巴生，集中了全国主要的电子电器企业。电子电器业的特点是以装配为主，从国外进口原件、组件和半成品，装配为成品后再出口国外。几乎所有的电子电器企业都是外来跨国公司在马来西亚设立的子公司。在外资中又以美国和日本的资本最多。在美国排名前10的电子公司中，有8家在马来西亚设立了1家或多家企业。电子电器业是制造业中发展最快的一个部门，1995—1999年，电子产品产量年均增长率达18.4%，其年增长率最高时达30%—40%，电子产品出口和电子产品制造业员工人数年均增长率分别为22.2%和6.8%。1999年电子产品产值达1 298亿马元（约341.6亿美元），占全球电子产品总产值的

2.5%。它在制造业中的比重不断上升，已成为制造业的重要支柱之一。目前，马来西亚电子产品制造业拥有900多家公司，38多万名员工。

马来西亚电子电气工业下面有三个子部门，分别为消费性电子工业部门、电子零附件生产部门、工业电子部门。消费性电子工业部门主要制造彩色电视接收产品，如CD、VCD、DVD播放器、家庭影院、便携式数字音乐播放器等视听产品以及手提摄像机和数码相机等产品，正向平面显示技术的应用和多功能视听产品的生产方向发展。电子零附件生产部门主要生产半导体装置、无源配件和其他配件、电路板及金属和塑料的电子和电气零部件。目前，马来西亚已成为发展中国家中的第二大半导体装置输出国。工业电子部门生产信息通信技术产品，如计算机和计算机外围设备，无线电通讯设备，光学设备，还有其他工业电子产品，如办公设备（复印机、传真机、打字机、自动数据处理机等）和工业控制设备。这一子部门的企业已经能够生产高端电子产品，如计算机网络设备、新一代数字视听设备和存储设备。[①]马来西亚三大电子电器产品为办公设备及零件，电话通信及音响设备，电动机械，设备，器具及零件。

马来西亚是全球主要的电子产品出口国之一，电子产品出口从1995年的850亿马元增至1999年的1 784亿马元。电子产品出口占出口总值的60%左右，主要出口到美国、新加坡、日本、中国香港、德国、英国等市场。以出口为导向的电子制造业带动了马来西亚经济在短时间内急速复苏。

电子电器制造业存在的主要问题是进口原料较多，偏重于电子组件，缺乏辅助工业和熟练工人。1998年，在电器和电子业的带领下，占国内生产总值1/3的制造业成为经济增长的主要动力。面对区内其他国家电子产品出口竞争的挑战和国际市场电子产品需求减少的双重压力，马来西亚政府对电子工业大力进行结构调整：减少半导体等电子零部件的生产，增加高附加值和高技术含量的整机出口。同时，在人力资源开发、技术投入上给予相应的支持。在第7个五年计划（1996—2000）期间，马来西亚提出建立"多媒体超级走廊"，主要是鼓励电子计算机和信息产业的发展。另外政府颁布了一系列优惠政策鼓励外资和内资企业投资信息产业，吸引了232家公司入驻该"走廊"，其中许多为大型跨国公司。虽然电子产品制造业仍以半导体和其他电子配件为主，但产品结构已发生变化。1999年投资类

---

① 龚晓辉等编著：《马来西亚概论》，广州：世界图书出版公司，2012年出版。

电子产品占总电子产品总产值的45.4%、电子元器件占42.4%、消费电子产品占12.2%。1999年，电子产品出口额占马来西亚总出口额的80%，有力地促进了经济的恢复。2000年电器出口比上年增长了18.5%。2001年受世界电子产品需求减少的影响，电子产品占总出口额的比重下降58.4%。

马来西亚电子产品制造业的快速增长，除了受全球电子商务入互联网络热潮的带动外，该国偏低的汇率也使其电子产品占有很强的竞争优势。但是，马来西亚电子产品制造业的发展在很大程度上仍依赖于美国、日本、韩国、中国台湾和欧洲的跨国企业的投资。

2001年，全球经济发展趋缓，半导体产业供大于求的矛盾日益尖锐，马来西亚的半导体产业也受到了很大影响。2005年上半年马来西亚的电子及电器产品出口，占马来西亚上半年出口总额的49.1%，仍占据出口产品构成中第一位。出口比重较2004年同期下降1.6%，其出口额为327.63亿美元，同比增长8.83%。该类产品中以电子集成电路产品出口为主，占电子及电器产品出口额的28.2%，出口额为92.37亿美元，同比增长5.8%。[①]

位于马来西亚西北角的槟城，被称作"马来西亚硅岛"，几乎浓缩了马来西亚电子电器制造工业的发展历程。20世纪70年代初，槟州正面对非常严重的失业浪潮，失业率超过10%。与此同时以电视机为主的电器制造业也正在全球寻找合适的加工基地。槟州于是成了世界上第一个具有加工免税性质的开发区。自1972年安捷伦科技、日立半导体、英特尔、AMD、OSRAMOPTO等8家企业在此建厂以来，30年间电子及电器工业已发展成为槟城支柱产业，工厂数目从31家增加到694家。2002年马来西亚全国电子电器出口量达到4 579亿人民币，占马来西亚总出口量的56.3%，其中超过60%的出口量来自槟城州。[②]如今的槟州开发区内鳞次栉比地排列着世界著名跨国公司，如西门子、戴尔的厂房，马来西亚本土的IT企业也纷至沓来。

二、汽车工业

马来西亚汽车工业从无到有经历了三个阶段。一是20世纪60年代前的汽车整车进口阶段。二是20世纪60—80年代的散件组装阶段。这一时期一些企

---

①　张应文、高国梁：《马来西亚上半年经济形势综述及下半年预测》，载《国际商报》，2005年9月13日报道。

②　《21世纪经济报道》，2003年8月25日报道。

业的汽车配件开始从马来西亚国内采购，但汽车装配行业很大程度上还依赖进口。三是20世纪80年代后的民族汽车工业起步发展阶段。马来西亚民族汽车工业起步的标志是1983年设立自主品牌普腾（PROTON）汽车公司，这个项目为本国汽车零配件行业的发展创建立了机会。而PROTON项目的目标就是以有竞争力的价格生产出高品质的汽车，并在最大程度上提升国产化程度。国产车的诞生和发展是马来西亚车辆装配业的重要里程碑。基于PROTON项目的成功，马来西亚又在1993年启动了又一项国家汽车生产项目，即马来西亚第二国产车（PERODUA），1992年马来西亚政府宣布第二个国产车计划，准备生产小型汽车，计划在1994年投产，年产2万辆。1999年6月马来西亚决定与日本丰田汽车公司合作，以进一步发展马来西亚汽车制造业。随后的几年，马来西亚又开始了设立了国家级的卡车及客车项目以生产重型车辆。经过20多年的发展，马来西亚汽车工业日趋成熟。马来西亚国产车从造型设计、规模化生产以及零配件的生产配套均已实现国产化。国产车的产能和销量在马汽车工业中占绝对比重。如今，马来西亚来西亚生产的汽车约80%的配件是当地生产的，而一些在马来西亚组装的外国车也达到了国产化率65%的程度。而国产品牌的控制了绝大部市场份额，最高时候这个数字高达90%。2005年，马来西亚国产和组装车的总产量为55.1万辆，比2004年增加19.4%。2006年马来西亚汽车生产总量为50.3万辆。

2005年，东盟自贸易区生效，马来西亚被迫逐步对外开放汽车市场，国外知名汽车厂纷纷抢滩马来西亚，国产车的市场占有率开始下滑。为继续保护国产车市场，加快发展本国的汽车组装业使马来西亚成为东南亚的汽车组装生产中心，马来西亚政府于2006年3月22日公布了新的国家汽车政策，主要内容包括：（1）简化国产税税务结构，增加车辆定价透明度。（2）核定进口车辆征税基数，防止低报漏税。（3）降低进口关税，加速与东盟各国汽车工业的融合。（4）设立工业调整基金，扶持汽车工业发展。（5）控制发放新汽车生产准证，保证消化国内过剩产能。（6）控制发放汽车进口准证，确定废除准证期限。（7）严控准入车辆技术标准，确保车辆安全环保。新汽车政策出台，有利于控制整车进口、加快本地组装产能整合及促进进口汽车组装业发展。政策公布后，马来西亚国产车和进口组装车价格平均下调了7%，整装进口车价格微幅上涨。

马来西亚汽车市场包括三部分：国产车市场、组装国外品牌车市场和整装进口车市场。其中国产车占70%以上，组装国外品牌车占20%左右，整装进口车10%左右。[①]马来西亚汽车销售量逐年增加。1980年，马来西亚汽车销量9.73万辆，1994年突破20万辆，1997年金融危机发生后，马来西亚汽车销售量下降。1999年上半年，随着经济复苏开始，汽车工业表现出人意料，汽车销售量较上年同期增长了112%，达12.97万辆。1999年马来西亚的汽车销量在东盟国家中排名第一。2000年汽车需求旺盛，共销售34万辆，比上年增长了19%。2001年为39.6万辆，2005年达56.34万辆。马来西亚2013年汽车总销量达65万5 793辆，比2012年销量增加28 040辆，创历史新高。预测2014年马汽车销量将达67万辆，到2018年汽车销量有望达到73万辆。[②]

关税的不断降低，使马来西亚的汽车生产面临激烈的国外竞争，为此政府积极促进汽车工业的整合来增强竞争力。马来西亚主要汽车生产企业包括普腾汽车、第二国产车，日本丰田、本田、日产，韩国起亚、现代，德国奔驰、宝马等。普腾汽车和第二国产车的产量占总产量的70%左右，国外品牌组装车占30%左右。

1999年马来西亚国产车市场占比82.6%（其中普腾汽车54%，第二国产车28.6%），2002年国产车占比78.74%，（其中普腾汽车49.43%，第二国产车29.31%），2006年国产车占比72%（其中，普腾汽车32%，第二国产车40%）。2006年马来西亚共销售汽车490 768辆，比2005年减少了61 548辆。销售总量中原装进口整车5万辆，主要来自欧洲国家，主要品牌包括奔驰、宝马和保时捷。1993—2006年马来西亚汽车产销情况见表4-7。

表4-7 1993—2006年马来西亚汽车产销情况

年份	产量（辆）	同比增减（%）	销量（辆）	同比增减（%）
1993	155 793		167 928	
1994	191 185	22.72	200 435	19.36

[①] 《马来西亚的汽车工业》，商务部商品网，2008年2月20日，http://www.mofcom.gov.cn/aarticle/i/dxfw/cj/200802/20080205386299.html。

[②] 《左江日报》，2014年1月28日。

年份	产量（辆）	同比增减（%）	销量（辆）	同比增减（%）
1995	288 338	50.82	285 792	42.59
1996	365 121	26.63	364 788	27.64
1997	438 693	20.15	404 837	10.98
1998	161 456	-63.20	163 851	-59.53
1999	303 979	88.27	288 547	76.10
2000	360 105	18.46	343 173	18.93
2001	428 701	19.05	396 381	15.50
2002	456 822	6.56	434 954	9.73
2003	426 646	-6.60	405 745	-6.72
2004	471 975	10.62	487 605	20.18
2005	563 510	19.39	552 316	13.27
2006	503 048	-10.73	490 768	-11.14

资料来源：马来西亚汽车业公会。

三、橡胶工业

马来西亚所处的地理位置为其橡胶种植业的发展提供了得天独厚的环境，造就了马来西亚天然橡胶种植业。橡胶业主要包括天然橡胶种植和橡胶制品生产两部分，是马来西亚重要种植产业之一，是国民经济的重要组成部分，从业人员37万人。20世纪90年代之前，马来西亚曾是世界上最大的天然橡胶生产国。马来西亚如今是仅次于泰国、印度尼西亚的全球第三大天然橡胶生产国和出口国，第一大橡胶手套、橡胶导管及乳胶线出口国，第五大橡胶消费国。1990年，马来西亚橡胶种植总面积为183.7万公顷，其中小胶园为148.8万公顷（占总面积的81%），大胶园为34.9万公顷。2000年，橡胶种植总面积为143万公顷，其中小胶园为130万公顷（占总面积的91%），大胶园为13万公顷。2010年，橡胶种植总面积为102.8万公顷，其中小胶园为96.6万公顷（占总面积的94%），大胶园为6.2万公顷。马来西亚橡胶产量的93%来自小型私营种植园主，7%来自大型种植园。

大型种植园主要集中在吉达州、玻璃市、森美兰州、霹雳州和槟城，种植面积超过1 500公顷的大型种植园有6家。20世纪70年代以来，由于马来西亚经济对橡胶的出口依赖过大，而国际市场由于人造橡胶迅速增加使对天然橡胶的需求减弱，政府转而扶持其他产品生产，马来西亚的橡胶生产逐年下降。到20世纪80年代，在农产品出口中，木材和棕油的出口额先后超过橡胶。20世纪90年代初期，马来西亚天然橡胶的产量和出口量占世界总量的25%和30%，此后橡胶的生产和出口持续下降。20世纪90年代末期因国际橡胶价格持续低迷，马来西亚橡胶产能萎缩，产量和出口量剧减至仅占世界总量的9%和4%。2002年以来，随着国际市场对橡胶需求的增加，价格回升，马来西亚橡胶业开始复苏，2004—2005年达到最好水平。2005年，马来西亚橡胶种植面积125万公顷，橡胶产量112.6万吨，天然橡胶种植从业人员30.2万人。天然橡胶出口112.77万吨，较2004年增加2.1万吨，出口总值57.9亿马元，增长11.3%，占马来西亚当年出口总值的1.08%。天然橡胶主要出口国家为中国、德国、美国和韩国。2005年出口到上述四国的天然橡胶分别占马橡胶出口总量的34.22%、11.69%、6.59%和5.98%。[①]

马来西亚橡胶制造业在第二次世界大战前就有所发展，但规模很小。20世纪60年代发展步伐加快，但到1979年，马来西亚本土橡胶制造业消费的橡胶仅占橡胶产量的3%，其出口量也仅占橡胶出口额的1.7%。可以说，20世纪80年代之前，马来西亚橡胶制造业发展缓慢。20世纪80年代以来，政府采取优惠措施促进橡胶产业发展，在强调橡胶种植业在走高品质和技术密集型道路的同时大力发展橡胶配套产业，增加橡胶产品的附加值。经过多年的努力，马来西亚不仅使橡胶种植业成功实现了技术和机械密集型的现代化种植，还逐渐淘汰了烟胶片生产，取而代之的是世界最高质量的液态浓缩乳胶和固态马来西亚标准胶。与此同时，橡胶制造业也迅速发展，并逐渐发展形成综合一体化现代橡胶产业。橡胶主要产品的产量大幅度增加，特别是1988年以来，橡胶工业成为国内投资的热点。1985年，橡胶制品出口价值仅为3.1亿马元，到1990年就达到16.7亿马元，出口增加值超过4倍。1993年上半年，橡胶制品销售额达11.89亿马元，在制造品销售额中排名第9位。橡胶制品出口也不断增加，1990年为13.78亿马元，占制造业出口额的2.9%。1996年，马来西亚橡胶制品出口总值首次超过天然橡胶出口总

---

① 马燕冰、张学刚、骆永昆编著：《马来西亚》，北京：社会科学文献出版社，2011年版，第260—261页。

值，此后橡胶制造业开始取代了橡胶种植业，成为橡胶产业链中出口创汇的主导部门。十几年来，橡胶制造业更是取得了长足的发展。2010年，橡胶制品出口总额为129.6亿马元，超过同期天然橡胶出口价值38.3亿马元。

马来西亚橡胶工业包括乳胶、轮胎、通用橡胶和胶鞋制造等四个行业。马来西亚标准胶生产以胶园凝块加工为主，加工厂规模一般为年产2万—4万吨，品种主要为标准胶SMR10和SMR20，恒黏级别为SMRCV60和SMRCV50，低黏级别为SMRLV10和SMRLV20。[①]马来西亚的标准胶采用标准化生产，质量在全球最好，因而其价格在标准胶中最贵。马来西亚天然橡胶制造业与世界天然橡胶制造业的产业结构有所不同。全世界的轮胎制造业消耗了世界天然橡胶消费总量的55%，而马来西亚轮胎制造业仅消耗了国内天然橡胶消费总量的9.9%。全世界乳胶制品业仅消耗了世界天然橡胶消费总量的20%，而马来西亚乳胶制品业则消耗了国内天然橡胶消费总量的79.3%。鞋类和其他通用橡胶制品部门分别消耗世界天然橡胶消费总量的5%和20%，而马来西亚鞋类和其他通用橡胶制品部门仅分别消耗国内天然橡胶消费总量的0.2%和10.7%。由此可见，世界天然橡胶制造业以轮胎制造业为主导部门，而马来西亚天然橡胶制造业主要集中在乳胶制品的生产这一部门。

2005年，马来西亚橡胶工业企业共有500家，就业人员6.8万人。当年消耗天然橡胶48.3万吨，橡胶制品销售总额93.65亿马元，同比增长11.4%，其中出口69.9亿马元，同比增长13%，占马当年出口总值的1.31%。2010年，马来西亚乳胶制品生产企业中，生产手套的有57家、导管7家、乳胶线程3家、其他60家，合计有127家；以固体胶为主要原料的天然橡胶制造业一共有354家，其中通用橡胶制品153家，IRG为34家、鞋类17家、轮胎12家和内胎11家。[②]

目前马来西亚主要出口品种为标准胶和乳胶，标准胶占88%，乳胶占12%。主要出口国家为中国、德国、美国和韩国。其中美国是马来西亚第一大橡胶制品进口国，中国是马来西亚成长最快的橡胶制品出口市场。与20世纪90年代初的峰值相比，2010年马来西亚天然橡胶产量和出口量仅占世界总量的8.8%和12.7%。目前，马来西亚仍是世界第三大橡胶出口国，世界第五大橡胶进口国。

---

① 《马来西亚橡胶加工制品工业快速发展》，中国酚醛树脂网，2010年03月23日，http://www.shengyidi.com/news/d-224361/。
② 姚元园：《马来西亚天然橡胶业的发展现状与趋势》，载《东南亚南亚研究》，2012年第3期，第38页。

在天然橡胶贸易领域，马来西亚天然橡胶进口量呈逐年上升趋势，而天然橡胶出口量却呈现逐年下降趋势，并且在2009年首次出现进口量超过出口量。2010年，马来西亚进口固体胶34.6万吨、乳胶36.2万吨，合计70.8万吨；出口固体胶85.3万吨、乳胶4.8万吨，合计90.1万吨。由此可见，马来西亚仍为橡胶净出口国，但是净出口量是19.3万吨，仅为产量的20%。此外，从马来西亚天然橡胶贸易结构中可以看出，它是以出口固体胶进口乳胶为主，干胶主要用于替换国内固体胶，乳胶进口主要是弥补国内乳胶产量的不足，以满足国内乳胶制品制造业的需求。马来西亚除了生胶贸易外，还有橡胶制品的贸易。2010年，马来西亚天然橡胶出口总值91.3亿马元，橡胶制品出口总值129.6亿马元，橡胶木制品出口总值为76.3亿马元，其他橡胶制品出口总值为42.7亿马元。其中，橡胶制品出口总值已经超过天然橡胶出口总额，成为橡胶产业中贸易收益最大的贸易产品。2013年橡胶出口额达到337.3亿马币（约合105亿美元）。橡胶行业从业人员87万人，其中44万人在小型橡胶种植园工作。[①]目前，天然橡胶、橡胶制品和橡胶木制品在马来西亚天然橡胶产业贸易中已经形成鼎足之势。[②]

从近20年的发展趋势来看，马来西亚占主导地位的上游天然橡胶种植业逐渐让位于附加值更大的下游橡胶加工及制造业和橡胶木制品业。1996年，橡胶制造业出口总额第一次超过生胶出口价值，此后，橡胶制品出口价值始终高于生胶出口价值。与此同时，橡胶木制品行业也开始迅速发展起来，而且规模和产值也不断攀升。1998年橡胶制品出口总值为37.1亿马元，超过同期生胶出口的28.3亿马元。此后，下游橡胶制造业和橡胶木制品行业开始作为马来西亚橡胶业的主角，出口总值长期双双超过生胶出口总值，占据了橡胶业的主导地位。为了进一步提高技术研发和产品价值，马来西亚除了设立世界上权威的天然橡胶研究机构外，还投入大量资金支持天然橡胶制品生产技术的研发和新产品开发。近两年来，马来西亚政府批准了25个研究项目，共投入资金3.44亿马元，其中1.42亿马元用于16个新项目，2.02亿马元用于9个扩展和多样化项目。这些投资主要分布在乳胶制品（2.12亿马元）、一般橡胶制品（1.08亿马元）和轮胎及轮胎制品（0.14亿马元）。

近年来，许多马来西亚企业还开始进军橡胶树其他副产品生产行业，为马来

①　《东方日报》2014年10月26日报道。

②　姚元园：《马来西亚天然橡胶业的发展现状与趋势》，载《东南亚南亚研究》，2012年第3期，第38、39页。

西亚橡胶产业开辟新的市场和价值增长点。可以预计,尽管马来西亚天然橡胶业面对着经济全球化所带来的橡胶产业国际化竞争和国内上游橡胶种植业的重重困难,但是,在政府和市场双重力量的作用下,上游橡胶种植业会被逐渐纳入整个产业链整合进程中共同发展。因此,马来西亚天然橡胶产业将会朝着上下游利益共享的综合一体化的橡胶产业的方向发展。

四、木材加工业

马来西亚的森林资源极为丰富,20世纪70年代初,森林面积2 343万公顷,森林覆盖率分别为:西马61%,沙捞越79%,沙巴82%。马来西亚盛产热带林木,树木种类超过2 500种,但具有经济价值的仅200多种,已利用的约70多种,以龙脑香科为主,约占出口的90%。马来西亚是世界热带硬木的主要生产和出口国,曾提供世界热带硬木消费量的25%。大量的采伐使马来西亚热带硬木急剧减少。因此,1978年政府实施国家林业政策,鼓励种植林木和保护森林资源。1992年政府宣布采取措施维持森林覆盖率现状,并为之拨款1 000万马元。1994年森林覆盖率约58%,其中1 900万公顷是天然林,10万公顷是人工复种林。目前森林总面积有2 011万公顷,保留永久性森林园地1 445万公顷。木材采伐业是国民经济的重要部门,1992年的原木产量为4 351万立方米,为历史最高水平,排在美国之后居世界第2位。1994年原木产量约3 525万立方米,出口800万立方米,出口额为25亿马元。原木产量下降的主要原因是政府为保护森林资源而采取许可制度,限制产量并严格控制盗伐。但木材仍是马来西亚主要的初级出口产品。2004年原木产量2 204万立方米,木材出口值4.7亿美元。

马来西亚木材加工业在独立前发展水平很低,独立后发展仍相当缓慢。直到1979年,木材制品在木材出口中仅占10%左右。80年代以来,政府采取措施促进木材加工业的发展,其发展较为迅速,主要木制品产量不断增加,木材加工品出口逐渐增加,1992年马来西亚木制品出口达1.66亿马元。但木材加工业在制造业中的比重日渐下降,1988年仅占6.12%,此后的发展水平也低于制造业发展水平。近20年来,马来西亚的木材加工业有所进展,从锯木及三夹板的加工业务提升至更高附加值的水平,马来西亚已将这些附加值更高的原产品供应至全球的市场。随着马来西亚注重下游附加值工业,尤其是家具制造业的发展下,马来西亚的木材业已成为了该国主要的经济发展行业之一,同时马来西亚也已成为世界上一个主要的木基镶板以及家具产品供应国。[①]2006年，马来西亚出口了价值70亿马元的家具，其中80%以橡胶木为原料。近些年，国际市场对木制品需求旺盛，马来西亚木材贸易前景看好，预计2020年木材出口将达530亿马币。2013年，马来西亚木材工业出口收入195.3亿马币，日本是马来西亚木材工业最重要的出口市场。主要包括家具出口73.6亿马币、胶合板53.2亿马币、锯材24.1亿马币、原木18.6亿马币和纤维板10.2亿马币。从业人员21.7万人，其中48%是外国劳工。[②]

目前，马来西亚木材加工业所面临的主要问题是：企业规模小，技术水平低，产品质量难以提高，低价格和木材资源很丰富的时代已经过去，原材料短缺等。马来西亚木材加工业界希望通过扩大市场渠道、拓展自家品牌与设计生产线、加强研发和技术开发来推动木材基础工业的增长。

五、纺织时装业

纺织成衣业属于传统制造业，但独立以前规模小，水平低。直到20世纪60年代，马来西亚的纺织成衣业有了长足的发展。到1988年，全国拥有300多家纺织和成衣公司，除了日本、中国台湾资本投资的公司外，仍以中小企业为主。马来西亚纺织和成衣业发展迅速。到了90年代，纺织及成衣厂已有486家，其中数家是在吉隆坡股票交易所上市的公司。截至1994年，纺织及成衣业所雇用的工人达6.62万人。统计数字显示，马来西亚纺织业在1989年的生产总值为15.2亿马元，1994年为20.9亿马元；成衣业在1989年生产总值为12.6亿马元，1993年达到19.88亿马元。这一统计说明，马来西亚的纺织业及成衣业的生产总值每年平均增长10%以上。1998年纺织成衣业占制造业比重的7%。马来西亚纺织成衣产品除内销外还大量出口，目前这一行业已跃升为仅次于电子业的出口工业，每年为国家赚取不少外汇，创造许多就业机会。

1992年纺织成衣产品和电子电器产品出口共占制造业出口的2/3，产品主要出口到美国、澳大利亚、欧洲国家、加拿大及中东，其中总额的40%出口到美国。2005年，马来西亚的纺织品出口增长了6.2%，达到103亿马元，大约占制造商品总出口的2.5%。纺织品和服装的销售上升了2.9%，达到53亿马元，人均销售率增长了8.8%。2005年，马来西亚批准的在纺织和服装工业的投资达到3.739

---

① 九正建材网，2007年11月23日，http://news.jc001.cn/detail/333108.html。
② 《南洋商报》和《新海峡时报》2014年10月10日报道。

亿马元，而国内的投资总计达到2.277亿马元，大约占马来西亚批准的总投资的60.9%。[①]2013年马来西亚时装业出口额创历史新高，达193亿马币，比2012年的175亿马币增长10.4%，占马来西亚出口总额的10%，预计未来将继续保持增长态势。美国、日本、中国、土耳其和印度尼西亚是马纺织服装行业前5位的出口目的地。马来西亚的时装业包括制造纺织品、服装等。[②]出口增长的主要原因：一是马来西亚纺织服装业善用自身优势提高产业竞争力，除了符合国际流行前沿的设计外，马来西亚的传统蜡染工艺也被业界认为是纺织业发展的动力所在。这项独特的纺织艺术闻名于东南亚，其工艺是在绢布或棉布上以热熔的蜡绘制图案后，染色加工，其成品风格极具特色。二是人们对伊斯兰服饰需求的增长和人们消费意识的提升。今后一段时间，马来西亚纺织及成衣业将聚焦于三大关键领域：高附加值时尚成衣产业；印染和后整理技术的提升；产业用纺织品的研究。通过这三大领域的发展以期在与亚洲其他国家低成本的竞争中保持产业优势。全球众多服装品牌已经在马来西亚投资建厂，其中包括耐克、阿迪达斯、布鲁克斯兄弟、卡拉威高尔夫、Calvin Klein和维多利亚的秘密等。

六、制鞋业

马来西亚2013年出口鞋类产品4.7亿马币，同比增长6.8%。马来西亚鞋类主要进口市场为中国、越南、印度尼西亚、中国香港及印度，2014年前5个月鞋类出口2.1亿马币，同比增长7.6%，出口市场为新加坡、印度尼西亚、泰国、英国及阿联酋，以出口塑料、橡胶及皮革鞋为主，占出口总额的59%。现在，马来西亚本地鞋类制造商约970家，每年约生产7 000万双总价值7.5亿马币的鞋。[③]制鞋业受到中国、越南和柬埔寨等国的有力竞争的冲击。

马来西亚的制鞋业是以其丰富的天然橡胶资源为基础发展起来的。帆布橡胶鞋类一直是主要产品，皮鞋的产量只占较小的比例。马来西亚的制鞋业在过去的20年间，经历了几次较大的起伏。在人口不足2 000万的国家里，最高年产量曾达5 000万双，出口3 000万双；最低时年产不到2 500万双。出口英国的数量由年600万双降至不足10万双。

---

① 《马来西亚的纺织工业将全方位的增长》，中国建材网，2006年4月21日，http://www.bmlink.com/news/448556.html。

② 《新海峡时报》2014年9月1日报道。

③ 中国—东盟中心网站，2014年7月21日，http://www.asean-china-center.org/2014-07/21/c_133499725.htm。

第五节　农产品加工业

马来西亚主要农产品有棕榈油、橡胶、可可、大米等。国产农产加工业除用于满足国内市场需求，在外贸市场亦有不俗表现。农业生产单位主要是中小型农场，少数为大型商业化农场。

一、棕榈油加工业

棕榈油是世界油脂市场的一个重要组成部分，它在世界油脂总产量中的比例超过30%。马来西亚是世界最大的棕榈油生产国，其棕榈油产量将近世界总产量的45%。油棕果原产于非洲西海岸，20世纪70年代东南亚各国开始大量种植，到80年代东南亚的油棕面积和产量都已超过非洲，其中马来西亚的产量已占世界产量的50%以上，马来西亚棕榈树的种植面积约占全国耕地的1/3，达250万公顷。棕榈油在世界上被广泛用于烹饪和食品制造业。它被当作生产食油、松脆脂油和人造奶油的原料来使用。1985年马来西亚的棕榈油产量基本上在500万吨左右徘徊，在2005年，棕榈油产量达到了创纪录的1 520万吨，产量在20年的时间里增长为原来的3倍，主要原因是收割面积大幅提高，2006年，棕榈油产量也维持在1 500万吨左右。

马来西亚曾经是世界上最大的棕榈油生产和出口国，如今与印度尼西亚交替为棕榈油最大生产国。马来西亚的棕榈油总产的90%被用来出口，马来西亚出口的棕榈油只有很少量属于未经提炼的毛棕榈油。1985年以前，马来西亚几乎控制着整个棕榈油的出口市场。1986年，马来西亚毛棕榈油的生产量为454万吨，占同年世界棕榈油产量的60%，出口的棕榈油占世界棕榈油出口量的68%。1996年，马来西亚棕榈油的产量为886万吨，占世界总产量的53%，出口量为732.5万吨，占世界总出口量的64%。随着近几年印度尼西亚棕榈油出口份额的不断增加，马来西亚棕榈油的出口量下降到了占全球一半份额左右。2005年全球棕榈油总出口量达到了2 630万吨，其中马来西亚棕榈油出口达到1 345万吨，占49%；印度尼西亚棕榈油出口为1 030万吨，占39%。[①]

马来西亚全国共有411家棕榈油加工厂，年加工能力为9 460万吨棕榈果。根

---

① 《棕榈油》，360百科网，http://baike.so.com/doc/5392356.html。

据美国农业部的统计，2013/2014年度，马来西亚棕榈树种植面积为523万公顷，高于上年度的508万公顷；棕榈油产量为1990万吨，高于上年度的1932万吨；出口量为1740万吨，低于上年度的1852万吨；国内消费273万吨，高于上年度的245万吨；年终库存为185万吨，高于上年度的245万吨。出口主要运往中国（占20%）、欧盟和印度。[①]

二、粮食加工业

马来西亚国产农产品主要用于满足国内市场需求。农业生产单位主要是中小型农场，少数为大型商业化农场。除了植物油、大米和少量玉米以外，马来西亚所消费的粮食和饲料绝大多数都依靠进口。根据国际粮食委员会的统计，2013/2014年度，马来西亚粮食进口总量为450万吨，高于上年度的410万吨，其中小麦进口约140万吨，高于上年度的130万吨；玉米进口约310万吨，高于上年度的280万吨；大米进口约110万吨，高于上年度的100万吨；大豆进口为63万吨。

水稻是马来西亚的主要粮食作物。全国有8个水稻主产区，马来半岛产量约占87%，沙巴和沙捞越各占5%和8%。尽管马来西亚人均大米消费量在1990—2005年间下降近15%，大米仍然是当地最主要的食粮，约占人均热量摄取总量的1/3。马来西亚大米仍未实现自给，全国年均消费大米280万吨，其中近100万吨来自进口。1994年大米产量约为130万吨，同样比上年增长1.5%。同年马来西亚国内对大米的需求约161万吨，本国大米产量可满足80%左右的国内需求。1994年共进口大米22万吨，其中从泰国进口8.8万吨，从越南进口9.6万吨。

政府一直将发展大米生产作为确保国家粮食安全的重要保障之一。全国大米自给率目前为70%。政府曾经制定发展规划，计划2010年大米自给率要达到90%。后来政府已经放弃实现大米完全自给的目标，但是减少对进口大米的依赖仍然具有战略意义。目前，政府通过多种形式支持大米生产，包括确定最低收购价格，为稻种、肥料和其他农业投入提供补贴。2014年初，政府确定的稻米支持价格为1200马元/吨。全国共有约14万个水稻种植农户，400多个商业性大米加工厂。1996年，为了减少国家直接控制同时以稳定价格保障大米供应，原国家水稻与大米委员会通过私有化改制变身为Bernas公司，成为马来西亚国内最大的大

---

① 《马来西亚：粮食难以自给的棕榈油大国》，中国粮油网，2014年9月23日，http://www.grainnet.cn/news/detail-20140923-35436.html。

米收购和加工企业。该公司拥有和经营32个大米加工厂，年均加工能力为40万吨，控制着全国稻米市场的24%和大米市场的45%。此外，Bernas公司还负责按照政府规定的最低收购价收购国产水稻，销售、配送和储存大米，并且独家负责审批大米进口。

据美国农业部的估计，2013/2014年度，马来西亚大米收获面积约为69万公顷，产量为176万吨，进口为110万吨，国内消费为277万吨，年终库存为67万吨。2014/2015年度，大米收获面积预计为69万公顷，产量预计为180万吨，进口预计为110万吨，国内消费预计为280万吨，年终库存为77万吨。据联合国粮农组织（FAO）发布的报告显示，虽然2014年稻米有望增产，但是2014/15年度（7月到次年6月）马来西亚大米进口量为110万吨，同比增长10万吨。FAO预计2014年马来西亚稻米产量将达到创纪录的270万吨，同比增长3%，这主要因为天气条件良好提振单产潜力，以及政府继续支持稻米生产。美国农业部预计2014年马来西亚稻米产量为270万吨，成品米进口将达到110万吨。①

马来西亚不生产小麦，国内小麦消费主要依靠进口，且进口量逐年增长。人均每年小麦消费量目前约为58千克，年均小麦面粉消费量约为96万吨，年均小麦进口量约为150万吨。马来西亚现有14个小麦面粉加工厂。绝大多数的面粉加工公司都隶属于业务范围还涉及其他农业领域（例如饲料加工、棕榈油、运输、包装等）的大型公司。为保障低收入人群消费需求，政府根据1974年制定的"供应管理法"对国内小麦价格实施控制。自2007年5月以来，面粉零售价多年不变，一直保持为1.35马元（即0.45美元）/千克。但工业用途面粉价格不受此限制。

澳大利亚一直是马来西亚的最大小麦供应国，拥有60%的市场份额。但是，近年来马来西亚从巴基斯坦、俄罗斯和乌克兰进口的小麦数量逐步增长。据美国农业部的估计，2013/2014年度，马来西亚小麦进口为147万吨，国内消费为144万吨，年终库存为34万吨。2014/2015年度，小麦进口预计为150万吨，国内消费预计为140万吨，年终库存为30万吨。

马来西亚国内生产少量玉米，其需求主要依赖进口。随着经济不断发展，猪肉和鸡肉消费迅速增长，促使国内玉米消费迅猛扩大。马来西亚年均混合饲料需求约为300多万吨。国内商业饲料加工业拥有约80个加工厂。国产商业饲料的

---

① 《马来西亚2014/2015年度大米进口将增长10%》，中国粮油网，2014年7月9日，http://www.grainnet.cn/info/detail-20140709-30035.html。

2/3以上用于家禽养殖，其余则用于养猪业。据美国农业部的估计，2013/2014年度，马来西亚玉米收获面积约为1万公顷，产量为6万吨，进口为315万吨，国内消费为329万吨，其中310万吨用作饲料，年终库存为23万吨。2014/2015年度，玉米收获面积预计为1万公顷，产量预计为6万吨，进口预计为320万吨，国内消费预计为314万吨，其中295万吨用作饲料，年终库存为3万吨。

马来西亚所需大豆全部依靠进口。大豆进口主要来自阿根廷、澳大利亚、美国等。2013/2014年度大豆进口量为63万吨，2014/2015年度预计为68万吨。多年以来，大豆进口免收关税。国内用于生产食品（主要是豆腐、豆奶、酱油等）的大豆消费量年均增长4%，2013/2014年度达到15万吨。迄今为止，马来西亚正式批准进口的唯一转基因作物品种是大豆。[1]

三、食品加工业

在马来西亚，食品加工业是以农业为基础的加工产业的重要组成部分。食品加工业主要产品种类包括饼干、大米、面粉、饲料、奶粉、罐头等（包括烟草和饮料），是马来西亚的传统制造业，早在第二次世界大战前就有一定规模。在2009年，该产业贸易额达到457.8亿，出口额261.6亿并出口到超过80多个国家和地区，占该国家国内制造业总产值的10%。对于加工食品和饮料日益增长的需求激发了对创新食品加工、包装设备和技术的需求，该行业已成为了马来西亚经济发展的主要驱动力。[2]在20世纪60—70年代发展进口替代工业时期，食品工业发展较快，此后虽逐渐发展放慢，但由于它是人民生活的必需品，仍在制造业中占重要位置。1985—1990年，食品工业年均增长5.8%。1990年出口产值达20多亿马元，占制造业出口总额的4.3%，出口产品包括罐头、奶制品、蔬菜、面粉、饲料等。其存在的主要问题是：生产技术水平低、原料很多依靠进口。虽然马来西亚食品目前不能自给，仍需大量进口大米、烟草、茶叶等，但同时也出口某些农产品。

马来西亚还是国际食品业者热衷投资的市场，著名跨国食品企业如雀巢、金宝汤等均在马来西亚投资设厂。随着全球贸易市场的进一步开放，马来西亚食

---

① 《马来西亚：粮食难以自给的棕榈油大国》，中国粮油网，2014年9月23日，http://www.grainnet.cn/news/detail-20140923-35436.html。

② 《马来西亚食品加工与包装市场》，http://www.olitechina.com/list.asp?id=227。

品工业拥有的发展空间，市场潜力巨大。马来西亚统计局的资料显示，2006年，马来西亚食品出口额为84亿马元，比上年增加了12%，主要出口产品包括咖啡、茶、可可、香料及其制品、鱼、水产甲壳类、软体动物类及其制品、食用品和调剂品等，主要出口市场是新加坡、印度尼西亚和荷兰。2009年，马来西亚食品加工业占了其制造业产量的10%以上，大部分公司都是本土企业。[1]马来西亚清真产品出口量逐年增长，2010—2012年出口额分别为152亿马币、238亿马币和320亿马币，2013年则为328亿马币，占其总出口额的4.6%。出口的清真产品以清真食品为主，共132亿马币，其次为清真食品原料106亿马币，以棕油为原料的产品48亿马币。出口目的地主要为中国、新加坡、美国、印度尼西亚和日本，出口额分别为43亿马币、31亿马币、27亿马币、22亿马币和18亿马币。[2]2014年以西安作为马来西亚清真产品的中转站，将对华出口1 000种食品，包括饮料、冷冻食品、药材等产品，推广至中国各地。[3]随着中马双方经贸文化交流的频繁，马来西亚的许多休闲食品，如白咖啡、曲奇饼干、果干等已经被中国人了解和接受。

① 马燕冰等编著：《马来西亚》，北京：社会科学文献出版社，2011年版，第267页。
② 中国—东盟中心网，2014年6月13日，http://www.asean-china-center.org/2014-06/13/c_133403949.htm。
③ 中国—东盟中心网，2014年8月21日，http://www.asean-china-center.org/2014-08/21/c_133572615.htm。

第五章 第三产业的发展和布局

随着工业化和城市化的进程，服务业部门在国民经济的地位将趋于上升，在经济结构中传统服务行业的比重逐步下降，而现代服务业的比重日益提高，被指定为目标的服务业包括信息科技服务、共用服务及商务进程外包、地区总部、研究与开发、培训及环境管理。这些都是价值链上的活动，它们对制造业领域的持续成长及发展具有关键性的作用。服务业占马来西亚国内生产总值的最大份额，在经济结构调整优化中占有重要的地位。

第一节 第三产业发展历程

从总体上看，马来西亚服务业部门在国民经济的地位趋于上升。据统计，1960—2009年，马来西亚服务业部门产值占国内生产总值比重从45%升至57.9%。在服务业内部，金融业发展稳健，旅游、商贸服务业发展良好。2013年，服务业整体增长5.9%，成为促进马来西亚经济增长的重要力量。其主要表现在：现代金融部门由于马来西亚放宽了对金融业的管制，实施国内金融制度改革，大力发展国内金融市场，并采用了先进技术设备，大大提高了金融效率，使得金融部门的产值在服务业部门中的比重不断上升；旅游业持续发展，成为服务业部门发展最快的行业，还成为马来西亚外汇收入的重要支柱。旅游业的飞速发展，不仅改善了马来西亚的国际收支状况，而且为国内提供了大量的就业机会；近年来，马来西亚的国际服务贸易迅速发展。但国内需求仍是推动经济增长的主要动力[1]。

---

[1] 日本贸易振兴机构：《马来西亚2014年国内生产总值（GDP）增长率为4.5%至5.5%》，日本贸易振兴机构网站，2014年3月26日，http://www.jetro.go.jp/world/asia/my/biznews/5330d2bb249f0。

一、第三产业发展历程

1957年独立后，马来西亚政府开始强调经济发展计划，国家经济也发生了翻天覆地的变化，各项建设都有了长足的发展。根据马来西亚实现和平以来经济发展的总体情况，第三产业的发展历程可以分为三个时期，主要是1957—1990年、1991—2000年、2001年至今。

（一）1957—1990年

建国初期，由于殖民和战争的影响，国家亟需重建基础设施和经济，同时政府非常重视农业这一传统领域的发展，所以这个时期马来西亚政府主要是提高农业产品的产量以及完善农村和农业领域的社会经济水平。20世纪60年代后期起马来西亚加强了对第三产业的投资，推动第三产业发展。20世纪70年代第三产业产值年均增长率达7.5%。70年代马来西亚政府突出强调农业领域的协调发展，投入大部分精力建设给水系统和运输系统等基础设施。从此，交通运输业得到迅猛发展。交通运输业的发展带动了旅游业的发展，而20世纪80年代旅游业发展又带动其他产业的发展。经过多年的发展，第三产业已成为重要的经济部门，1990年第三产业在国内生产总值中的比重达到38.9%。

（二）1991—2000年

第三产业内部结构发生重大变化，传统服务业的地位明显下降，金融、保险、旅游、信息产业等现代化服务业所占的比重逐步上升，并在国家经济发展中发挥着越来越大的作用。1991年2月，马来西亚政府制定了《2020年宏愿》纲领。6月，又公布了《第二个远景计划纲要》，确定新发展战略。该发展战略的目标是，到2000年，将马来西亚建设成为以第二产业和第三产业为主的新兴国家，为马来西亚在2020年进入发达国家行列打好基础。

1997年，席卷东南亚及亚洲的金融危机沉重打击了马来西亚的经济。马来西亚经济严重衰退，外资大量外流。1997年全年外资流出额超过200亿马元，对马来西亚经济造成负面影响。1998年马来西亚经济负增长5%。马来西亚政府意识到不能单纯依靠外资，积极发展旅游业。经过几年的努力，马来西亚经济不断恢复。

近年来，马来西亚的电子商务兴起，发展十分迅速。1997年电子商务交易额仅为400万美元，1999年猛增到9 500万美元，显示了电子商务在马来西亚的市场潜力。为了进一步促进电子商务的发展，政府成立了全国电子商务委员会，以制订协调电子商务发展的政策。为了保护消费者的利益，马来西亚政府先后通过了一系列较完善的电子商务相关法令，包括版权修正法案、电子医疗法令、数码签名法令、惩治电脑犯罪法令等。

（三）2001年至今

2001年受世界经济不景气及美国"9·11"事件的影响，马来西亚出口萎缩、生产下降。马来西亚的大宗出口产品电子产品的出口从2000年的16%下降到2001年的10%，棕榈油、锡、林产品等主要出口产品也下降，马来西亚经济恢复速度放慢，直到第四季度一些领域才出现增长的趋势。其中，金融、商业和旅游等服务业取得5.5%的强劲增长；国内需求趋旺，总消费增长6.4%。政府对基础建设投资的大幅度增长带动了建筑业，使之实现了2.5%的增长。2001年通货膨胀率为1.5%，消费品价格稳定在1%—1.6%，市场基本稳定。2001年国内生产总值实现0.4%的增长，摆脱了经济负增长的阴影。

2002年，马来西亚经济继续呈现恢复性增长。2002年5月，马来西亚国家银行宣布，从2002年第一季度开始，马来西亚经济呈现正增长，终于扭转了经济下滑势头，回到增长的轨道。这是马来西亚经济开始全面复苏的信号。

为了恢复经济，马来西亚政府采取了一系列措施。例如，提出一揽子刺激计划，投入资金，以拉动内需；增加公共开支，增加个人收入，鼓励个人消费；实施减税规定，减轻企业和个人负担；采取多种措施增加就业；加强金融改革，对金融机构进行重组；积极开发人力资源，发展新技术与新知识；进一步扩大出口，增加收入等等。

在遏制制造业下滑的同时，积极促进以服务业为主的第三产业发展，成为马来西亚政府稳定经济发展的重要举措，这被视为促进马来西亚经济转型的另一个增长来源。2009年4月，政府成立服务业产能发展基金（SSCDF），首发资金高达1亿马元，帮助本国服务业者提高竞争能力。4月22日，马来西亚政府公布开放服务业27个次领域，并在废除土著股权条例后，政府再公布了开放金融领域的多项措施。在第二套经济振兴方案中也有多项促进旅游设施建设，推动旅游业发展的措施。经过努力，2009年第三产业增加值3 282亿马元，同比实际增长2.1%，占国内生产总值的比重为57.9%，为全年国内生产总值提高做出主要贡献。在服务业中，旅游业发展成为亮点。当2009年全世界的旅游业增长率下跌之际，马来西亚的旅游业不减反增，2009年共计总入境游客数达2 365万次，增长7.2%，超过政府制定的1 900万造访人数的目标，成为东南亚旅游成长率最高的国家。

马来西亚的服务业开始逐步取代制造业，内需逐步取代外需成长为经济增长的新动力。根据马来西亚国家统计局的数据①，自2007年起，三大产业中服务业对于经济增长的贡献率不断上升，由2007年的39.4%上升到2011年的58%；第二产业对于经济增长的贡献率，由2007年的54.8%下降到2009年的24.4%。对于马来西亚这样一个外向型经济国家，出口一直是拉动经济增长的主要力量②，但世界银行国家报告中提供的数据显示，自2005年以来，净出口对于经济增长一直呈现负作用力，2010年拉动经济增长为-3.3%。同时，消费对于经济增长的拉动作用不断增大，个人和政府消费总和对经济增长的贡献率由2007年的42.5%上升到2009年的95.7%，2010年私人消费拉动经济增长3.6%。③为进一步适应经济发展的需求，从2010年底开始，马来西亚开始系统有序的实行经济转型计划，大力发展服务业，投资建设公共基础产业，积极培育国内私人消费和投资的成长，旨在通过一系列的政策干预加强国内需求对经济的主导作用，突破经济发展的瓶颈。

从产业角度看，服务业不仅是马来西亚发展最快的行业，也是经济转型计划扶植的重点。转型计划中列出的12项关键经济领域里，服务业占了7项。其中，批发零售业、金融服务业和旅游及相关行业最具增长活力。

金融及保险业是另一个被列入关键经济领域的行业。2011年其增长率为4.6%，占国内生产总值的11.3%，是服务业中吸引国外直接投资最多的部门之一。④2011年12月，马来西亚中央银行又出台《2011—2020年金融领域大蓝图》。

---

① Department of Statistics, Malaysia.Malaysian Economic Indicators.

② 马来西亚经济对外依存度过高，对美国出口占马来西亚总出口的21.9%，成长动力单一，过于依赖电子电器产品出口，其经济受世界市场的价格、需求等方面的影响较大。2006年马来西亚 GDP 为1 625亿美元，而其出口为1 668亿美元进出口总额2 921美元，一旦国际市场有什么波动，对马来西亚经济将影响很大，如果世界经济回落会对马来西亚经济造成巨大的冲击。此外，马来西亚经济还过分依赖外国资本，外商投资在马来西亚经济发展过程中起着很大作用，但是过分依赖外资对经济增长的推动，本国经济发展就会受资本输出国经济波动的影响，不利于本国经济稳定增长，同时资本流入规模过大，也使得外债负担加重。马来西亚的出口商品许多是电子商品(占总金额的40%左右)，而这一领域的大企业大部分是美国和日本等国的跨国公司在马来西亚的子公司，如日本三菱汽车工业公司与马来西亚合资建立的普罗通汽车公司生产的小轿车占马来西亚国内销售额的70%，对外资的依赖也存在外资流入波动的风险，当外资流入的减缓，经济增长也会减缓，当大量短期资本流入又会加重政府金融政策实行的困难，大量热钱进出方便更加剧了经济的波动，同时，由于外资集中在特定地区发展特定产业，造成产业集中度过高，形成高风险，当世界电子产品市场不景气就会对马来西亚经济造成巨大的冲击。

③ World Bank：Malaysia Country Profile, 2011.

④ Economist Intelligent Unit.Country Report：Malaysia, January 2012.

其负责人表示，希望通过该蓝图，使马来西亚的金融领域能以每年8%—11%的速度增长，以使其规模在2020年达到国内生产总值的4.7—6.2倍。届时，金融领域对马来西亚国内生产总值的贡献也将增加10%—12%。在金融发展蓝图的推动下，马来西亚的金融服务业在未来数年内将获得持续的增长动力。[①]

由于资金与技术的密集投入，通讯服务、运输和仓储及公共设备等部门也保持了快速增长。2011年，通讯行业增长8.7%，其中电讯业表现最为突出；紧随其后是运输和仓储行业，增长率为6.1%。在高度竞争商业环境下，大型公司都希望通过外包服务争取更大的世界市场份额，以确保公司原料和资讯供应链充足，这就要求高效率的物流和仓储相配合。虽然该行业未被直接列入关键领域，但其发展所必须的水上运输、高速公路和航空业都是政府投资的重点，这些行业的加快建设，也带来仓储物流业的快速增长。

旅游业是另一个被列入关键领域的行业。通过一系列促进措施的实施，截至2011年，马来西亚旅游业的收入上升至583亿马元，该行业继续保持本国第二大赚取外汇行业的地位。

表5–1　马来西亚三大产业占GDP比例（单位：%）

年份	1960	1970	1980	1990	2003	2007	2009
农业	37.0	32.0	22.9	19.4	9.7	5.8	17.7
工业	18.0	24.7	25.8	41.7	48.5	54.8	24.4
服务业	45.0	43.3	41.3	38.9	41.8	39.4	57.9

资料来源：根据World Bank：World Development Report，World Development Indicators，IMD World Competitiveness Yearbook的有关年份数据编制。

二、第三产业发展布局

近年来，随着国际服务贸易的迅速发展，马来西亚的服务贸易也得到较快的发展，在东盟五国中，马来西亚的服务贸易增长速度仅次于新加坡，在这段时期的平均增长率为9.2%。2005年，服务贸易出口额和进口额也仅次于新加坡，服务贸易进出口额分别仅为217亿美元和192亿美元，均列在世界的第29位。

① Central Bank of Malaysia.Financial Sector Blueprint 2011—2020.

　　马来西亚的服务贸易主要集中在传统的服务贸易领域，如旅游和运输业。服务出口以旅游业为传统的支柱行业，2005年马来西亚旅游出口额占服务贸易总出口额的比重为44%。

　　近几年来，东盟五国的运输服务业的对外开放有所发展，马来西亚航空公司纷纷与国际航空业的巨头结成战略联盟，相互开放航线，扩展第5航权。同时，马来西亚还积极开放港口和海运业，加快引进港口跨国营运商的投资，加快港口营运的私有化。马来西亚的巴生港、丹绒柏拉柏斯港相继引入世界著名的港口跨国营运商参股，增强了运输服务贸易的竞争力。此外，马来西亚政府还大力鼓励和扶持旅游业，开发新的旅游景点，增设新的旅游项目，发展会议旅游和海洋旅游，加强旅游专业化和提高旅游服务质量等。

　　马来西亚采取优惠政策吸引更多服务业的外来投资。马来西亚政治的稳定、亲商的政府、较为开放的信息与通信科技业，以及熟练的信息科技人才，使之成为大多数外包活动的理想地点。马来西亚正逐渐成为发展中国家离岸外包服务业的主要目的国之一。美国商务部的一份报告称，马来西亚成为世界第三大最具有吸引力的服务外包承接国，目前马来西亚已经吸引了包括戴尔、惠普、IBM等国际大公司入驻，这些公司都和当地的企业建立了服务外包的业务联系。跨国公司在马来西亚服务外包的不断扩大，有助于马来西亚服务贸易竞争力的发展。

　　服务业中传统的服务贸易领域港口运输业、旅游业发展较快，马来西亚政府重视港口运输业和旅游业的发展。

（一）旅游业

　　旅游业发展成为马来西亚的三大经济支柱之一和第二大外汇收入来源，旅游业已成为国民经济的重要产业部门，并带动其他相关部门的发展，旅游业的发展对经济结构的调整具有重要的作用。2006年旅游业占马来西亚GDP的比重分别为4.6%，马来西亚直接从事旅游业人员占就业总数的比重为4.6%，以直接和间接与旅游相关的旅游经济衡量，马来西亚旅游经济占GDP的比重为14.6%，旅游经济从业人员占就业总人数的比重为12.6%。旅游业稳定发展，特别是医疗旅游休闲业发展迅速。2011年赴马来西亚游客达到2 471.14万人，旅游收入达583亿马元。2013年，马来西亚通过举办国际旅游展等方式，促进旅游业的发展，全年到马来西亚游客数量达2 570万人次，同比增长2.7%，旅游行业收入达到654.4

亿马元，同比增长8.1%，旅游业已经成为马来西亚经济收入的第六大产业。

马来西亚政府对旅游业高度重视，为促进旅游业的发展采取了一系列的措施。

第一，马来西亚政府适时利用本国交通、通讯设施比较完善的优势，采取有效措施，积极推销本国旅游业。如尽力吸引各种国际会议在马来西亚召开，举办文化艺术节和展销会，来推广本国的旅游业。马来西亚旅游促进局近两年来一直致力于推广马来西亚作为一个商务和会展旅游最佳目的地的独特优势，已经取得了可喜的成效。商务会展旅游是马来西亚旅游业重要的组成部分，而中国是马来西亚第四大商务会展旅游客源地。努力塑造国际购物中心的形象，也是马来西亚发展旅游业一项重要措施。政府取消了一些国际名牌商品的进口税，并于每年3月、8月和12月举行大型"购物嘉年华会"，全国各地商家都参与，以优质廉价的商品吸引观光客，逐步把马来西亚提升为国际旅游购物中心。[①]

第二，不断推出旅游新产品，是马来西亚发展旅游业的又一措施。除了传统的观光旅游外，马来西亚旅游部不断推出旅游新产品。包括传统医药旅游、农业公园等"农业旅游"、以29个海洋保护区和一批原始森林保护区为主要旅游目的地的"生态旅游"和"银发计划"[②]等。

第三，提供优惠政策和入境签证便利。马来西亚政府为发展旅游业采取了许多优惠政策和便利措施，早在1998年就取消了酒店10%的服务税和5%的销售税，2006年10月又宣布免除旅游企业所得税为期5年，出租车公司可免税购买国产车等措施，并规定游客可以通过互联网申请入境签证[③]。

第四，加大对旅游业的投资。旅游业目前是马第三大经济支柱，第二大外汇收入来源，在国民经济中占有重要地位。近年来，为促进旅游业发展马来西亚政府加大对旅游业的投资，根据马来西亚第九个国家发展计划（2006—2010年），马来西亚政府对旅游业的拨款将从第八个国家发展计划的7亿马元（约15亿人民币）大幅增加到18亿马元（约40亿人民币）。政府采取了多项措施加强旅游景点的基础设施建设，改善交通，简化签证手续，并对旅游从业人员进行培训。

第五，正确应对旅游危机。入境旅游业是马来西亚的支柱产业之一，也是最

---

① 邱孝益：《马来西亚政府促销旅游产品》，载《瞭望新闻周刊》，2002年第7—8期，第90页。
② 提供一些优惠条件，吸引日本和中国香港、中国台湾的退休老人来马来西亚安度晚年或较长时间的停留居住。
③ 马来西亚旅游部希望尽早落实使用电子签证，通过互联网申请入境签证的措施。这样，外国游客要到马来西亚旅行，只需通过互联网提交个人资料，便可办理签证。使用互联网申请入境签证，符合当前全球资讯时代的要求，将对旅游业的发展有重要的作用。

敏感的行业。美国"9·11"事件和印度尼西亚旅游胜地巴厘岛大爆炸为代表的国际恐怖主义袭击、伊拉克战争、"非典"疫情、海啸、烟霾、马航失联事件等均给这一地区旅游业造成了巨大冲击。马来西亚政府意识到突发性的危机给旅游业带来的损害，制定了应对危机的管理措施，在最大程度上消除或缩小危机的负面影响。[①]马来西亚政府成立专门危机管理委员会来应对旅游危机，由于是专门处理旅游危机的部门，因此有效地对旅游危机从预警、识别、隔离、处理、后危机管理等一系列过程进行科学有效的管理，在最大程度上消除或缩小危机的负面影响。同时，与各国共同合作应对旅游危机，2001年11月5日，东盟领导人共同签署了《联合行动反对恐怖主义宣言》；2002年11月4日发表了联合反恐宣言；2003年，东盟第六届旅游部长会议又通过了《旅游安全宣言》；2005年9月9日马来西亚旅游部长会同东盟其他国家旅游部长与中、日、韩旅游部长在北京召开特别会议并发表《10+3振兴旅游业北京宣言》，以此促进旅游业的不断发展。

（二）交通运输业

马来西亚的交通设施比较发达，已经形成了以吉隆坡为核心，由铁路、公路、海运以及航空组成的完备的交通网络，吉隆坡也在朝着称为连接亚、欧、澳等大洲重要交通枢纽的方向努力。2010年，马来西亚交通运输业实现产值508.02亿马元，约占国民生产总值的6.6%。

（三）金融业

在家庭和企业提高融资需求下，马来西亚金融与保险附属领域也有望获得6.3%的增长，资产状况良好。2011年前7个月，马来西亚银行贷款申请、批准以及发放分别增长23.1%、20.1%及8.2%，全年贷款可取得13%的增长。伊斯兰银行领域（包括发展金融机构）的资产、存款和融资也继续大幅增长，其中，总资产达3 893亿马元，增长15.4%；总存款2 991亿马元，增长13.5%；融资2 468亿马元，增长16.8%。伊斯兰保险领域资产增加16.8%，达163亿马元，占保险和伊斯兰保险领域总资产的8.7%。尽管面对着全球经济不稳定和激烈波动，马来西亚股市在2011年前7个月的表现不俗，市值从2010年底的1.273万亿马元上升到1.339万亿马元，增长22.6%。

作为全球银行业监管标杆的《巴塞尔协议III》于2013年1月6日发布其最新

---

① 毛晓莉：《马来西亚旅游危机管理经验借鉴》，载《东南亚纵横》，2006年第10期，第45—50页。

规定，新规定放宽了对高流动性资产的定义和实施时间。其出台引发国际金融监管准则的调整和重组，影响银行的经营模式和发展战略。马来西亚的金融界也积极应对《巴塞尔协议III》的新要求，决定从2013年开始分阶段落实《巴塞尔协议III》。马来西亚金融机构通过强化金融储备，监管金融机构的游资，加强信贷与市场风险管理等手段，使金融机构整体的偿债水平明显改善，实力持续加强，多家银行成功筹集到符合《巴塞尔协议III》要求的新资本，并获得市场良好反应。2013年，马来西亚国内金融保持了良好的稳定性，全年保持3%隔夜利率政策不变，银行资本累积储备增加21%，发行新证券增加9.1%，银行保留盈利总共超过560亿马元；国民储蓄总额2 962.39亿马元，存款增长8.5%，贷款对存款比率微升至84.5%。2013年，马来西亚本地三大银行集团成功推行股息再投资计划，以加强资本实力。金融机构发展稳定，给马来西亚经济持续发展提供了保障。

（四）建筑业

1997年亚洲金融危机爆发之前，由于私人机构和公共部门的强大需求、对经济增长的良好预期以及房地产行业的高利润和贷款相对容易等造成了建筑业的快速膨胀，1994—1996年之间，房地产业年平均增长率为15.2%。但1997年由于修建过剩，基础设施停建，只增长了10%。随后爆发的金融危机使建筑部门处于衰退状况，降幅达到23%，此后由于私人投资的增加，该行业又出现了一定的正增长。

2001年，马来西亚房地产业集中低价住宅需求旺盛，政府在第八个五年计划期间修建了61.5万套低价房以缓冲低价房严重不足的矛盾。2007年，在房地产市场经历了连续三年的负增长后，建筑业又实现4.6%的正增长。这主要是受国内工程部门以及住宅和非住宅次部门扩张的影响。2007年政府投入406亿马元以支持建设新的项目并升级已有的基础设施，比如学校、道路、医院和其他公共设施。除了政府的投入之外，私人的消费和投资也是该行业增长的主要原因，因为其刺激了非住宅建筑的升值，从而促进了建筑业的兴旺。2007年，马来西亚共建设了31处大型商铺，这些商铺多为高端设施，极大拉动了国内经济的增长。2010年，马来西亚建筑业实现产值247.73亿马元，约占国民生产总值的3.3%。[①]

---

① 龚晓辉等编著：《马来西亚概论》，广州：世界图书出版公司，2012年版，第280页。

在马航事件发生前，中国开发商对马来西亚房地产市场的投资热情还在不断高涨。雅居乐在年初便披露，其控股七成在马来西亚成立的合资公司，于1月20日以约3.43亿元的价格签约收购了吉隆坡一块约4.1万平方米的土地；而富力地产更是在去年末砸下85亿元，一举拿下47万平方米的土地，计划年内推出42万平方米住宅，实现50亿元的销售目标。

2014年1月8日，A股上市房企新华联发布公告称，公司拟由全资子公司香港新华联国际置地有限公司出资2 500万马来西亚马元（约合5 000万元人民币）设立新华联国际置地（马来西亚）有限责任公司，持股比例为100%。同时，公司拟与马来西亚IBZI发展（柔佛）有限公司签订《租契购买协议》等相关协议，拟购买IBZI持有的马来西亚柔佛州梅蒂尼B区总用地面积11.70英亩（约合4.73万平方米）、总建筑面积约合19.16万平方米的相关地块租契。所收购的租契总年限为99年，购买价格总计约合3亿元，拟建设南洋度假中心。该度假中心实际上仍是以住宅销售为主。新华联当时还称，公司选择马来西亚作为海外扩张的第一步，主要源于马来西亚政治局势稳定，经济稳定上升，包容多元文化。

同年2月28日，绿地集团就马来西亚新山市两个项目签署合作备忘录，计划斥资近200亿元进行投资建设。这显示了绿地集团对马来西亚市场信心十足。而在马航事件后，绿地方面在接受《证券日报》记者采访时称，"目前项目投资计划未变，仍在顺利推进中，绿地马来西亚项目还在前期阶段，尚未完成土地交割，所以市场走势如何，到底会多大程度上受到影响还需要过一段时间才会清晰。届时公司也会就项目进展及时和外界沟通"。

（五）批发与零售贸易业

2011年，马来西亚政府进一步放开服务业领域限制，取消300种名牌商品的进口关税，废除包括335项产品的进出口准证，出台资本市场第二大蓝图、《2011—2020年金融领域大蓝图》、"全国特许经营发展蓝图"，推出"品牌篮子"计划保护知识产权，废除200种不合理执照，营造更有利的经商环境。据马来西亚统计局的初步统计，2011年服务业增长率达到6.4%，批发及零售贸易继续成为贡献最大的领域，增长率达9%，约占国内生产总值的13.1%。一直以来，马来西亚的批发零售业就在亚洲市场名列前茅，具有丰富的管理和经营经验。随着该行业被列入关键经济领域，国内刺激消费政策的实行，加上经济转型计划中对于其他相关领域（如旅游业、公共交通基建设施）的扶持，该行业更是迅猛发展。2013年，吉隆坡以众多的购物商场、琳琅满目的廉价商品，被评为亚太地区"最佳购物城市"第二名，仅次于中国香港。

（六）信息产业

马来西亚的软件与信息服务产业规模较硬件产业弱。1996年的生产总值仅为2.05亿美元，比上年增加19.8。国内市场为6.08亿美元，比上年降低24.9%。该国进口比率为国内市场的74%。受国内市场低迷的影响，进口为4.47亿美元，减少了33.5%。为了鼓励这一产业的发展，政府提出了一系列政策，如改善图书、信息机构的服务，合理收集资料，减少重复；根据法规收藏国内出版的图书资料；注重资源共享，使服务发挥最大效益；推行标准化；加强教育培训；使用国外的数据库；建立信息服务的协调与监督机制。其信息服务机构包括政府的图书馆、政府代理机构（科研院所）、国际机构与国家组织（如国家通讯社）以及私营机构几种类型。主要有该国的科技信息中心、标准与工业研究所、农业研究与开发研究所、战略与国际研究所以及工业技术信息中心等，具有较完备的信息服务体系与较多的信息服务机构。然而图书馆只实行封闭的面向特定用户的政策。信息机构在资源建设与计算机联网方面仍有很长的路要走。

为了增加融资渠道，吉隆坡股票交易所建有二手市场，鼓励信息技术公司上市，筹集社会资金。与此同时，马来西亚还积极利用外资。2001年1—8月共吸收外资138亿马元，其中一半以上投向信息产业。

整体上，马来西亚第三产业的布局，从地区范围来看是以吉隆坡为中心向周边地区扩展，主要集中在新山、丹戎帕拉帕斯等重要城市和地区以及一些省会；从产业结构来看，一方面，马来西亚第三产业的发展是以旅游业为中心，逐步带动酒店和餐饮业的发展，并在国家提升交通运输业整体水平的战略背景下，旅游业促进了与旅游目的地相关地区的交通运输业的发展，反过来交通运输业又促进旅游业的进一步发展。同时，马来西亚与周边国家的公路网逐步建成，承担了马来西亚在东南亚地区，乃至亚洲公路网的运输重任，这直接激发了马来西亚不断完善交通运输网的积极性。另一方面，金融业、房地产业、信息产业成为马来西亚第三产业深入发展的积极环节，这些产业不仅扩展了马来西亚经济发展的蓝图，而且成为马来西亚经济发展的新生力量，可以预见，未来这些产业将成为马来西亚以旅游业为核心的第三产业发展的重要支撑。

第二节　交通运输业的发展和布局

一、交通运输业的发展概况

交通设施的建设是否完备和先进，常常制约着国民经济的发展，这已是不少国家的共识。马来西亚经过多年的努力，交通设施已经比较发达，已经形成了以首都吉隆坡为核心，由铁路、公路、海运及航空组成的完备的交通网络，具备了比较完善的交通体系。马来西亚的道路运输在运输行业中占据重要位置，客货均保持第一，大约占总客货运输量的95%，铁路运输在全国交通中占据第二位。马来西亚的港口设施较为发达，装箱港的吞吐量超过2 000万标箱；2012年，马来西亚航空运输量达到34.4万次。(见下表)

表5-2　马来西亚交通运输业发展状况

铺设道路的比重(%)	铁路(千米)	港口(集装箱万标箱)	航空运输量(次)
80.9	2 250	2 086.7	343 518

资料来源：根据World Bank World Development Indicators2014、国际电信联盟的数据编制。

从世界经济论坛《2011—2012年全球竞争力报告》中的基础设施质量评估看，马来西亚基础设施总体质量高于或接近发达国家的平均水平。其中，交通运输业质量高于或接近发达国家的平均水平。公路质量高于或等于发达国家的平均水平；铁路质量高于或接近发达国家的平均水平；港口质量高于发达国家的平均水平；机场质量高于发达国家的平均水平。(见下表)

表5-3　2012年马来西亚交通运输业质量与世界水平的比较

国家或地区	基础设施总体水平	公路	铁路	港口	机场	供电设备
文莱	4.7	5.1	-	5.0	5.6	5.4
柬埔寨	3.1	3.1	1.6	3.4	4.2	2.5

国家或地区	基础设施总体水平	公路	铁路	港口	机场	供电设备
印度尼西亚	2.8	2.5	2.8	3.0	4.4	3.9
马来西亚	5.6	5.7	5.0	5.7	6.0	5.8
菲律宾	2.9	2.8	1.8	3.2	4.1	4.2
新加坡	6.7	6.6	5.6	6.8	6.9	6.7
泰国	4.8	5.0	3.1	4.4	5.8	5.5
越南	2.7	2.6	2.4	2.8	3.9	3.2
东盟平均水平	4.2	4.2	3.2	4.3	5.1	4.7
亚洲平均水平	3.8	3.7	3.6	3.9	4.6	4.1
G7平均水平	5.7	5.7	5.4	5.4	5.8	6.4
世界水平	3.8	3.8	3.0	4.0	4.7	4.6

注：①得分：1=不发达，7=按国际标准为广泛和有效；
②G7包括加拿大、法国、德国、意大利、日本、英国以及美国。
资料来源：世界经济论坛（2012）。

二、公路运输

（一）公路概况

马来西亚公路系统极佳，四通八达，从纵贯马来西亚半岛西半部的高速公路，到各种长、短距离的路线，形成良好的道路交通网。马来西亚道路网络分为联邦公路和州公路，联邦公路大多为州际公路或通往国家边界的公路，州公路一般在州内。马来西亚的公路主要分布在西马，几条纵横西马的联邦大道连接着500多条州属公路和600多条乡村公路，形成了一个纵横交错、四通八达的公路交通网。

（二）公路网的覆盖范围

马来西亚半岛的陆路交通系统是东南亚国家中最先进和完善的，主干线直达各主要城市，可下达新加坡，上抵泰国边界，还可以用最少的时间，沿着最方便的大道，随意往返北马与南马之间，沿南北大道前进，可以在西海岸留下足迹。走过东西大道，可以领略东海岸风情，而加叻大道则从关丹海边通往繁华的吉隆坡。

表5-4　马来西亚与周边国家的交通运输网络对比

国家	公路网（千米/每平方千米）	柏油路铺设所占比例（%）
马来西亚	20	76
泰国	12	97
菲律宾	68	22
中国	19	91
印度尼西亚	20	58
越南	29	25
柬埔寨	22	4
老挝	14	15

资源来源：ADB，JBIC，WB，（2005）.*Connecting East Asia：A New Framework for Infrastructure.*

（三）公路条件

马来西亚大多数公路质量不错，道路指示牌设立较为明显、清晰、科学，一般道路指示牌以马来文书写，也有的是同时以马来文、英文书写。虽然多数公路是在丘陵和山地上建筑的，道路弯曲，但路面质量较好，平整、光洁，通行能力强。但沙巴与沙捞越的公路系统较不发达，品质也较差[①]。

（四）高速公路

高速公路一般拥有双向8条车道，最中间的两条快线是供超车使用的，在高速公路上行使，车速限制在每小时最高110千米。一般高速公路均设立有休息站供行人休息。另外，多数高速公路都装有电眼，以监视违章车辆。高速公路两侧有专供摩托车行驶的道路、避雨亭和紧急公用电话亭。

三、铁路运输

（一）马来西亚铁路运输

在马来西亚发展的早期，修建公路和铁路都是为了联系锡和橡胶产地与海港之间的交通。马来西亚铁路最早开通的是1885年用于运输锡矿石的太平—文德

---

① Mody，Ashoka.Infrastructure strategies in East Asia：the untold story.Washington D.C.：The World Bank.1997：35.

港间长13千米的铁路①。此后，英国殖民政府开始加快在马来亚各地开辟铁路的步伐，主要目的是为了促进殖民地经济发展，例如吉隆坡至巴生的铁路于1886年建成通车，芙蓉至波德申的铁路于1891年建成通车，吉隆坡至万挠的铁路于1892年建成通车，安顺至打巴路的铁路于1893年建成通车。1895年，受英国保护的雪兰莪、森美兰、霹雳和彭亨四州组成马来联邦。当时马来亚不同州的铁路各自发展，没有一个统一的规划和管理机构，于是殖民政府当局在1901年成立了马来联邦铁路（FMSR），统合管理马来西亚半岛上各地包括马来联邦、马来属邦、海峡殖民地的铁路建设。

20世纪初，马来西亚的铁路网不断扩张，这一时期建成的最主要的两条干线分别为东海岸线和西海岸线。从新加坡到马泰边境巴东勿刹的西海岸线于1900年破土动工，其中北赖至新山段于1909年建成通车，至1913年纵贯南北的西海岸线全线通车。而从森美兰州金马士到吉兰丹州道北的东海岸线则在1907年动工，其中金马士至马口段于1910年首先建成通车，至1931年东海岸线全线通车并与泰国铁路接轨。除此之外，新加坡政府铁路（SGR）属下的资产和设施（包括新加坡市区至兀兰的新加坡克兰芝铁路），于1918年以4 136 000元的价格出售予马来联邦政府，马来联邦政府并根据当时订立的殖民地条例，租借了铁路两侧20—30千米范围属地（为期999年），自此新加坡铁路就成为了马来联邦铁路的一部分1913年由泰国境连结新加坡的纵贯西海岸铁路线全线开通。1931年又开通了由金马士经中心部到东海岸的泰国国境的铁路线，大致建成了目前的铁路运输网。目前包括支线在内的铁路总长已约2 000千米。

第二次世界大战期间马来联邦铁路遭受严重破坏。20世纪50年代起，马来亚的全国铁路网基本已经完成修复，铁路技术设备亦逐步获得改善。1957年，作为英国援助马来亚铁路重建工作的一部分，首批由英国制造的20型电力传动

---

① 　1874年，为了解决霹雳锡矿纠纷和王位继承问题对海峡殖民地的负面经济影响，海峡殖民地总督克拉克和霹雳王朝苏丹阿都拉签署《邦咯条约》，英国支持苏丹阿都拉接掌王位，条件是他必须接受一位英国常驻领事。随后，英国人很快就在霹雳成立行政单位，协助苏丹管理州行政事务。在第四任霹雳州参政司休·洛的管理之下，霹雳的经济逐渐繁荣起来。太平是英国殖民政府在霹雳州的行政中枢，当局不惜斥资在这个当时堪称繁华的市镇大兴土木。当时，太平出产的锡米全部利用畜力车运到港口，但当地于1880年爆发严重的口蹄疫症导致数以千计的牛只受感染，顿时令当地的交通系统几乎瘫痪，锡米的运输成本亦急剧上涨。为此，英国殖民政府决定调来大批印度劳工，兴建一条由太平通往砵威港口（今称为瓜拉十八丁）的铁路，以加快运送锡米到港口的速度。全长12.8千米的太平—砵威铁路于1880年动工，1885年2月12日完工，同年6月1日举行通车典礼，成为马来西亚史上第一条建成的铁路。参见Story behind the first railway of Malaysia.MYsinchew。

柴油机车开始在马来亚投入运用。同时亦标志着马来亚铁路干线牵引动力内燃化的开始。1960年起，继电器联锁控制系统和无凭证半自动闭塞系统开始在部分车站和线路区段使用。1962年12月至1963年1月，马来亚铁路工人发起持续33天的大罢工，向铁路管理当局要求增加工资及改善工作条件，这是马来亚当时规模最大的工业行动，逾14 000名铁路职工参加了大罢工，使马来亚联邦的铁路运输系统彻底瘫痪，事件最终以政府不得不作出让步而结束。1963年，马来亚和新加坡、沙捞越与沙巴组成新的联邦国家——马来西亚（新加坡后来在1965年退出了联邦），马来亚铁路的官方名称亦改为马来语"Keretapi Tanah Melayu"（KTM）。

踏入20世纪90年代，马来西亚政府开始对交通运输部门国有企业进行整顿和重组，以加快公共运输业发展及提高营运效率。为了达到提高国有铁路的效率、效益、赢利能力和减轻联邦政府财政负担的双重目标，决定分两个步骤实施马来亚铁路民营化计划，第一步是首先进行"政企分离"的公司化改造，组建由马来西亚政府全资拥有的国营铁路公司；而第二步则是通过向公众发行股票或其他方式使公司私有化。1991年9月21日，马来西亚国会正式批准通过关于铁路改革的《1991年铁路法案》（Railway Act 1991）。1992年8月1日，马来亚铁路改组为马来亚铁路公司（KTMB），同时成立的还有马来西亚交通部属下的铁路资产公司（RAC）和铁路运输署（DOR）。铁路资产公司主要负责原马来亚铁路全部资产和负债的管理，以及执行铁路基础设施的发展、重建、融资任务；而铁路运输署则肩负国家管理职能，包括检讨及执行关于铁路运输的法律法规、监管和协调铁路基础设施的发展项目、规管铁路运营商的服务费率和收费等。1997年8月，由于以玲珑集团（今马友乃德集团，UEM Group）为首组成的马拉克·安古鲁私人公司（Marak Unggul Sdn Bhd）有意接手马来亚铁路公司，因此马来西亚政府委托该企业联合体经营铁路公司一段时间，作为正式实施铁路民营化前的先导试验。委托经营期间，尽管当时铁路公司的表现有所改善但依旧存在亏损，通勤和长途客运服务的亏损只能靠货运服务来补贴。2001年2月，马来西亚政府否决了马拉克·安古鲁私人公司的收购行动，并以财政不可行为由决定暂缓马来亚铁路公司的民营化计划。2002年起，马来西亚政府重新接管马来亚铁路公司。

马来亚铁路成为一家以盈利为目标的企业之后，铁路公司采取了一系列措施以加强其在运输市场上的竞争能力，例如加大对铁路设施和车辆现代化的投资，提高服务质量从而使旅客旅行更舒适；学习发达国家铁路的经验发展多元化经营，开展诸如房地产开发、户外广告、餐饮服务、行包快运等多种经营项目，以这些手段来补贴铁路运营主营业务。马来亚铁路公司成立后其中一项最重要的变革，就是自1995年起推出的KTM通勤铁路服务（KTM Komuter），为吉隆坡与周边巴生河流域之间的客流提供便利的通勤交通，为此铁路公司从1993年开始对吉隆坡至万挠、巴生港、芙蓉的铁路进行复线电气化改造，并耗资5.1亿马元从奥地利引进通勤型电力动车组，通勤铁路首两条路线巴生港线和芙蓉线于1995年8月3日投入服务，至今通勤铁路已经成为马来亚铁路公司盈利能力最强的铁路业务之一。自从铁路通勤交通开始运营后，日运送乘客数量从18 780人次增加到了2000年底的53 820人次。

在马来西亚第八个五年计划（2001—2005年）和第九个五年计划（2006—2010年）期间，马来亚铁路公司继续增加投资实施复线电气化提速改造工程，工程范围包括玻璃市州巴东勿刹至柔佛州新山的西海岸铁路，以及洗都至黑风洞的黑风洞支线。该工程按路段划分为数个阶段进行，第一阶段为全长150千米的万挠至芙蓉段（1993年动工，1995年完成），第二阶段为全长179千米的万挠至怡保段（2005年动工，2008年完成），第三阶段为全长7.2千米的洗都至黑风洞段（2006年动工，2010年完成），第三阶段为全长100千米的芙蓉至金马士段（2009年动工，2013年完成），第四阶段为全长329千米的怡保至巴东勿刹段（2008年动工，预计2014年完成），第五阶段为全长197千米的金马士至新山段（2014年动工，预计2019年完成）。与此同时，为配合分阶段完成的复线电气化工程，马来亚铁路亦在2010年相应推出电动列车服务（ETS），列车最高运行速度可达140千米/小时，为西海岸铁路沿线提供快捷的城际客运服务，电动列车服务的初期营运区间为吉隆坡至怡保，并且在未来将随着工程完成而延伸至更多目的地。

（二）城市轨道交通

1.轻轨系统

1990年，由马来西亚和外国公司组成的联合体完成吉隆坡轻轨系统（LRT）的可行性研究，建议借鉴香港和新加坡兴建地铁的经验，并优先上马从市中心通往东南方向的"STAR"轻轨铁路（现称为安邦线）。"STAR"一期工程全长12.1千米，于1993年8月完成融资协议并正式动工，至1996年12月建成通车。该线是马来西亚第一条轻轨铁路，轨道采用1 435毫米标准轨距，牵引供电制式为750伏特直流第三轨供电；由德国AEG公司（后来为Adtranz）和英国泰勒·伍德罗公司分别作为机电和土木工程承建商；投资模式为BOO模式（建设—拥有—经营）及土地补偿，以配合当时马来西亚政府的公用事业民营化政策。"STAR"二期工程包括北延线和南延线，两条延线均于1998年建成通车。STAR 轻轨交通服务日运送乘客量从1997年的46 853人次增加到2000年底的77 803人次。

1993年，为配合吉隆坡举行的1998年英联邦运动会，马来西亚政府决定在吉隆坡兴建第二条轻轨铁路。"PUTRA"轻轨铁路（现称为格兰那再也线）在吉隆坡市内自东北向西南延伸，并途径双峰塔和吉隆坡塔等著名地标。"PUTRA"轻轨铁路全长29千米，投资模式为BOT模式及土地补偿，于1994年2月正式动工。第一阶段于1998年9月建成通车，第二阶段于1999年6月建成通车。这条铁路在启用当时是世界上营运里程最长的全自动无人驾驶轻轨系统，也是全球第四个庞巴迪先进快速轨道交通系统（ART），采用直线电机驱动的无人驾驶列车、750伏特直流第三轨供电、"SelTrac"CBTC移动闭塞系统。PUTRA 轻轨交通服务日运送乘客量也从1998年的12 532人次增加到2000年底的将近121 950人次。

2. 捷运系统

2010年，马来西亚政府宣布兴建巴生河流域捷运系统（MRT）的决定，该计划属于经济转型执行方案（ETP）中一个国家主要经济活动（NKEA），即大吉隆坡启动计划的两个公共交通项目之一。马来西亚政府预计，大吉隆坡／巴生谷地区的人口将在2020年突破1 000万人，因此需要一个可持续发展的综合交通系统，而捷运计划就是综合交通系统的其中一部分。捷运系统的主要目的是增加使用公共交通的人数、舒缓市区道路交通阻塞，以及减少民众前往目的地的时间。巴生河流域捷运系统被誉为马来西亚有史以来最大型的基建工程，计划投资366亿马元兴建3条高运量地铁路线，线路总长度超过150千米，形成连接首都方圆20千米地区的轨道交通网络，预计每天载送乘客量最高可达200万人次；一号线为连接双溪毛糯、哥打白沙罗、吉隆坡、蕉赖、加影的双溪毛糯—加影线（MRT SBK Line）；二号线为连接双溪毛糯、甲洞、吉隆坡、沙登、布城的双溪毛糯—沙登—布城线（MRT SSP Line）；三号线则是连接吉隆坡市中心商业地带的环状线（MRT Circle Line）。

　　巴生河流域捷运系统直接由联邦政府投资兴建，并由国营的捷运公司（MRT Corp）负责营运管理；捷运系统将会采用香港的港铁系统发展模式，即以捷运路线为基础配合周围土地的房地产综合开发计划，来为捷运系统的资本开销与营运开销融资。双溪毛糯—加影线是巴生谷捷运系统首条动工的路线，全长51千米及设有31个车站，其中9.5千米和7个车站属于地下线路。该线于2011年7月正式动工，预计在2017年建成通车，建成后从加影前往双溪毛糯只需80分钟，前往吉隆坡市中心只需30分钟。双溪毛糯—沙登—布城线的路线仍有待敲定，目前规划全长56千米及设有35个车站，其中11千米和8个车站属于地下线路，该线预料最快将于2014年底动工。而环状线的初步路线图已有雏型，完成规划后将呈交联邦政府和地方政府审议。

　　3. 单轨列车

　　1996年，马来西亚政府批准兴建吉隆坡单轨列车（KL Monorail）的计划。高架单轨铁路全长8.6千米，串连着吉隆坡中央车站交通枢纽与市中心金三角地带。这条采用BOT模式兴建的单轨铁路于1997年1月正式动工，由吉隆坡基建集团（KLIG）拥有40年的特许经营权，机电和土木工程承建商原本为日本日立公司，但1997年亚洲金融风暴后因融资困难而暂停工程；1998年改由本国企业"MTrans"公司（今史格米铁路公司）继续完成工程，至2003年8月建成通车，总共耗资11亿8 000万马元。然而，由于单轨列车启用后客流量不如预期，而且营运收入尚不足以偿还利息，最终吉隆坡基建集团因无力偿还巨额贷款而在2007年5月宣布破产，并于同年11月由国营的马来西亚国家基建公司（Prasarana）收购了吉隆坡单轨列车系统。

　　吉隆坡单轨列车实际上并非马来西亚首个单轨铁路系统，位于雪兰莪州八打灵再也双威市的双威单轨列车，早于2000年落成启用。双威单轨列车由双威集团投资兴建，全长仅3千米及设有3个车站，沿途途径双威水上乐园、双威金字塔购物中心、双威大学等地，这条单轨铁路一直营运到2007年，因扩建双威金字塔购物中心而拆除。此外，马六甲市亦在2010年完成了全长1.8千米的马六甲单轨列车一期工程，但单轨铁路启用后屡次发生各种故障，还曾经发生载有外国游客的车厢被困半空的事件。马六甲单轨列车自2013年12月起因故障停运，何时能够恢复营运仍是未知之数，而第二期工程自2011年底开工之后也一再延误。

4. 机场铁路

20世纪90年代初，马来西亚决定在吉隆坡以南约50千米的雪邦兴建吉隆坡国际机场（KLIA），以取代已经饱和的梳邦国际机场。与此同时，为了确保有快捷可靠的运输系统连接机场与市区，提高对邻近如曼谷和新加坡等地区性枢纽机场的竞争力，马来西亚政府亦决定建造一条高标准的机场铁路。吉隆坡机场快铁（ERL）于1997年5月动工，至2002年4月全线建成通车；投资模式采用传统的BOT模式，由杨忠礼集团和TH科技公司合资成立的铁路快线私人公司获得了30年的经营权，整个项目耗资约63.2亿美元。吉隆坡机场快线全长约57千米，连接吉隆坡国际机场和吉隆坡中央车站，全线设有五个车站和一个车辆段，最高营运速度为160千米/小时。这条机场铁路具有两种列车营运模式，第一种是由机场直达中央车站的机场快铁服务（KLIA Ekspres），全程运行时间为28分钟，繁忙时段每15分钟一班；第二种是中途停靠各站的机场支线服务（KLIA Transit），全程运行时间为37分钟，繁忙时段每20分钟一班。

（三）马新高速铁路

又称新隆高速铁路，最初是在20世纪90年代末被提出。当时马来西亚商业巨头杨忠礼集团向首相马哈迪建议，准备投资兴建一条连接吉隆坡和新加坡的高速铁路，但有关建议因经济和政策原因而未被接纳。2006年，杨忠礼集团董事经理丹斯里杨肃斌再度提议承包马新高铁的计划，一度引起了马来西亚政府注意和社会讨论。纳吉布就任马来西亚首相之后，在2010年公布的马来西亚经济转型执行方案（ETP）当中，大吉隆坡的建设被归类为12项国家主要经济活动之一，目标是将大吉隆坡区域打造成世界级城市和提升国民收入；而公共交通项目则占了大吉隆坡9个启动计划的2个，其中第三启动计划（EPP3）就是建造一条连接大吉隆坡和新加坡的高速铁路，将往返吉隆坡和新加坡的时间大幅降至90分钟，预计耗资300亿马元（约120亿美元）。2012年，马来西亚政府和履行单位（PE曼恩DU)在完成高铁技术和商业研究后将结果呈报内阁。2013年2月,马来西亚首相纳吉与新加坡总理李显龙在马新领袖第四次双边会谈期间达成初步协议,两国将会在2020年之前建成吉隆坡直通新加坡的高速铁路。关于马新高速铁路的路线走向、技术设计、经济效益等方面的可行性研究,两国境内路段的研究事宜分别由马来西亚的陆路公共交通委员会(SPAD)和新加坡的陆路交通管理局(LTA)进行。

吉隆坡中央车站还可以为旅客提供市区预办登机服务及行李托运服务,乘坐马来西亚航空、国泰航空、皇家文莱航空、阿联酋航空、阿提哈德航空班机的旅客,可以在班机起飞前不少于2小时到车站内的航空公司柜台办领登机证和付运行李,然后乘坐机场快线列车到机场并直接办领离境手续及登机。2014年5月,随着专供廉价航空使用的第二吉隆坡国际机场(KLIA2)启用,吉隆坡机场快线也同时延伸至KILA2。

四、航空运输

马来西亚目前共有118个机场。其中铺设了硬面跑道的有38个,没有铺设硬面跑道的机场为80个。其中跑道长度超过3 047米的有5个,跑道长度为2 438—3 047米的有9个,1 524—2 437米的有8个。直升飞机场有2个。

马来西亚现有的6个国际机场中,4个在西马,分别为吉隆坡国际机场(KLIA)、槟城国际机场、浮罗交怡国际机场和梳邦的苏丹阿都阿兹沙机场;2个在东马,分别为沙巴的亚庇国际机场和沙捞越的古晋国际机场。吉隆坡国际机场于1998年正式启用。它是世界上最先进的机场之一,并且取代位于梳邦的苏丹阿都阿兹沙机场,成为进入马来西亚最主要的通口。吉隆坡国际机场拥有4条飞机跑道,在开始启用时期,每年能够处理2 500万的搭客量,并且可以提升至每年处理4 500万的搭客量。

这些机场都拥有发展完备的空运货柜设备。近几年,航空货运取得了较快的发展,1994年航空货运只占货运总量的4%,1995年实际航空货运量为48万多吨,1996年增加到54万多吨,增长12.3%。1997年则为近62万吨,增长14%。目前,航空货运量已经超过总货运的32%。

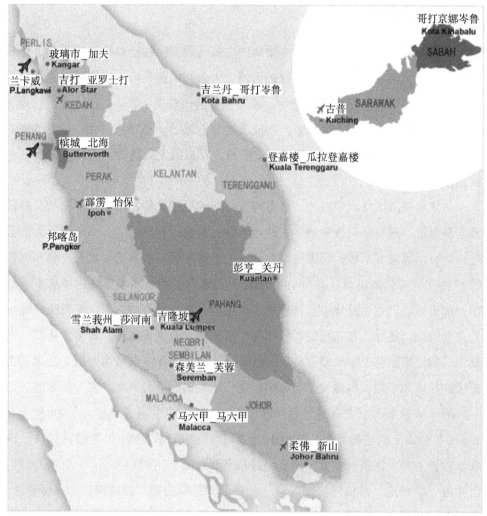

✈ 国际机场INTERNATIONAL AIRPORT

✈ 国内航线机场DOMESTIC AIRPORT

图5-1　马来西亚国际机场和国内航线机场

参考网址：http://www.klia.com.my/

马来西亚航空公司简称为"马航"（英文为Malaisia Airlines，简称MAS。"MAS"在马来文中的意思是"黄金"），是马来西亚最大和最主要的航空公司。从2003年开始，马来西亚航空公司一直被评为五星级航空公司。马航基本垄断着全马的国际航空运输，现已实行私营化管理。但是，2014年马航频发的失联事件给马来西亚的航空运输业带来了巨大的损失。

五、水路运输

马来西亚内河运输不发达，主要集中在东马地区的沙巴和沙捞越两州。全马最长、最宽、流量最大及河水最深的河流，大多在这两州内，这里盛产的热带木材可以顺河而下，运往沿海各港口。东马主要河流包括：第一，拉让河，它为马来西亚第一大河，全长592千米，支流多而长。第二，基纳巴甘河，全长560千米，可通航距离为320千米。第三，卢帕河，马来西亚最宽的河流，可以行驶吃水2米深的轮船。

马来西亚濒临马六甲海峡，具有得天独厚的海运优势，而马六甲海峡又是世界上最繁忙、通航船只数量最多、航运量最大的航运枢纽之一。马来西亚大部分进口货物依靠海上运输，所以港口在国家的经济发展中占有重要地位。马来西亚的13个州都有临海港口，共有19个港口。马来西亚在马六甲海峡沿岸有多个城市，如槟城、巴生、波德申、马六甲、新山等，都有良好的港口，关丹是东海岸的主要港口。此外，在东马的沙巴州和沙捞越州，有美里和古晋等多个港口。尤其东马的沙巴东临3 000—5 000米深的海岸，海岸线在全国最为曲折，沿岸多为低矮的丘陵和平原，山脉大多与海岸相交，形成锯齿形的海岸，多天然海港。

近年来马来西亚大力发展远洋运输和港口建设，共有各类船只1 008艘，其中100吨位以上的注册商船有508艘，注册总吨位175.5万吨；远洋船只50艘。现在，世界上95%国家的海上贸易要经过马来西亚的7个国际港口：西马的槟城港、巴生港、柔佛港、丹戎帕拉帕斯港、关丹港和甘马挽港以及沙捞越的民都鲁港。主要航运公司为马来西亚国际船务公司。

近年来，区域间港口的相互竞争日益激烈，马来西亚港口业迅速崛起，成为国际航运市场的一个亮点，备受区域内同业的极大关注。

马来西亚的港口业相对于东南亚的其他国家（新加坡除外）而言一直比较发达，其国内发展最为迅速的两个主要港口就是巴生港和丹戎帕拉帕斯港。巴生港是马来西亚第一大港口，也是世界第14大港口，每年可处理的集装箱量为600万标箱，而且是全球集装箱收费率最的港口之一。丹戎帕拉帕斯港是1999年才成立的集装箱港，目前已成为马来西亚的第二大集装箱港。作为一个新兴的港口，它的发展速度是惊人的，目前，丹戎帕拉帕斯港已成为马来西亚最繁忙的港口，

2006年上半年集装箱吞吐量达到224万标箱，比上年同期增长7.9%。丹戎帕拉帕斯港一跃跨入世界20大港口的行列，成为东南亚又一货物转运中心。

马来西亚港口运输业的发展得益于政府对港口业的大力支持，马来西亚政府一直非常重视港口业，将港口业作为拉动其国内经济复苏的增长点，把港口业的发展置于优先考虑的地位，并采取一系列措施来加快港口业的发展。如通过制定国家港口建设计划，合理规划港口的长远发展战略，不断加大港口建设的投入。

在第八个马来西亚计划（2001—2005年）中，马来西亚政府计划拨款15亿马元用于港口的建设。2001年3月马来西亚政府公布的30亿马元刺激经济的配套措施，为落实港口计划又提供了更多援助。

此外，2001年马来西亚政府还拨出24亿马元专款，加快港口计划（2001—2005年）的执行步伐。国家港口建设计划的执行大大完善了国内各港口的基础设施，为各港口的持续发展奠定了基础。另一方面，继续加大港口业的开放度，减少外资进入港口业的限制。近几年来，港口独立经营人与大型班轮公司纷纷投资各国港口，尤其是发展中国家港口，这已成为一种国际趋势。马来西亚政府顺势采取积极的开放措施，欢迎国外企业投资其国内港口，参与港口的经营管理。马来西亚港口开放所带来的成果是显著的，丹戎帕拉帕斯港2000年10月挖走新加坡港的最大客户马士基海陆公司，相隔仅18个月后，又吸引了新加坡港的第二大客户——世界第二大的海运公司台湾长荣公司来落户，目前马士基海陆公司拥有丹戎帕拉帕斯港30%的股权，长荣公司估计拥有10%—20%的股权。同样，2000年9月巴生港的西港也成功地吸引了世界最大的港口营运商香港和黄集团的加盟。[①]

马来西亚港口业的发展前景令人乐观。地区货物运输需求的迅速增加，为马来西亚港口提供充足的中转货源。一方面中国加入WTO之后，来自中国的中转货物将大量增加，据联合国一项调查显示，由于中国经济的快速增长，亚洲在2011年之前需投资约270亿美元来发展港口，以便应付快速增长的国际货运需求。另一方面，来自东盟内部的中转货物量也在持续增加，且随着中国—东盟自由贸易区的启动，区域内的贸易交易量将会有明显增加，区域内货物中转量也会随之增加。

---

① 刘才涌：《马来西亚港口业快速发展的现状及前景》，载《世界经济》，2002年第11期。

第三节　旅游业的发展与布局

一、旅游业的布局

旅游业是马来西亚的支柱产业，是国家收入的第三大来源，仅次于制造业和油棕业。1992年，马来西亚政府出台的《国家旅游政策研究》设立了发展旅游业的一系列经济、社会和政治目标：在经济上要解决就业、推进城乡一体化、推动经济公平发展等目标；在政治上要发展外交、改进国际形象、促进国家统一等目标；同时实现社会发展、推动文化交流等社会目标。为了实现这一系列目标，马来西亚提出对其"海洋、沙滩"等旅游产品格局进行突破，决心发展一系列的新形态产品，包括生态旅游、乡村旅游、文化遗产旅游、会议与展览等。同时通过大量投资旅游购物业和举办"购物嘉年华"活动，将马来西亚建成著名的旅游购物目的地。

（一）乡村旅游

2001年马来西亚艺术文化和旅游部下属的一个专家咨询小组，代表联合国开发署和世界旅游组织，起草了一份乡村旅游总规划，为发展马来西亚的乡村旅游设定了诸如：提高乡村旅游的产品和服务质量，使旅游者能通过参加乡村旅游获得全新的旅游体验；使乡村旅游收入在5年内由现有的3.5亿马元增加到10亿马元等一系列目标。为了实现这些目标，这份规划制定了一系列保证安全、提供舒适的住宿接待设施的主要措施，并把乡村旅游和热带风情进行结合，让游客参与一些诸如种植水稻等体验性活动。乡村旅游一是以农林公园为主体，主要分布在近郊的观光农业公园，进行体验林业等活动；二是对农村景观的欣赏并在此居住，多在山区、半山区，建造住宅区和附带的农园别墅；三是利用农林水产品的早市、配送和直销业务对土特产的再次加工和销售等；四是终生学习型，多以第二、三产业退下来的城市居民为主要对象，给他们开设农业产业研修课程，实现体验农村生活。

通过乡村旅游，让旅游业受惠人群遍及到广大乡村社区，而且能让旅游者加强和乡村社区的互动、吸引更多游客在马来西亚游览。实践证明，马来西亚着力推广乡村旅游，有利于完成国家旅游政策中所提到的城乡一体化的目标，有利于实现社会的可持续发展。

（二）国家生态旅游

1996年，马来西亚的非政府组织——马来西亚世界自然基金会提出了国家生态旅游计划。这份计划较为详细地涵盖了如何管理自然保护区、整合政府资源、获取财政支持、吸引当地居民参与、联合营销等，如今该计划成为了马来西亚发展生态旅游的实际指导准则。通过此计划，马来西亚在生态旅游的实践中走在了国际的前列。

（三）学生旅游项目

随着旅游业的不断发展，马来西亚开始重视对特殊群体的旅游奖励，并出台一系列的项目，当中影响最大的是2001年由旅游部门和教育部联合推出的，旨在让更多学生参与旅游的学生旅游项目（Student Tourism Program）。政府希望通过这一项目培养青少年的爱国热情，并希望通过旅游活动解决这一群体的种种不良嗜好，进而培养全民的旅游意识。

（四）第二家园项目

为了吸引外资，也为了鼓励更多的外国游客频繁地访问马来西亚，马来西亚2002年在全球范围推出了"马来西亚第二家园项目"。符合资格的外国人加入该项目后除给予10年有效期的护照自由出入外，还将在马来西亚享受自由购置房产、免税购买汽车、定期存款利息免税、子女就读当地学校等一系列的权利。据统计，"马来西亚第二家园项目"自2002年启动以来，至2010年3月为止共有15 816人或户加入，其中以中国、孟加拉、英国和日本等国国民居多。不少人认为该项目有较大的吸引力，因为"只需将个人22万元人民币或家庭33万元人民币，折合成马元，存入马来西亚境内的任意一家银行，就如同瞬间获得一张'绿卡'，可以一边享受存款利息，一边拥有在马来西亚的定期居住权，并在当地投资"。[①]

（五）会展旅游

马来西亚政府充分发挥会展业对旅游入境人数、创汇收入提高的重要推动作用及发展潜力，很快实现马来西亚在国际会展市场上地位的提升，会展旅游正成为马来西亚旅游业增长的新引擎。

---

① 王博：《30万元安家马来西亚——访马来西亚驻华商务参赞阿卜巴喀·尤斯夫》，载《新财经》，2007年第8期，第68—70页。

1. 马来西亚的会展旅游起步较晚，但发展速度快

与欧洲100多年会展旅游的历史相比，马来西亚的会展旅游起步较晚，迄今也只不过20多年的历史，但马来西亚会展旅游的发展速度较快。1999年，马来西亚接待的会展旅游者仅13.92万人次，占入境旅游者总数的1.76%。但到2007年，马来西亚会展游客人数首次超过100万，达到101.31万人次，比2006年增长了23.51%，是1999年会展旅游人数的7倍多。会展旅游者占马来西亚接待入境游客人数的比例也迅速上升到4.9%[1]。会展旅游者在马来西亚的旅游消费也很高。2007年参加会展的旅游者在马来西亚的消费达到31.7亿马元，占马来西亚全年旅游外汇收入的6.9%。会展旅游者每天的人均消费高达3 133马元，比休闲度假游客每天2 196马元的人均消费高出约1 000马元[2]。

2. 举办的会展数量、规模都在增加，形成了一批品牌会展

1998年，马来西亚政府审批的国际性展览为33个，2005年达到了64个[3]。2007年马来西亚举办了200多场大型会展。仅"2007年全球会聚马来西亚"活动就吸引了来自世界上34个国家的134家会展商。近几年马来西亚举办的国际性、地区性会展数量可观，包括第二十一届泛太平洋地区房地产评估师和咨询顾问会议、X射线和相关科技国际研讨会、国际建筑展、国际交流信息技术展览及会议、国际发明创新技术展、第一届东亚峰会、马来西亚F1方程赛、马来西亚国际家具展、国际珠宝展、亚洲防务和政府安全展、国际食品饮品展、亚洲旅游论坛、第十二届亚洲健康展、马来西亚东南亚医疗保健展等一批具有相当规模的专业展会。

马来西亚通过举办大量的会议展览，打造了国际家具展、兰卡威国际海事航天展、吉隆坡国际汽车展、马来西亚国际珠宝展等品牌会展。特别是一年一度的马来西亚国际家具展（MIFF）已成为亚洲地区最大型最完整的家具贸易展览会，是全球十大家具展览之一。2008年的马来西亚国际家具展就吸引了来自世界各地130多个国家及地区的30 000多个专业买家。

3. 会展业服务体系初步形成

在马来西亚，会展服务体系已初步形成，建立了一些会展组织者、目的地接

---

① Overview of MICE in Malaysia Monda, http//www.micedirectory.com.my/.

② Malaysia Tourism Promotion Board.MYCEB: MALAYSIA'S ONE -STOP CENTRE FORMICE, http: //www.tourism.gov.my/corporate/mediacentre.asp?page =news_desk&subpage =archive&news_id=285.2014-7-7.

③ http://www.matrade.gov.my.

待公司及与之相关的行业协会。为了适应会展业发展的需求、促进会展旅游的发展，更多的会展中心、会展经营公司、行业协会及一些旅游机构纷纷加入相关的国际会议组织和旅游组织。如马来西亚旅游局加入了ICCA组织，由会展中心、专业会展组织、场地管理公司、饭店、旅行社、景区、航空公司、购物中心等组成的行业协会如马来西亚会展组织者供应者协会（MACEOS）则是亚洲展览会议协会联盟（AFECA）及世界博览会联盟的成员。

4. 会展旅游的硬件设施建设发展非常快

到2008年底，马来西亚已建成了15个以上设施比较完备的会展中心。其中，吉隆坡会议中心、世界太子贸易中心、绿野马来西亚国际展览会议中心、布拉特贾也国际会议中心、兰卡威Mahsuri国际会议中心及马六甲国际贸易中心等八大会展中心的会议厅、展览场地的面积都超过了1万平方米。

马来西亚的旅游接待设施不断得以完善。截至2007年，马来西亚的酒店、旅馆数量达到2 400多家，是1993年的两倍多，能提供160 327间不同等级的客房，仅吉隆坡就能提供2万多间三星至五星级酒店客房。同时，酒店入住率也大为提高。1995—2001年的6年间，马来西亚酒店的平均入住率为57.7%，2007年已增长到70%[①]。

5. 吉隆坡已成为亚洲主要会展地

在马来西亚已初步形成了以吉隆坡为中心的国际会展业发展模式。马来西亚大部分设施先进的大型会展中心和星级豪华酒店都在吉隆坡，国内的很多大型会展也都在吉隆坡举办。2007年，吉隆坡举办的大型会议达66项，在ICCA国际会议城市统计排名中列第19位，比2005年的30位上升了11位。而建在吉隆坡的吉隆坡会议中心、世界太子贸易中心、马来西亚国际展览中心及布拉特贾也国际会议中心是马来西亚举办国际会展最多、深受会展参与者青睐的会展地。尤其是吉隆坡国际会议中心，已崛起成为亚洲主要国际展馆和会议中心，荣获2007年度、2008年度亚洲旅游周刊"亚洲最佳会展中心奖"和"绿色环球基准"地位。其在2006年举办的430项活动接待了超过150万人次的参加者，为马来西亚贡献了4.45亿马元的经济效益。

---

① Malaysia Hotels & Rooms Supply, Malaysia Tourism Promotion Board, http：//www.tourism.gov.my/corporate/research. asp?page=facts_figures Malaysia, Country Reports, http：//www.thefreelibrary.com/Malaysia.-a0133367582.

随着会展业的发展，马来西亚已成为亚洲十大会展地之一。但总体来看，马来西亚的会展旅游还处于起步阶段，市场总量还比较小，在国际会展业中的地位还非常低。据ICCA统计，2007年马来西亚举办的国际会议在全球排名27位。而且，马来西亚国际化的会展品牌很少。除了马来西亚国际家具展、兰卡威海事航天展形成一定影响外，大多数会展都是临时性的和国内的会展。

（六）医疗旅游

马来西亚旅游部正积极推行传统医药旅游，设计一个结合华、巫、印种族的传统医药技术和民宿的旅游卖点。目前，马来西亚政府已圈定3个首要地点作为传统医疗的集中区，土著医药在 Gua Kerbau，中药医疗在怡保三宝洞，印度医疗在黑风洞。

二、旅游业的发展

（一）马来西亚旅游业的发展历程

1. 20世纪90年代

自20世纪90年代以来，马来西亚蓬勃发展的旅游业受到全世界的瞩目。从1990年开始受宏观经济以及相应的旅游政策的推动，马来西亚旅游业保持持续增长。1997年的亚洲金融危机对马来西亚旅游业造成了较大影响。在1997年马来西亚接待入境游客680万人次，比1996年下降20.7%；1998年持续下降，为520万人次，比1997年又下降了23.5%。此后，马来西亚采取了一系列应对措施，入境旅游业迅速恢复。1999—2002年马来西亚接待入境游客分别为793万人次、1 022万人次、1 278万人次、1 329万人次，与1998年相比增幅高达52.5%、96.5%、145.6%、155.6%。入境旅游收入则分别为1999年的123亿马元，2000年的173亿马元，2001年的242亿马元，2002年的259亿马元。

2. 2003—2009年

在此之后的2003—2009年间，受国际环境影响旅游业的波动性加大。"非典"、"禽流感"、"美伊战争"、印度洋海啸以及世界金融危机等都给旅游业带来危机，受外围环境的不利影响，马来西亚2003年入境旅游人数和旅游收入曾出现过短暂的下跌。虽然2003年下半年的形势出现了一定程度的好转，但是复苏的势头仍不能覆盖整个市场。据《2003年马来西亚旅游业统计报告》显示，全年接待入境游客1 057.7万人次，下降了52.2%，远高于世界旅游组织公布的东南亚地区平均16%的降幅，入境旅游收入则下降为212.9亿马元。而在2004年，马来西亚旅游业虽然也经历了海啸、烟霾等的影响，但也取得了近几年来的最好业绩：全年共有1 570.3万人次的外国游客光顾马来西亚，比2003年增长了48.5%，并为这个国家带来了78亿美元的外汇收入。2005年上半年这个势头进一步延续，到马来西亚旅游的人比2004年同期增长了3.5%在2001—2005年的"八五计划"期间，马来西亚旅游业总收入增加了近一倍。由于长期保持了快速增长的趋势，目前旅游业已经是马来西亚第二大外汇收入来源，第三大经济支柱，2007年马来西亚国际游客人数更高达2 097万人次，位列东南亚第一。当2009年全世界的旅游业下跌之际，马来西亚的旅游业不减反增，2009年总入境游客数达2 365万次，增长7.2%，超过政府制定的1 900万造访人数的目标，成为东南亚旅游成长率最高的国家。前10位游客客源地分别为：新加坡、印度尼西亚、泰国、文莱、中国（包括香港及澳门）、印度、澳大利亚、菲律宾、英国和日本。

3. 2010年至今

2011年赴马来西亚游客达到2 471.14万人，旅游收入达583亿马元。2012年赴马来西亚外国游客人数达2 500万人次，旅游外汇收入202.5亿美元。2012年，马来西亚共接待游客2 500万人次，较2011年增加了1.3%，为马来西亚提供14%的就业岗位，总收益达到1 303亿马元，其中外国游客创下的经济收益达625亿马元，本国游客创造经济效益408亿马元。为持续稳步增加旅游对经济的促进作用，缓解包括近年来价格上涨、国家补贴减少在内等财政紧缩政策带来的负面影响，旅游业的发展成为马来西亚文化与旅游部工作的重中之重。2013年，马来西亚通过举办国际旅游展等方式，促进旅游业的发展，全年到马来西亚游客数量达2 570万人次，同比增长2.7%，旅游行业收入达到654.4亿马元，同比增长8.1%，旅游业已经成为马来西亚经济收入的第六大产业。

《华尔街日报》援引知名金融机构美林公司的研究报告称，目前赴马游客中，中国人占一成多，给马来西亚贡献了6%的旅游业收入，相当于其国内生产总值的0.4%。2011年，赴马中国游客突破100万人，2012年达到150万人。东南亚国家本来对2014年寄予厚望，并且比以往更加注重拓展中国市场。但是，由于2014年马来西亚航空公司航班频发的失联事件和4月发生的一名中国女游客在马来西亚沙巴州被菲律宾反政府武装组织劫持事件，最直接的影响是导致赴马来西亚旅游的中国游客大量减少。据马来西亚星洲网表示，中国旅游业人士预测，2014年中国赴马旅游人数将减少约40万—80万人，马来西亚旅游业将损失40亿—80亿元。

马来西亚将2014年定为"旅游年"，提出吸引2 800万外国游客的目标。旅游业已成为国民经济的重要产业部门，并带动其他相关部门的发展，旅游业的发展对经济结构的调整具有重要的作用。

（二）马来西亚旅游业发展的政策因素

在旅游政策的含义上，国外学者认为旅游政策是一套规章、规则、准则、指示、发展或促进的目标和战略，它们为集体或个人制定了直接影响某个旅游目的地旅游发展及日常活动的决策框架[1]。国内有学者认为，旅游政策是政府部门根据特定时期旅游业发展的需要，为实现相应的旅游发展目标而制定的一系列行动准则，这些准则既包括宏观性的指导思想以及发展方向，也包括对某一具体问题的明确意见[2]。由此可见，旅游政策的目的在于引导和促进旅游业的发展，并通过旅游业的发展最终实现经济和社会发展等一系列目标，因此政府部门必须在宏观层面为旅游发展提供基本保障，同时采取多种措施提高旅游供给水平。

马来西亚实行政府主导型的旅游发展模式，政府对旅游业的宏观调控以政策性调节为主，其旅游发展的目标和主要措施体现在国家经济纲领中，围绕这一政策目标制定有关国家旅游发展政策、专项旅游政策并加以实施。

1. 马来西亚国家经济纲领中促进旅游业发展的措施

1956—1990年间，马来西亚先后执行了7个经济发展"五年计划"（2个马来亚"五年计划"，5个马来西亚"五年计划"）。作为国家经济发展规划的纲领性文件，历次"五年计划"的主要目的在于改变经济结构，开发资源，建设并改善基础设施，促进经济发展，最终提高人民的物质生活水平和缩小国民收入差距等[3]。虽然每个"五年计划"有所侧重，但都留有重要篇幅对发展旅游业提出了明确的发展目标和措施、政府投资方向等内容。

受20世纪80年代中期全球经济衰退的影响，马来西亚经济遭受了严重打击，

---

① 查尔斯·R·戈尔德耐、J·R·布伦特·里奇、罗伯特·W·麦金托什著：《旅游业教程——旅游业原理、方法和实践》，大连：大连理工大学出版社，2003年版，第23页。
② 魏小安著：《旅游政策与法规》，北京：北京师范大学出版社，2009年版，第39页。
③ 马燕冰编著：《列国志：马来西亚》，北京：社会科学文献出版社，2011年版，第145页。

随后其政府认识到不能将经济发展过度依赖对外贸易，提出了旅游业发展的目标和具体措施。

（1）"六五计划"和"七五计划"

1991年6月，马来西亚政府颁布《1991—2000年经济发展纲要》，这个发展纲要包括了两个五年计划即"六五计划"（1991—1995年），"七五计划"（1996—2000年）。

马来西亚在"六五计划"中专门提到了国家形象问题，并决定通过发展旅游业，达到改进马来西亚国家形象并促进国家统一的目标。

在"七五计划"中，马来西亚将国家旅游业形象建设目标确定为"马来西亚人的生活方式"（Malaysian way of life）；并进一步计划确定了新的旅游产品，包括乡村旅游、社区旅游和自然旅游；并特别重视发展生态旅游，认为通过生态和农业资源等旅游业项目，能使马来西亚所独特的热带气候和自然资源得到有效的开发和利用。

（2）"八五计划"

在第八个五年计划（2001—2005年）中马来西亚政府提出了抢占新的国际性旅游战略市场的目标，并且提出将吉隆坡国际机场发展成区域航运中心；同时还主动提出了发展休闲、航海、游艇等新的旅游项目，以对应亚洲新的增长需求；该计划还进一步建议通过发展飞机—游轮包价旅游，加强与中远距离旅游市场的经济联系；并主动提出了东盟在航海旅游及营销上进行区域合作的计划。"八五计划"首次显示了马来西亚对发展旅游业的自信，因为在这个五年计划中，马来西亚而是将自身定位为东南亚旅游业的合作者、开拓者，而不再是新加坡和泰国的副手。

（3）"九五计划"

由于受伊拉克战争和SARS等事件的影响，马来西亚2003—2004年旅游收入和旅游人数都出现较大幅下跌，这让马来西亚政府在"九五计划"（2006—2010年）中特别强调维持区域内外和平稳定对发展旅游业的重要性，并第一次把发展旅游业与扩大出口、吸引投资、开拓新的市场视为马来西亚经济发展的四个重点。马来西亚在"九五计划"中提出了到2010年，每年吸引2 460万游客的目标，为了实现这一目标，"九五计划"甚至提出国际市场营销方面的具体措施：例如"改造专门负责马来西亚旅游业对外宣传和市场营销工作的马来西亚旅游促进局

（Malaysia Tourism Board），实行私有部门的经营和管理方式，以增加该部门的活力，提升营销效率"。

为了实现历次"五年经济计划"中发展旅游业的目标，马来西亚政府从1971年"二五计划"开始就投入专项资金发展旅游业，资金用于旅游目的地基础设施、旅游配套设施的建设和港口、机场等入境场地的升级改造工程。1990年以后为了继续建设和维护国内旅游设施，开拓国际旅游新的市场，实现对外宣传马来西亚形象的目的，马来西亚政府不断加大对旅游业的专项投入，"六五计划"为533.9百万马元，"七五计划"为605.5百万马元，"八五计划"为1 009百万马元，"九五计划"更高达1 847.9百万马元。[①]政府对旅游业发展的财政投入的快速增长，体现了马来西亚政府对发展旅游业的重视和决心。

2. 政府主导制定国家层面的国家旅游发展政策

20世纪80年代，虽然马来西亚有旅游资源上的优势，政府也主动发展旅游业，但在如何发展旅游业的问题上，中央政府各部门之间，马来西亚各州之间有着明显的分歧。[②]这种因地域和部门差异导致的矛盾，曾在一段时期内严重影响了旅游业的发展。为了解决这一问题，马来西亚政府宏观旅游政策上的另外一个举措就是出台国家旅游发展政策，规划旅游业的未来发展方向，同时协调马来西亚政府部门与各州的权限。

马来西亚的国家旅游发展政策包括：1975年的《马来西亚旅游发展计划》（Malaysia Tourism Development Plan），1989年的《国家旅游业发展指引》（Guidelines for National Tourism Development），1990年出台的马来西亚旅游政策文件（Malaysia Tourism Policy Document），1992年的《国家旅游政策研究》（National Tourism Policy Study），2003年出台的国家旅游政策（The Second National Tourism Policy）。

其中，1992年的《国家旅游政策研究》影响最广。1992年，马来西亚政府出台的《国家旅游政策研究》内容包括旅游业的规划、开发和营销、协调政府部门与各州权限等广泛的政策。引人注目的是，这份国家旅游政策中，设立了发展旅游业的一系列经济、社会和政治目标：在经济上要解决就业、推进城乡一体化、

---

① Azizan Marzuzi: Tourism Development in Malaysia.A Review On Federal Government Policies, Theoretical and Empirical Researches in Urban Management, 2010(11).

② R.J.G.Wens: Tourism planning in apresently developing country-The case of Malaysia, Tourism Management, 1982(3).

推动经济公平发展等目标；在政治上要发展外交、改进国际形象、促进国家统一等目标；同时实现社会发展、推动文化交流等社会目标。

通过出台专门的旅游发展政策，确立发展旅游业的目标，开发新形态的旅游产品，马来西亚中央政府各部门之间都为实现旅游业发展的目标承担一部分任务，有利于从中发挥各自的作用，也有利于旅游资源差异较大的各州根据自身实际，开发优势旅游项目或产品。

3. 政府制定和实施的专项旅游政策

在旅游业发展得比较成熟之后，马来西亚将视野由传统的旅游活动向扶贫、生态、修学和移民等专项旅游方面拓展，不仅为旅游市场提供了多样化的旅游产品供给，也提高了马来西亚旅游业发展的水平。

国家经济计划、国家旅游发展政策、专项旅游政策构成了马来西亚旅游政策的主框架，在这一框架以外，马来西亚政府还采取一些旅游基础设施基金、旅游专项发展基金和税收优惠等财政手段促进旅游业的发展。

第六章　对外经济合作的发展和布局

　　自1957年独立后，马来西亚社会、经济发展比较迅速，现已成为亚洲地区引人注目的新兴工业国家和世界新兴市场经济体。2013年，人均GDP达10 060美元，正努力朝高收入国家迈进。由于对外贸易在马来西亚的经济发展中占有很大比重，对国际市场的依存度高，所以马来西亚政府长期以来实施开放的贸易政策制度，仅部分商品的进出口会受到许可证和其他限制，贸易与投资壁垒历来都比东南亚地区其他国家低，这使得马来西亚成功利用了生产国际化和世界贸易，有效发展了本国经济。

第一节　对外贸易概况和发展历程

　　早在16世纪末期马来西亚就已成为东南亚地区的贸易中心，19世纪后半期沦为英国殖民地。独立后，马来西亚除了改造殖民经济结构、发展民族经济之外，还实行全方位开放，大力发展外向型经济，实施了一系列成功的对外贸易战略措施，经济实力显著增强。[①]

一、贸易发展历程

（一）历史上的贸易战略

　　自独立以来，马来西亚的工业化过程经历了两次进口替代战略，两次出口导向战略和20世纪90年代以来的经济调整时期，还有专门针对贸易的引进外资战略、自由贸易区战略等，这些都影响了马来西亚的对外贸易和外国直接投资的走向和发展。

　　1. 进口替代战略

　　1960年，马来西业的进出口总额为20.94亿美元，其中出口额为11.89亿美元。当时，许多日用工业品几乎完全依靠进口，传统的农矿产品出口具有一定

---

①　陈霜华：《马来西亚对外贸易战略研究》，载《学术探索》，2001年第1期，第4—6页。

优势，这就面临着对外贸易发展战略的一个选择：是选择进口替代，还是大量出口农矿产品换取日用工业品？马来西亚拥有丰富的热带经济作物和矿物资源，50年代世界工业生产的崛起，带动了天然橡胶等初级产品价格的上涨；欧美国家实行贸易自由化政策，国际市场对农、矿产品的出口没有障碍，这些都有利于马来西亚的出口贸易。但是，农业生产率的提高是一个缓慢的过程。相比之下，工业品的生产率提高较快，一些技术要求较低的劳动密集型产品，只需少量投资就能生产，且国内市场需求弹性大、投资见效快。因此，依靠大量出口农、矿产品来换回工业品的发展方式，就显得难以为继。为了振兴本国民族经济，改善工业结构，1958年，马来西亚颁布《先驱工业法令》，开始走上进口替代工业化发展战略。

这一阶段，采取的政策是避免通过直接进口限制和建立国有企业来实行"强制性"工业化，而是采取适度的关税措施以促进对制造业进行新的投资，尤其营造一种有利于私营企业发展的投资环境。[①]

2. 出口导向战略

进口替代工业化战略实施10年后，该模式的弊端开始显露，关税保护和进口配额使部分国内的"先驱工业"严重依赖国家的保护政策。例如，根据规定，凡国产原材料的使用比率超过制成品价格的50%者，可以在税收方面给予优惠；汽车部件和摩托车部件必须受国产化计划的限制。这些措施在提高国产化率的同时，也造成了企业效益低下，资源消耗严重，加上国内市场日趋饱和，马来西亚经济增长势头出现减缓。当生产规模日益扩大，已远超国内市场的容量时，继续对这些企业给予保护，显然不利于资源的有效配置。

1968年马来西亚颁布《鼓励投资法案》，1971年颁布《自由贸易区法令》，及时由进口替代战略转向出口导向战略。这一新战略鼓励国内外资金投向资源加工型和劳动密集型制造业，把制造业作为工业发展的主要目标，确定重点发展橡胶、棕油等行业，推动了国内工业的迅猛发展。制造业在GDP中的比重，由1960年的8%提高到1978年的18%。同期，对外贸易迅速扩大，其中以1973—1978年间发展最快，年均增长率超过25%，1978年进出口总额已达133.42亿美元，其中，进口59.29亿美元，出口74.13亿美元，外贸顺差14.84亿美元。

---

① ［澳］普雷马·詹德拉·阿图科拉拉：《马来西亚的贸易政策：自由化过程、保护结构和改革议程》，载《南洋资料译丛》，2006年第3期，第61页。

3. 引进外资战略

独立以来，马来西亚政府对利用外资一直采取积极态度，并通过外资立法予以推进。1968年制定了《鼓励投资法案》，主要内容包括：创造就业机会、促进出口；促进地方开发；利用国产资源；发展技术和培养人才。1980年颁布实施的《投资促进法》，对外商提供种种优惠政策，如出口信用再融资、出口补助、出口信用保险费加倍减免等。1986年实施《投资奖励法案》，进一步放宽对外资的限制，鼓励外资直接投入出口导向型工业，规定产品80%以上出口者，外商可独资经营；在一定时间段提出投资申请者，其产品50%以上出口或雇佣350名以上马来西亚全职员工，也可以独资经营。这些措施促进了外资的大量进入，尤其抓住了亚太地区产业梯度转移的机会。1990—1992年连续3年，外资引入超过20亿美元。

表6-1   1970—1993年马来西亚引进外资情况（单位：亿美元）

年份	外来投资	年份	外来投资	年份	外来投资
1970	0.94	1978	5.0	1986	4.9
1971	1.0	1979	5.7	1987	4.0
1972	1.1	1980	9.3	1988	6.1
1973	1.7	1981	12.7	1989	12.6
1974	5.7	1982	14.0	1990	12.6
1975	3.5	1983	12.6	1991	22.3
1976	3.8	1984	8.0	1992	23.2
1977	3.8	1985	7.0	1993	8.2

资料来源：陈霜华：《马来西亚对外贸易战略研究》，《学术探索》2001年第1期，第5页。

马来西亚传统的出口商品是橡胶和锡，但随着大量外资流入出口导向型工业，国家的经济结构也发生了明显变化。1987年制造业所占GDP比重，第一次超过农业，1993年，GDP达664.5亿美元，其中制造业的比重占30.1%。在1997年的GDP中，农业所占比例降至13%，制造业提高到34%，制成品出口占到出口总额的85%。

马来西亚在重视外国直接投资的同时，也十分重视使用外国的借贷资本。马来西亚主要采取政府直接举债和政府担保下的国有企业举债两种方式，仅1990

年和1991年两年，举借外债就超过300亿美元。

4. 自由贸易区战略

马来西亚政府为了促进工业发展，在各个州划定了一些地区作为鼓励国内、外投资的工业区，这些工业区分为两类：一类是一般工业区，另一类是"自由贸易区"，政府把以出口为目的的外资加工企业一般安排在自由贸易区，其他的工业企业则放在一般工业区。政府于1971年颁布实施《自由贸易区法令》，并于当年兴建了第一批3个自由贸易区，1974年增至8个，1986年达11个。这些自由贸易区大部分设立在交通发达、基础设施比较好的马来半岛，政府鼓励在自由贸易区内开办资源加工劳动密集型企业，规定区内企业生产的产品80%以上出口。凡是在区内设厂的，企业均享有特别优惠政策，如减免产品出口税、转口出口商品可以退税，如果当地原料、零部件比进口原料、零部件质量低、价格贵，企业进口的原料则可以免交进口税等等。

5. 出口市场多元化战略

独立之初，马来西亚的出口主要限于英联邦成员国和东南亚市场。70年代以后，为了进一步扩大出口商品市场，马来西亚采取了一些新的举措：大力开辟美、日、西欧、大洋洲、中东及东欧等新市场；全力推进"东盟自由贸易区"的建设并发展东盟国家之间的"增长三角区"合作关系，倡议建立"东亚经济核心组织"；加强同发展中国家的经济合作，并与其中的11个国家签署了"双边付款协定"和筹建"南方投资贸易与技术信息交流中心"；同多个国家签订了避免双重税务协，等等。

（二）近年贸易情况

马来西亚对外贸易在国民经济中占有重要地位，自1995年以来，外贸依存度达150%以上。从1998年起，马来西亚连续16年保持贸易顺差。21世纪以来，马来西亚对外贸易增长较快，2001—2008年对外贸易平均增速在25%以上。2009年，马来西亚对外贸易额受全球金融危机影响较大，外贸总额降幅达16.6%。2010年，马来西亚外贸恢复强劲，外贸总额11 686亿马币，同比增长18.3%。2011—2013年，在全球经济总体不景气的背景下，马来西亚对外贸易仍取得较好成绩。

2013年，外贸总额达到13 688.8亿马币，同比增长4.5%，创历史最高记录。其中，出口额达7 198.2亿马币，同比增长2.4%；进口额6 490.7亿马币，同比增长7.0%。其中，出口产品主要是电气电子产品、棕油及棕油制品、石油制品、液化天然气、石油、木材及木材制品等。其中，工业制成品占76.4%，矿产品占13.4%，农业类产品占8.9%。前十大出口市场依次为新加坡、中国、日本、欧盟、美国、泰国、印度尼西亚、中国香港、澳大利亚和韩国。进口产品主要是电子电器、机械设备及零配件、化学化工品等，半成品、生产材料及消费品分别占58.4%、15.2%和7.3%。前十大进口来源地依次为中国、新加坡、欧盟、日本、美国、泰国、中国台湾、韩国、印度尼西亚和越南。

最新数据显示，2014年1—5月贸易总额为5 972.2亿马币，同比增长10.2%。其中，出口3 190亿马币，增长13.5%；进口2 782.1亿马币，增长6.7%；贸易顺差407.9亿马币。1—5月，马来西亚与东盟、中国、欧洲、日本、美国贸易来往均有增长，分别增长7%、8.2%、9.2%、6.7%和7.6%；而对其他地区如澳大利亚、中国台湾、中国香港、韩国等地的出口额也有增加，分别增长34.8%、27.6%、29.1%和14%。5月份，马来西亚出口649.1亿马币，同比增长16.3%；进口591.9亿马币，增长11.9%；贸易顺差57.2亿马币，增长近一倍。经济学家认为，2014年下半年，电子与电气出口将继续带动出口增长，原油及原棕油价格稳步上扬也将推高出口增幅。①

表6-2 2010—2014年马来西亚贸易情况（单位：亿马币）

年份	出口		进口		贸易总额	
	出口额	百分比（%）	进口额	百分比（%）	贸易总额	百分比（%）
2010	6 388.22	15.6	5 288.28	21.7	11 676.51	18.3
2011	6 978.62	9.2	5 736.26	8.5	12 714.88	8.9
2012	7 026.41	0.7	6 066.77	5.8	13 093.18	3.0
2013	7 198.15	2.4	6 490.68	7.0	13 688.83	4.6
2013年（1—7月）	3 985.42	2.8	3 711.02	4.7	7 696.44	0.7
2014年（1—7月）	4 412.51	10.7	3 927.99	5.8	8 340.50	8.4

资料来源：http://www.statistics.gov.my/main/main.php

① 中国驻马来西亚大使馆经济商务参赞处：http://my.mofcom.gov.cn/。

二、贸易法规政策

(一)贸易管理法律体系

马来西亚对外贸易法律主要有《海关法》、《海关进口管制条例》、《海关出口管制条例》、《海关估价规定》、《植物检疫法》、《保护植物新品种法》、《反补贴和反倾销法》、《反补贴和反倾销实施条例》、《2006年保障措施法》、《外汇管理法令》等。

马来西亚主管对外贸易的政府部门是国际贸易和工业部，其主要职责是：负责制定投资、工业发展及外贸等有关政策；拟定工业发展战略；促进多、双边贸易合作；规划和协调中小企业发展；促进和提升私人企业界和土著的管理和经营能力。

(二)进出口管理

马来西亚实行自由开放的对外贸易政策，部分商品的进出口会受到许可证或其他限制，但总的趋势是越来越宽松。

1. 进口管理

1998年，马来西亚海关禁止进口令规定了四类不同级别的限制进口。第一类是14种禁止进口品，包括含有冰片、附子成分的中成药，45种植物药以及13种动物及矿物质药；第二类是需要许可证的进口产品，主要涉及卫生、检验检疫、安全、环境保护等领域，包括禽类和牛肉(还必须符合清真认证)、蛋、大米、糖、水泥熟料、烟花、录音录像带、爆炸物、木材、安全头盔、钻石、碾米机、彩色复印机、一些电信设备、武器、军火以及糖精。目前大约有27%的税目产品需要进口许可证；第三类是临时进口限制品，包括牛奶、咖啡、谷类粉、部分电线电缆以及部分钢铁产品；第四类是符合一定特别条件后方可进口的产品，包括动物、动物产品、植物及植物产品、香烟、土壤、动物肥料、防弹背心、电子设备、安全带及仿制武器等。

为了保护敏感产业和战略产业，马来西亚对部分商品实施非自动进口许可管理，所有重型建筑设备进口须经国际贸易和工业部批准，在马来西亚当地企业无法生产的情况下方可进口。

马来西亚海关负责发放进口许可证，国际贸易及工业部和其他部门负责进口许可证的日常管理工作。

2. 出口管理

根据规定，除以色列外，大部分商品可以自由出口至任何国家。小部分商品需获得政府部门的出口许可，包括：短缺物品、敏感或战略性或危险性产品，以及受国际公约控制或禁止进出口的野生保护物种。此外，马来西亚《1988年海关令（禁止出口）》规定了对三类商品的出口管理措施，第一类为绝对禁止出口，包括禁止出口海龟蛋和藤条；第二类为需要出口许可证方可出口；第三类为需要视情况出口。第二和第三类商品大多数为初级产品，如牲畜及其产品、谷类、矿物或有害废弃物；第三类还包括武器、军火及古董等。

国际贸易与工业部及国内贸易与消费者事务部负责商品出口许可证的管理。

3. 进出口检验检疫的相关规定

马来西亚要求所有肉类、加工肉制品、禽、蛋和蛋制品进口必须获得兽医服务局颁发的进口许可证。所有牛、羊、家禽的屠宰场及加工设备必须获得穆斯林发展部的检验和批准。

4. 海关管理的相关规定

马来西亚关税有两大归类管理系统，一类用于东盟内部贸易，税则号为6位数字；另一类用于与其他国家进行的贸易。国际贸易及工业部下属关税特别顾问委员会负责关税评审，每年在政府预算中公布。

关于关税水平，马来西亚关税99.3%是从价税，0.7%是从量税、混合税和选择关税。2005年，马来西亚最惠国关税简单平均关税税率约8.1%。

三、中国与马来西亚的贸易关系

马来西亚是东盟国家中第一个同中国建交的国家，与中国有着良好的传统友谊。近年来，中马两国经贸往来正处于历史最高水平，双方经贸合作日趋紧密。

2000年以来，中国与马来西亚双边贸易额年均增长达30%以上。自2002年中国—东盟贸易自由区启动以来，中国与马来西亚的双边贸易发展迅速，2004—2007年马来西亚连续4年成为中国在东盟地区的第二大贸易伙伴，2008年马来西亚超过新加坡跃居中国在东盟地区的第一大贸易伙伴。据中国商务部统计，2012年中马双边贸易达948.13亿美元，创历史新高。其中，中国出口365.18亿美元，进口582.95亿美元，中国是马来西亚最大的贸易伙伴，马来西亚是中国在东盟国家中的第一大贸易伙伴。

表6-3　中马经贸发展（2002—2008年）（单位：亿美元）

年份	进出口总额		中对马出口		中自马进口		贸易平衡
	数额	增长率	出口额	增长率	进口额	增长率	
2002	142.71	51.4%	49.75	54.4%	92.96	49.8%	-43.21
2003	201.23	41.01%	61.36	23.34%	139.87	50.46%	-78.51
2004	262.61	30.5%	80.87	31.7%	181.74	29.9%	-100.88
2005	307.03	16.9%	106.07	31.2%	200.96	10.6%	-94.89
2006	371.12	20.87%	135.37	27.63%	235.75	17.31%	-100.38
2007	463.98	25.0%	176.90	30.7%	287.07	21.8%	-109.98
2008	534.69	15.2%	213.75	20.8%	320.94	11.8%	-107.19

资料来源：曾小荷、刘崇德：《中国与马来西亚货物贸易分析》，《科技经济市场》，2009年第11期。

根据中国海关统计，2012年，中国对马来西亚出口商品主要类别包括：①机电产品；②贱金属及制品；③化工产品；④运输设备；⑤塑料、橡胶；⑥光学、钟表、医疗设备；⑦纺织品及原料；⑧植物产品；⑨家具、玩具、杂项制品；⑩食品、饮料、烟草。中国从马来西亚进口商品主要类别包括：①机电产品；②塑料、橡胶；③动植物油脂；④矿产品；⑤化工产品；⑥贱金属及制品；⑦光学、钟表、医疗设备；⑧食品、饮料、烟草；⑨纺织品及原料；⑩木及制品。

据马来西亚统计局公布的数据，2014年1—6月，马来西亚对中国双边货物贸易额为304.2亿美元，增长1.4%。其中，马来西亚对中国出口139.4亿美元，增长2.9%，占马来西亚出口总额的12.0%，下降0.3%；马来西亚自中国进口164.8亿美元，增长0.2%，占马来西亚进口总额的16.0%，下降0.2%。马来西亚贸易逆差25.4亿美元，下降12.4%。

2014年1—6月，马来西亚对中国出口最多的商品为机电产品、矿物燃料、动植物油、机械设备和橡胶及制品，上述五大类商品的出口额依次为51.9亿美元、16.6亿美元、12.8亿美元、12.6亿美元和9.8亿美元，合占马来西亚对中国出口总额的74.5%，其他对华出口商品还有有机化学品、塑料制品、光学仪器制品、矿砂、锡及制品、铜及制品和木材及制品等。马来西亚自中国进口的商品品类繁多，主要有机电产品、机械设备、钢材及钢铁制品、光学仪器产品，塑料制品。2014年1—6月，马来西亚进口的上述五类商品合计107.5亿美元，占马来西亚自中国进口总额的65.2%。除上述产品外，马来西亚自中国进口的主要商品还有铜类制品、运输工具、无机化学品、铝及制品、新鲜蔬菜、纸张、家具和船舶等。[①]

第二节　外国直接投资（FDI）

马来西亚政府鼓励外资投向出口导向性产业，借此带动国家经济发展，但鼓励外商投资的行业及项目同时也对国内企业和个人实施，但在有些领域因维护马来土著利益，对外资在股权比例、董事会成员构成等方面有所限制。

一、在马来西亚的FDI概况、优势

（一）在马来西亚的FDI政策

马来西亚主管制造业领域投资的政府部门是贸工部下属的马来西亚投资发展局，主要职责是：制定工业发展规划；促进制造业和相关服务业领域的国内外投资；审批制造业执照、外籍员工职位以及企业税务优惠；协助企业落实和执行投资项目。

马来西亚其他行业投资由马来西亚总理府经济计划署（EPU）及国内贸易与消费者事务部（MDTCC）等有关政府部门负责，EPU负责审批涉及外资与土著（Bumiputra）持股比例变化的投资申请，而政府部门则负责其他业务有关事宜的审批。

1. 投资行业的规定

（1）限制的行业：外商投资下述行业会在股权方面受到严格限制：金融、保险、法律服务、电信、直销及分销等。一般外资持股比例不能超过50%或30%。

（2）新开放领域：2009年4月，马来西亚政府为了进一步吸引外资，刺激本国经济发展，开放了8个服务业领域的27个分支行业，允许外商独资，不设股权限制，包括：

①计算机相关服务领域：电脑硬件咨询；软件应用（包括软件系统咨询、系

---

① 中国—东盟自由贸易区：http://www.cafta.org.cn/。

统分析、系统设计、电脑程序、系统维护）；资料处理（包括资料输入、资料处理与制表、共享服务等）；数据库服务；电脑维修服务；其他（包括资料准备、训练、资料修复、内容开发等）；

②保健与社会服务领域：兽医；老人院及残疾中心；孤儿院；育儿服务（包括残疾儿童中心）；为残疾人士提供的职业培训；

③旅游服务领域：主题公园；会展中心（超过5 000个座位）；旅行社（仅限国内旅游部分）；酒店与餐馆（仅限4星级及5星级酒店）；食品（仅限4星级及5星级酒店）；饮品（仅限4星及5星级酒店）；

④运输服务领域：C级交通运输（私营运输执照——仅限自用货物运输）；

⑤体育及休闲服务领域：体育服务（体育赛事承办与促销）；

⑥商业服务领域：区域分销中心；国际采购中心；科学检验与分析服务（包括成分与纯度化验分析、固体物检验分析、机械与电子系统检验分析、科技监督等）；管理咨询服务（包括常规服务、金融（商业税收除外）、市场、人力资源、产品与公关等）；

⑦租赁服务领域：船只租赁（不包括沿海及岸外贸易）；国际货轮租赁（光船租赁）；

⑧运输救援服务领域：海事机构；船只救护。

为了进一步刺激外资流入，马来西亚政府自2012年逐步开放17个服务业分支行业的外资股权限制，包括：电讯领域的服务供应商执照申请、电讯领域的网络设备供应与网络服务供应商执照申请、快递服务、私立大学、国际学校、技工及职业学校、特殊技术与职业教育、技能培训、私立医院、独立医疗门诊、独立牙医门诊、百货商场与专卖店、焚化服务、会计与税务服务、建筑业、工程服务以及法律服务。

马来西亚服务业发展理事会（MSDC）是分支领域开放的监管单位，负责审查服务业限制领域发展的有关规定，监督和协调各部门相关工作。

（3）鼓励的行业：马来西亚政府鼓励外国投资进入其出口导向型的生产企业和高科技领域，可享受优惠政策的行业主要包括：农业生产，农产品加工、橡胶制品、石油化工、医药、木材、纸浆制品、纺织、钢铁、有塑料制品、防护设备仪器、可再生能源、研发、食品加工、冷链设备、酒店旅游及其他与制造业相关的服务业等。

2. 投资方式的规定

（1）直接投资：外商可直接在马来西亚投资设立各类企业，开展业务。直接投资包括现金投入、设备入股、技术合作以及特许权等。

（2）跨国并购：马来西亚允许外资收购本地注册企业股份，并购当地企业。一般而言，在制造业、采矿业、超级多媒体公司、伊斯兰银行等领域，以及鼓励外商投资的五大经济发展走廊，外资可获得100%股份；马来西亚政府还先后撤销了27个服务业分支领域和上市公司30%的股权配额限制，进一步开放了服务业和金融业。

（3）股权收购：马来西亚股票市场向外国投资者开放，允许外国企业或投资者收购本地企业上市，2009年政府宣布取消外资公司在马来西亚上市必须分配30%土著（Bumiputera）股权的限制，变为规定的25%公众认购的股份中，要求有50%分配给土著，即强制分配给土著的股份实际只有12.5%；此外，拥有多媒体超级走廊地位、生物科技公司地位以及主要在海外运营的公司可不受土著股权需占公众股份50%的限制。同时废除了外资委员会（FIC）的审批权，拟在马上市的外资公司直接将申请递交给马来西亚证券委员会（Security Commission）。

3. BOT方式

自上世纪80年代开始，马来西亚政府鼓励私人资本与政府合作，开展BOT（buil-operate-transfer，即建设—经营—转让，是私营企业参与基础设施建设的一种方式）项目建设与运营，降低政府公共开支的负担。此类项目主管部门是马来西亚首相府经济计划署（Economy Planning Unit，EPU）主要负责经济发展规划和项目立项；2010年又设立了公私合作署（Public Private Partnership Unit，3PU）负责公私合营项目协调。

马来西亚政府在政策层面大力支持BOT项目的开展，并积极修订有关法律，使国内法律环境与国际接轨。20世纪80年代，马来西亚修订《宪法》并通过《联邦道路法案》，为高速公路项目BOT扫清障碍；90年代修订《电力供应法案》和《电力管理条例》，为私营电站建设和运营提供法律保障；2005年通过并于2006年开始实施的《仲裁法案》修订了1952年的《仲裁法》，为外资进入马来西亚本地BOT项目市场打通了最后一个环节。

马来西亚公路、轨道交通、港口、电站等BOT项目专营年限一般为30年左右。A.P.穆勒—马士基集团（A.P.Moller-Marsk，丹麦）曾与马来西亚政府及柔佛州港务局合作，建设和运营柔佛州丹绒帕拉帕斯港（1995—2025）。

（二）马来西亚的FDI优惠政策框架

马来西亚投资政策以《1986年促进投资法》、《1967年所得税法》、《1967年关税法》、《1972年销售税法》、《1976年国内税法》以及《1990年自由区法》等为法律基础，这些法律涵盖了对制造业、农业、旅游业等领域投资活动的批准程序和各种鼓励与促进措施。

2010年，马来西亚政府出台了一系列新举措以促进投资增长，包括：设立国家投资委员会（National Committee on Investments，NCI），由马来西亚贸工部部长和总理府绩效管理实施署署长作为联席主席，委员由财政部、总理府经济计划署、央行、绩效管理实施署、贸工部、投资发展局、统计局的官员组成，负责实时审批投资项目；将投资发展局企业化，授予更多权限，以提高该机构施政灵活性，吸引更多投资；修订了《促进行动及产品列表》（即鼓励外商投资产业目录）；关注五大经济发展走廊吸引投资情况，强化各走廊发展局的职能。

鼓励政策和优惠措施主要是以税务减免的形式出现的，分为直接税激励和间接税激励两种。直接税激励是指对一定时期内的所得税进行部分或全部减免；间接税激励则以免除进口税、销售税或国内税的形式出现。

1. 新兴工业地位（Pioneer Status，PS）

获得新兴工业地位（Pioneer Status，PS）称号的企业可享受为期5年的所得税部分减免，仅需就其法定收入的30%征收所得税。

（1）投资税务补贴（Investment Tax Allowance，ITA）：获得投资税务补贴的企业，可享受为期5年合格资本支出60%的投资税务补贴。该补贴可用于冲抵其纳税年法定收入的70%，其余30%按规定纳税，未用完的补贴可转至下一年使用，直至用完为止。享受新兴工业地位或投资税务补贴的资格是以企业具备的某方面优势为条件的，包括较高的产品附加值、先进的技术水平以及产业关联等，符合这些条件的投资被称为"促进行动"（promoted activities）或"促进产品"（promoted products）。马来西亚政府还专门制订了有关制造业的《促进行动及产品列表》。除制造业外，两项鼓励政策均可适用于其他行业申请，如农业、旅游业及与制造业相关的服务业等。

（2）再投资补贴（Reinvestment Allowance，RA）：再投资补贴主要适用于制造业与农业。运营12个月以上的制造类企业因扩充产能需要，进行生产设备现代化或产品多样化升级改造的开销，可申请再投资补贴。合格资本支出额60%的补贴可用于冲抵其纳税年法定收入的70%，其余30%按规定纳税。

（3）加速资本补贴（Accelerated Capital Allowance，ACA）：在使用了15年的再投资补贴后，再投资在"促进产品"的企业可申请加速资本补贴，为期3年，第一年享受合格资本支出40%的初期补贴，之后两年均为20%。除制造业外，加速资本补贴还适用于其他行业申请，如农业、环境管理及信息通讯技术等。

（4）农业补贴（Agricultural Allowance，AA）：马来西亚的农业企业与合作/社团除了农业《促进行动及产品列表》外，也可申请新兴工业地位或投资税务补贴的优惠。《1967年所得税法》规定，投资者在土地开垦、农作物种植、农用道路开辟及农用建筑等项目的支出均可申请资本补贴和建筑补贴。考虑到农业投资计划从开始到农产品加工的自然时间间隔，大型综合农业投资项目在农产品加工或制造过程中的资本支出还可单独享受为期5年的投资税务补贴。

2. 多媒体超级走廊地位（MSC Status）

马来西亚政府于1996年推出了信息通讯技术计划，即多媒体超级走廊（Multimedia Super Corridor，简称MSC），目标是成为全球信息通讯产业中心。经多媒体发展机构（Multimedia Development Corporation）核准的信息通讯企业可在新兴工业地位基础之上，享受免缴全额所得税或合格资本支出全额补贴（首轮有效期为5年），同时在外资股权比例及聘请外籍技术员工上不受限制。

3. 运营总部地位（Operational Headquarters Status）、国际采购中心地位（International Procurement Centres Status）和区域分销中心地位（Regional Distribution Centres Status）

为进一步加强马来西亚在国际上的区域地位，经核准的运营总部、区域分销中心和国际采购中心除了100%外资股权不受限制以外，还可享受为期10年免缴全额所得税等其他优惠。

4. 行业鼓励政策

（1）清真食品加工及认证：凡生产清真食品的公司，自符合规定的第一笔资本支出之日起5年内所发生符合规定资本支出的100%，即可享受投资税赋减。

（2）多媒体超级走廊公司：为了成为全球信息与通讯技术产业的中心，马来西亚政府于1996年创建了信息与通讯技术计划，即多媒体超级走廊。所有取得多媒体超级走廊地位的公司都可享受马来西亚政府提供的一系列财税、金融鼓励政策及保障，主要包括：提供世界级的硬体及资讯基础设施；无限制地聘请国内外知识型雇员；公司所有权自由化；长达10年的税收豁免政策或5年的财税津贴等。

（3）鼓励发展生物科技：马来西亚2007年财政预算报告宣布了一系列新举措，鼓励在生物科技领域的投资，推动生物科技的发展。投资鼓励政策包括：第一，生物科技公司从首年盈利开始，免交10年所得税；第二，从第11年开始缴纳20%的所得税，优惠期仍为10年；第三，在生物科技领域进行投资的个人和公司，将减去与其原始资本投资相等的税收，并获得前期的融资支持；第四，生物科技公司在进行兼并或收购时，可免征印花税，并免交5年的不动产收益税；第五，用于生物科技研究的建筑物可获得有关的工业建筑物津贴。

（4）其他行业：马来西亚2013年政府预算案特别提出几个行业领域的鼓励政策：

①国家关键经济领域（NKEAs）：2013年拨款30亿马币用于国家关键经济领域内的"切入点计划"。其中15亿马币用于棕榈油、橡胶以及其他高价值作物等农业项目；5亿马币用于巴生河美化工程；为改善供水与污水处理系统，额外增加3亿马币用于天供水管道改造更新。

②国内投资：为进一步推动中小企业发展，拨款10亿马币设立国内投资策略基金，由投资发展局（MIDA）监管。此外，收购外国公司或小型内资服务类企业合并为大型企业，均可享受额外税务优惠。

③中小企业：为进一步推动中小企业发展，拨款10亿马币设立中小企业基金，由中小企业银行（SME Bank）监管，提供融资支持。

④清真产业：为进一步推动清真产业发展，中小企业银行（SME Bank）与伊斯兰发展银行（Islamic Development Bank，IDB）联合提供2亿马币资金用于支持重点清真产品开发及生产。

⑤油气产业：为鼓励私营资本参与油气行业投资，规定土地购置及公私合作项目可享受为期10年免交全额所得税、预扣税及印花税；投资炼油项目可享受为期10年的投资税务全额补贴。

⑥研发：进行研究成果商业化的企业可享受为期10年免缴全额所得税，其母公司可享受对其全部投资的等额税务补贴。

⑦天使投资：对创业企业的全部投资可用于等额充抵其应纳税收入。

(三)马来西亚吸引FDI的优势

马来西亚政府欢迎和鼓励外国投资者对其制造业及相关服务业进行投资，近年来一直致力于改善投资环境、完善投资法律、增强投资激励，以吸引外资进入马来西亚相关行业。由于马来西亚投资法律体系完备且与国际通行标准接轨、各行业操作流程较为规范，目前已有来自40多个国家的共计5 000多家公司将马来西亚作为其海外基地。①马来西亚投资环境的竞争优势具体体现在以下五个方面：

1. 地理位置优越，基础设施齐备

马来西亚是坐落在东南亚地区中心位置的海洋之国，位于亚洲大陆和东南亚群岛的衔接部分，地处两大洲、两大洋相交的十字中心。南北连接亚洲和大洋洲，东西通往太平洋和印度洋。尤其，马来半岛西临著名的马六甲海峡，正好扼住两大洋之间交通的咽喉，地理位置得天独厚，可以辐射东盟、印度、中东市场。

马来西亚的基础设施比较完善，能较好地为各类投资者服务。截至2011年，马来西亚公路总长15.7万千米，主要城市中心、港口和重要工业都有高速公路连接沟通；铁路贯穿半岛南北，具备运送多种货物的能力；有8个国际机场和若干国内航线，是东南亚重要的空中枢纽之一；马来西亚95%的贸易通过海运完成，有7个主要国际港口，其中巴生港频临马六甲海峡，是东南亚集装箱的重要转运中心；通信方面，固定电话、移动电话、互联网、邮政局均得到普及。根据第十个五年计划，马来西亚将对包括网络、港口、铁路、机场在内的国家基础设施领域加大投入，目标是建成世界级的基础设施，这也为外资投向基础建设和开展工程承包提供了契机。

2. 自然资源丰富，人力资源素质较高

马来西亚自然资源和矿物资源都非常丰富。经济作物主要有油棕、橡胶、水稻、蔬菜、可可、椰子、胡椒等，产量和出口量居世界前列。马来西亚已探明的矿产有30多种，主要矿产资源有石油、天然气、煤、锡、铁、铜、金和稀土等。采矿业以开采石油、天然气为主。石油储量丰富，截至2010年已探明原油储量59亿桶。天然气储量丰富，已探明天然气储量2.59万亿立方米。

---

① 中国商务部网站：《对外投资合作国别(地区)指南：马来西亚(2013年版)》，http://www.mofcom.gov.cn/。

截至2012年，马来西亚总人口约2 932万人，是个人口年轻化的国家，拥有大批年轻、受教育程度和生产技能较高的劳动力资源。35岁以下人口占总人口的64.8%，劳动年龄人口占总人口的68.4%，国民识字率为93.7%。截至2010年底，全国约有182万外籍劳工，主要所属领域有制造业、建筑业、种植业及部分服务业。[①]2012年5月，马来西亚公布最低薪金制度，西马最低薪金为每月900马币，东马为每月800马币，劳动力工资成本水平在世界市场上属于偏低。

3. 经济基础稳固，经济增长前景较好

马来西亚是由13个州和3个联邦直辖区组成的联邦体制国家，是东南亚国家联盟的创始国之一，也是环印度洋区域合作联盟、亚洲太平洋经济合作组织、大英联邦成员国之一，有着稳固的内部政体和区域优势。世界经济论坛《2012—2013年全球竞争力报告》显示，马来西亚在全球最具竞争力的144个国家和地区中，排名第25位，列东盟国家第二位、亚太区域第八位。

近年，来马来西亚新推出国家发展规划，鼓励外资政策力度逐步加大。为平衡区域发展，政府陆续推出五大经济发展走廊（"五大经济走廊"计划），基本涵盖了西马半岛大部分区域以及东马的两个洲。"大吉隆坡"计划涵盖了位于吉隆坡—巴生河谷流域、吉隆坡附近10个城市，马来西亚计划从基础设施、人民收入和居住环境三方面着手，将吉隆坡打造成为世界前二十大适合居住的国际大都市之一。马来西亚政府于2011年开始执行第十个五年计划，主题是"经济繁荣与社会公正"，拟将私营经济和创新行业作为推动经济发展的主要动力，进一步改善社会环境，提高生产力和国家竞争力，确保社会整体经济的可持续发展，从而实现2020年使马来西亚成为高收入国家的"2020宏愿"。

4. 参与全球贸易自由化程度较高

马来西亚于1957年加入《关税和贸易总协定》，是世界贸易组织（WTO）的创始成员国。马来西亚是1967年8月东南亚国家联盟（东盟，ASEAN）的创始成员国，自2002年起东盟国家开始启动自由贸易区建设，在区域内部实现贸易零关税。2010年1月1日，中国—东盟自由贸易区全面建成，绝大部分商品降到零关税。截至2012年，马来西亚已与日本、巴基斯坦、新西兰、印度、智利及澳大利亚签署了双边自由贸易协定（FTA）。马来西亚作为东南亚国家联盟的成

---

① 周婧、刘静：《中国企业对马来西亚投资现状与前景分析》，载《现代商贸工业》，2013年第19期，第74页。

员，已与中国、日本、韩国、印度以及澳新（澳大利亚新西兰）签署了区域自贸协定。

马来西亚位于东南亚的中心位置，其主要辐射的市场范围是东盟其他国家、中东穆斯林国家，以及主要的贸易伙伴美国、日本、中国、欧盟、韩国、澳大利亚和印度等。

5. 民族关系比较融洽，政治动荡风险较低

2014年马来西亚全国人口突破3 000万，其中马来人为最大族群，其次为华人、印度人及马来土著。人民享有宗教自由，多种语言、文化并存。人均寿命男性为72.6岁，女性为77.2岁。人类发展指数（HDI）为0.769（2013年统计），全球排名第64名，处于高水平。马来西亚实行君主立宪议会民主制，以巫统为首的执政党联盟"国阵"长期执政。马来人占政治主导地位，"马来人优先"的主体意识导致其与非马来人之间产生民族矛盾，成为马来西亚现代化建设中不可回避的敏感复杂问题。

马来西亚历届政府能够以务实的态度，以国家稳定为重，根据现实情况及时制定、调整民族政策，最终从总体上维护了国家的安定和团结。2010年，第六任总理纳吉提出了"一个马来西亚"的施政理念，强调平等、自由是政府开展工作的重要原则。随着多元民族政党的出现，社会利益集团的划分将逐渐打破民族的界限，社会成员开始以阶层为单位主张诉求。整体而言，马来西亚国内的族群关系趋于稳定。[①]

二、马来西亚吸收 FDI 概况

马来西亚政府一直欢迎外商在制造业领域的投资。20世纪70年代推行出口导向型政策后，欧美和日本部分制造加工业转移到马来西亚。1997年亚洲金融危机爆发后，马来西亚受到较大冲击，尽管采取了征收撤资税等措施，外来投资还是呈下滑趋势。进入21世纪，随着对贸易、投资的不断开放、谨慎的宏观经济政策的实施以及在关键领域采取结构改革，马来西亚经济得以恢复并取得较大发展，外商投资日趋活跃，已成为推动马来西亚经济发展的重要因素。

2012年，外商在马来西亚制造业领域的投资主要集中在运输设备、化学原料

---

① 龚晓辉、蒋丽勇、刘勇等编著：《马来西亚概论》，广州：世界图书出版公司，2012年版，第72—73页。

及制品、石化产品、电子电器、基本金属制品等行业。经马来西亚国际贸易与工业部(MITI)批准的制造业直接投资总额为410亿马币(约合134亿美元),其中外资为208亿马币(约合68亿美元),内资达202亿马币(约合66亿美元),前十大外资来源地是日本、沙特阿拉伯、新加坡、中国、韩国、法国、挪威、印度、荷兰及德国。2013年全球外国直接投资增长11%,东南亚国家仅为2.4%。与之相比,马来西亚吸引外资表现出色,2013年外来直接投资额创新高,达387.7亿马币,同比增长24%。吸引外资的主要领域为制造业(占37.6%)、服务业(占28.8%)及矿业(占28.7%),服务业则主要集中在金融保险及信息通信行业,前五大外资来源地分别为日本、新加坡、荷兰、中国香港及英属维珍群岛。2014年1—5月,政府批准制造业投资417亿马币,同比增长100.5%,预计全年投资总额可达550亿马币。主要投资领域包括化学和化工(144亿马币)、基本金属(68亿马币)、石油和石油化工(68亿马币)、电子和电器(64亿马币)、食品制造(12亿马币)和交通运输设备(10亿马币),投资额共计366亿马币,占比87.8%。从投资来源看,批准国内投资165亿马币,占比39.7%;外资252亿马币,占比60.3%,来源地依次为日本、中国、德国、新加坡、南非。[①]

目前,在马来西亚投资的世界著名跨国企业较多,例如戴尔、英特尔、索尼、松下、三星等。

三、马来西亚的海外投资

马来西亚政府对本国资本的海外投资也持积极鼓励态度。2013年,马来西亚企业海外投资额达1 328亿马币,其中服务业超过50%,采矿及采石业、农业、制造业和建筑业分别占29%、8%、6%、1%。目前确定的具有增长潜力的海外投资行业包括橡胶、能源、制造业、房产开发、纺织品及服装。2013年亚太区国家对外投资达1 779.1亿美元,全球占比32.5%,是全球主要资金来源,排名前三的分别是日本、中国香港、中国,而印度、泰国、马来西亚分列第四、第九和第十位。2014年统计数据表明,马来西亚已成为非洲第三大投资国,从投资额来看仅次于法国和美国。据联合国贸易和发展会议统计,过去10年来,马来西亚对全

---

① 《对外投资合作国别(地区)指南:马来西亚》(2013年版),中国商务部网站:http://www.mofcom.gov.cn/。

球的直接投资规模增加4倍以上，截至2011年达1060亿美元，其中193亿美元投向非洲，在非洲投资的马来西亚企业主要有国家石油公司和森那美公司等大型跨国公司。

四、中国与马来西亚的投资关系

总体而言，中国对马来西亚的投资远比不上马来西亚对中国的投资，但就这几年来看，中国在马来西亚的投资呈现良好的上升趋势，主要体现在房地产和油气资源领域。马来西亚正着力打造六大经济走廊，着力吸引中国投资者到马来西亚的产业园投资。

（一）双向投资

马来西亚对华投资始于1984年，1996年达到历史最高水平，当年实际投入资金4.6亿美元。根据中国商务部统计，2012年马来西亚对华投资3.18亿美元，截至2012年底对华投资总额为63.27亿美元。2012年当年，中国对马来西亚直接投资流量1.99亿美元，截至2012年末，中国对马来西亚直接投资存量10.26亿美元。

（二）承包劳务

2012年中国企业在马来西亚新签承包工程合同72份，新签合同额36.15亿美元，完成营业额23.73亿美元；当年派出各类劳务人员6105人，年末在马来西亚劳务人员达8991人。新签在型工程承包项目包括中国水利水电建设股份有限公司承建的丰盛港填海项目，华为技术有限公司承建的马来西亚电信，中国中铁股份有限公司承建的吉隆坡新捷运地下MRT工程等。

（三）重要合作项目

中国在马来西亚投资合作的重点项目有广垦集团橡胶种植项目、华为公司通讯项目以及首钢集团统合钢厂项目等。新签大型项目包括长江三峡技术经济发展有限公司承担的沐若水电站工程建议项目、马中关丹产业园项目和南车株洲电力机车有限公司在马来西亚设立东盟制造中心等。马来西亚资本在中国投资开办的比较著名的项目有马来西亚金狮集团投资的百盛（Parkson）商场，马来西亚郭氏兄弟集团在中国投资开办的香格里拉酒店等。①

---

① 《对外投资合作国别（地区）指南：马来西亚》（2013年版），中国商务部网站：http://www.mofcom.gov.cn/。

第三节　经济特区的发展

一、五大经济特区及鼓励政策

近年来，马来西亚政府鼓励外资政策力度逐步加大，为平衡区域发展，陆续建设五大经济发展走廊，基本涵盖了西马半岛大部分区域以及东马的两个州，凡投资该地区的公司，均可申请5—10年免缴所得税，或5年内合格资本支出全额补贴。根据具体区域实际情况，联邦政府制定了不同的重点发展行业：

（一）伊斯干达开发区（Iskandar Malaysia）

位于马来半岛南端柔佛州，占地面积约2 200平方千米，重点推动服务业成为经济发展的关键动力。鼓励投资行业包括：旅游服务、教育服务、医疗保健、物流运输、创意产业及金融咨询服务等。

（二）北部经济走廊（Northern Corridor Economic Region，NCER）

涵盖了马来半岛北部玻璃市州、吉打州、槟州及霹雳州北部区域，占地面积约1.8万平方千米，重点鼓励投资行业包括农业、制造业、旅游及保健、教育及人力资本和社会发展等。

（三）东海岸经济区（East Coast Economic Region，ECER）

包括东海岸吉兰丹州、登嘉楼州、彭亨州及柔佛州的丰盛港地区，占地面积约6.7万平方千米，重点鼓励投资行业包括旅游业、油气及石化产业、制造业、农业和教育等。2012年最受关注的项目是中马两国合作开发的马中关丹产业园区。2013年2月，中国政协主席贾庆林与马总理纳吉布共同出席了园区启动仪式。

（四）沙巴发展走廊（Sarawak Development Corridor，SDC）

涵盖了东马沙巴州大部分地区，占地面积约7.4万平方千米，重点鼓励投资行业包括旅游业、物流业、农业及制造业等。

（五）沙捞越再生能源走廊（Sarawak Corridor of Renewable Energy，SCORE）

位于东马沙捞越州西北部，占地面积约7.1万平方千米，沙捞越州拥有丰富的能源资源，重点鼓励投资行业包括油气产品、铝业、玻璃、旅游业、棕油、木材、畜牧业、水产养殖、船舶工程和钢铁业等。

自2006年推行经济走廊计划以来，五大经济走廊已吸引投资264.5亿马币，创造了13.2万个工作机会。其中伊斯干达发展区（IDR）吸引投资额最高，达83.4亿马币，创造了5.6万个工作机会；北部经济走廊（NCER）吸引投资68.9亿马币，创造了2.6万个工作机会；东海岸经济区（ECER）吸引投资51.4亿马币，创造了2.7万个工作机会；沙巴发展走廊（SDC）吸引投资54.2亿马币，创造了1万个工作机会；沙捞越再生能源走廊（SCORE）吸引投资额8.3亿马币，创造了1.3万个工作机会。

马来西亚总理府副部长迪瓦马尼（S.K.Devamany）表示，经济走廊计划不仅通过投资发展使该区人民受益，还通过开展人力资源培训提升当地居民的经济生活水平。

（六）"大吉隆坡"计划

马来西亚"大吉隆坡"计划全线启动。大吉隆坡/巴生河谷地区（Greater KL/Kalang Valley）：经济转型计划（ETP）中提出的国家关键经济领域（NKEAs）之一，位于吉隆坡—巴生河谷流域，涵盖了吉隆坡附近10个城市，占地面积2 800平方千米。概念参考了大伦敦（Greater London）和大多伦多地区（Greater Toronto Area），计划从基础设施、人民收入和居住环境三方面着手，将吉隆坡打造成为世界前二十大适合居住的国际大都市之一。

二、特殊经济区域及鼓励政策

（一）伊斯干达经济特区

自2006年开始，马来西亚政府在其最南端、与新加坡仅一条海峡之隔的柔佛州，新开辟出首个经济特区——伊斯干达经济特区。特区面积为2 217平方千米，相当于2.5个新加坡的国土面积。伊斯干达经济特区优惠政策框架包括以下几个方面：

1. 公司所得税减免

符合条件的企业和战略性投资项目，经核准后可免缴5—10年的企业所得税，或在5年内减免70%的法定收入所得税。

2. 投资税赋减免

符合条件的企业和项目，其用于固定资产投资额的60%可在5年内抵消其应缴纳所得税的70%，或其合格资本支出的60%可在5年内从其所得税中扣除；

3. 再投资税赋减免

对于符合条件的企业，其再投资额的60%可抵消其应缴纳所得税的70%，优惠期限15年或更长；

4. 进口税、销售税和国产税减免

5. 特殊行业的优惠

在伊斯干达经济特区投资创意行业、教育、物流、财务咨询和顾问、旅游以及医疗保健等六大服务领域的公司，将不受马来西亚新经济政策的约束，不必保留30%的股份给马来人，不受外资条例约束，能够自由在全球集资，可以在经济特区内无限制聘请国外员工，并享有免缴公司税及预扣所得税的优惠，为期10年。

伊斯干达经济特区的投资领域主要集中在工业和制造业。据马来西亚政府公布的数据，截至2012年11月30日，伊斯干达经济特区已累计吸引投资1 051.4亿马元（约合337亿美元），完成特区总体规划的42%。

（二）中马钦州产业园区与马中关丹产业园

中马钦州产业园区与马中关丹产业园是首个中国政府支持的以姊妹工业园形式开展双边经贸合作的项目。2012年4月1日，中马钦州产业园区正式开园，2013年2月5日，马中关丹产业园举行了盛大的启动仪式，标志着"两国双园"模式的全面启动，将进一步推进双边各领域全方位合作。作为中国—东盟经贸合作的示范项目，"中马钦州产业园"与"马中关丹产业园"这两个姊妹园区可有效利用中马双方的资源、资金、技术和市场等互补优势，提升区域发展水平，促进中国与东盟国家间的互联互通。

1. 中马钦州产业园区（QIP）

基本规划：园区毗邻钦州保税港区和国家级钦州港经济技术开发区，国区规划面积55平方千米，计划分三期实施开发建设：一期为包含居住、产业、商业及行政办公用地的综合区，面积为15.11平方千米；二期为生活性服务中心、产业区和居住区，面积18.1平方千米；三期为智慧生态区及产业区，面积22.2平方千米。

开发模式：园区开发由中马双方牵头企业在华成立中马钦州产业园区投资合作有限公司，作为园区开发主体，由中方控股51%，马方占股49%，共同从事土地开发和园区基础设施建设。

产业指引：园区采取产业与新城融合发展、产业链与服务链共同打造的模式，合理布局工业与服务业。重点发展三类产业：一是综合制造业，包括汽车零配件加工、船舶零配件、工程与港口机械装备、食品加工、生物技术等产业；二是信息技术产业，包括电子信息产业、信息和通讯技术产业、云计算数据中心等；三是现代服务业，包括金融、大宗商品交易、现代物流仓储、教育服务等生产性服务业和服务配套、房地产等生活性服务业。

2. 马中关丹产业园（MCKIP）

（1）基本规划：产业园位于彭亨州关丹市格宾（GEBENG）工业区内，面积1 500英亩（约6.07平方千米），距关丹港仅5千米，距吉隆坡250千米，地理位置优越，交通便利。关丹港距离钦州1 104海里，航行仅需3—4天，到中国其他港口也只需4—8天时间。

（2）开发模式：由中马双方牵头企业在马成立合资公司作为产业园开发主体，由马方占股51%，中方占股49%，共同从事土地开发和基础设施建设以及后期招商工作。

（3）产业指引：十大重点产业包括：塑料及金属行业设备、汽车零部件、纤维水泥板、不锈钢产品、食品加工、碳纤维、电子电器、信息通讯、消费商品以及可再生能源。

（4）优惠政策：目前，马方对产业园提出的优惠政策主要分为财政优惠和非财政优惠两类。其中，财政优惠包括：①自第一笔合法收入起10年内100%免缴所得税，或享受5年合格资本支出全额补贴；②工业园开发、农业及旅游项目免缴印花税；③机械设备免缴进口税及销售税。非财政优惠包括：①地价优惠；②工业园基础设施相对成熟；③外籍员工政策相对灵活；④人力资源丰富。

（三）东盟东部增长区（BIMP—EAGA）

1. 增长区范围和特点

涵盖文莱全境，印度尼西亚的东加里曼丹省、西加里曼丹省、中加里曼丹省、南加里曼丹省、北苏拉维西省、南苏拉维西省、中苏拉维西省、东南苏拉维西省、马古鲁省以及伊里安省，马来西亚的沙捞越州、沙巴州和纳闽联邦直辖区，菲律宾的棉兰老岛和巴拉旺省。总面积达156万平方千米，人口5 500多万。

这一地区地理相邻，经济、宗教和文化联系密切，穆斯林人口集中，社会经济发展相对滞后，贫困居民比例较大，属欠发达地区。自然资源极为丰富，其中煤炭、石油和天然气储藏量巨大。区内主要行业为与农产品相关工业、资源基础工业和旅游业。制造业以农产品和资源的初级加工为主，旅游业具有很强的自然景观优势。

2. 组织结构

增长区作为东盟东部次区域的合作组织，由签约国家部长会议、高级官员会议、国家秘书处、工作小组、增长区商业委员会以及增长区促进中心组成。增长区的运行机制特点是成员国家各自并行，国家之间通过部长级会议、高级官员会议、国家秘书处会议沟通。增长区促进中心负责日常的工作联系。

3. 中国与增长区的合作关系

2005年9月，在文莱举行的增长区会议决定与中国建立合作伙伴关系。2005年12月，在马来西亚召开的东盟增长区会议上，中国正式成为东盟东部增长区的发展伙伴，开辟了双方合作的新渠道。2006年10月，在中国广西召开的中国—东盟建立对话关系15周年纪念峰会发表的联合声明指出，鼓励中国与东盟在支持次区域开发方面进一步加强合作，包括在东盟东部增长区等地区开发经济合作区。2009年11月13日，中国与东盟东部增长区四国签署了《经济合作框架》。

参考文献

一、中文文献

[1]查尔斯·R·戈尔德耐、J·R·布伦特·里奇、罗伯特·W·麦金托什:《旅游业教程——旅游业原理、方法和实践》,大连:大连理工大学出版社,2003年版。

[2]陈霜华:《马来西亚对外贸易战略研究》,《学术探索》,2001年第01期。

[3]陈晓律等:《马来西亚——多元文化中的民主与权威》,四川人民出版社,2000年版。

[4]陈永富、王松龄:《马来西亚森林资源可持续经营方式》,《世界林业研究》,2000年06期。

[5]迪开:《马来西亚采取措施振兴农业》,《东南亚南亚信息》,2001年05期。

[6]冯广朋:《马来西亚水产业发展现状》,《现代渔业信息》,2007年03期。

[7]龚晓辉、蒋丽勇、刘勇等编著:《马来西亚概论》,广州:世界图书出版公司,2012年版。

[8]谷源祥:《东南亚各国农业》,北京:农业出版社,1984年12月。

[9]航风:《马来西亚的热带经济作物——油棕》,《农业现代化研究》,1984年05期。

[10]黄恩胜:《赴马来西亚花卉考察报告》,《广西热作科技》,1997年04期。

[11]黄循精:《马来西亚的生产与贸易》,《世界热带农业信息》,2004年05期。

[12]黄艳:《马来西亚热带水果产销情况》,《世界热带农业信息》,2007年01期。

[13]黄志敏:《马来西亚橡胶产业考察》,《中国农垦经济》,2002年04期。

[14]李希娟:《2007年和2008年马来西亚可可的出口情况》,《世界热带农业信息》,2008年01期。

[15]李中:《工业化中的马来西亚农业》,《东南亚研究》,1994年第4、5期。

[16]廖小健:《1999年马来西亚经济展望》,《当代亚太》,1999年05期。

[17]廖小健:《2005年来马来西亚经济展望及农业政策》,《亚太经济》,2005年04期。

[18]廖小健:《2006年马来西亚政经形势回顾与展望》,《东南亚纵横》,2007年02期。

[19]廖小健:《马来西亚的农村经济发展策略》,《亚太经济》,2007年02期。

[20]廖小健:《马来西亚:2007年政治、经济与外交》,《东南亚纵横》,2008年01期。

[21]林廷卫:《马来西亚电力工业发展对我国电力工业改革发展的启示》,《电网技术》,2000年第10期。

[22]林位夫、黄华孙:《马来西亚橡胶与油棕产业考察报告》,《热带农业科学》,2002年2月,第22卷01期。

[23]刘才涌:《马来西亚港口业快速发展的现状及前景》,《世界经济》,2002年第11期。

[24]刘晓平:《马来西亚工业化:进程、战略及启示》,《东南亚纵横》,2005年第12期。

[25]马燕冰编著:《列国志:马来西亚》,北京:社会科学文献出版社,2011年版。

[26]马燕冰、张学刚、骆永昆编著:《马来西亚》,北京:社会科学文献出版社,2011年版。

[27]毛晓莉:《马来西亚旅游危机管理经验借鉴》,《东南亚纵横》,2006年第10期。

[28]倪建平、金千瑜:《马来西亚水稻生产、技术及经营考察》,《中国稻米》,2008年02期。

[29][澳]普雷马-詹德拉·阿图科拉拉:《马来西亚的贸易政策:自由化过程、保护结构和改革议程》,《南洋资料译丛》,2006年第3期。

[30]盘欢:《亚洲11国木薯生产概况》,《广西热带农业》,2009年05期。

[31]秦文:《马来西亚发展工业区》,《世界科技研究与发展》,1992年第01期。

[32]青木昌彦等:《政府在东亚经济发展中的作用》,北京:中国经济出版社,1998年版。

[33]邱孝益:《马来西亚政府促销旅游产品》,《映望新闻周刊》,2002年第7—8期。

[34]沈红芳:《马来西亚工业化政策及其发展模式:从比较研究的视角》,《南洋问题研究》,2007年第02期。

[35]汪舟:《1999—2000年泰国、马来西亚的经济发展与展望》,《南洋资料译丛》,2000年04期。

[36]王博:《30万元安家马来西亚——访马来西亚驻华商务参赞阿卜巴喀·尤斯夫》,《新财经》,2007年第08期。

[37] 王国平：《马来西亚的种植业》，《东南亚》，1998年01期。

[38] 王惠君等：《橡胶综述》，《安徽农业科学》，2006年13期。

[39] 王勤：《东盟五国产业结构的演变及其国际比较》，《东南亚研究》，2006年第06期。

[40] 王泰奇：《马来西亚的工业发展、新经济政策与国际分工》，《南洋资料译丛》，1991年第02期。

[41] 韦红：《马来西亚农业发展的困境及政府对策》，《社会主义研究》，2005年05期。

[42] 韦朝晖：《在经济政治海啸中发展——马来西亚2008—2009年回顾与展望》，《东南亚纵横》，2009年03期。

[43] 韦朝晖：《马来西亚：2009年回顾与2010年展望》，《东南亚纵横》，2010年04期。

[44] 韦朝晖：《马来西亚：2010—2011年回顾与展望》，《东南亚纵横》，2011年03期。

[45] 韦朝晖：《马来西亚：2011—2012年回顾与展望》，《东南亚纵横》，2012年03期。

[46] 韦朝晖：《马来西亚：2012—2013年回顾与展望》，《东南亚纵横》，2013年04期。

[47] 魏小安：《旅游政策与法规》，师范大学出版社，2009年版。

[48] 吴崇伯：《东南亚国家的粮食生产与粮食政策》，《东南亚南亚研究》，2012年03期。

[49] 吴定保：《马来西亚大力振兴农业》，《国际商报》，2001年02月13日，第004版。

[50] 吴厚玖：《马来西亚的水果生产》，《中国南方果树》，1996年04期。

[51] 吴立新：《马来西亚的畜牧业概况》，《山东畜牧兽医》，2004年03期。

[52] 谢龙连：《马来西亚油棕业发展概况》，《世界热带农业信息》，2006年09期。

[53] 羊荣伟：《赴马来西亚、泰国考察橡胶产业的报告》，《海南农垦报》，2010年2月27日，第002版。

[54] 姚元园：《马来西亚天然橡胶业的发展现状与趋势》，《东南亚南亚研究》，

2012年第03期。

[55]张应文、高国梁:《马来西亚上半年经济形势综述及下半年预测》,《国际商报》,2005年09月13日报道。

[56]赵洪:《马来西亚农业发展的成就与问题》,《世界农业》,1998年04期。

[57]郑焕宇:《马来西亚的农业》,《东南亚研究资料》,1981年01期。

[58]郑焕宇:《马来西亚油棕业》,《东南亚研究资料》,1984年01期。

[59]周婧、刘静:《中国企业对马来西亚投资现状与前景分析》,《现代商贸工业》,2013年第19期。

[60]周敏毓:《马来西亚的天然橡胶业》,《世界农业》,1999年11期。

[61]朱振明:《当代马来西亚》,成都:四川人民出版社,1995年10月。

[62]《马来西亚3家油棕公司拟购买印度尼西亚种植园》,《世界热带农业信息》,2013年12期。

[63]《推动可可种植:马来西亚柔佛州打造巧克力州》,《时代金融》,2014年04期。

[64]《马来西亚胡椒局鼓励小园主采取新科技种植胡椒》,《世界热带农业信息》,2013年09期。

[65]《马来西亚积极发展畜牧业》,《东南亚南亚信息》,1995年12期。

[66]《马来西亚工业化的进展和对外贸易结构的变化》,《南洋资料译丛》,1980年第01期。

二、英文文献

[1]Azizan Marzuzi: Tourism Development in Malaysia. A Review On Federal Government Policies, Theoretical and Empirical Researches in Urban Management, 2010(11).

[2]Central Bank of Malaysia. Financial Sector Blueprint 2011—2020.

[3]Department of Statistics, Malaysia. Malaysian Economic Indicators.

[4]Economist Intelligent Unit. Country Report: Malaysia, January 2012.

[5]Jomo K. S, Growth and Stmctural Changes in the Malaysian Economy, Macmillan, 1990.

[6]Mody, Ashoka: Infrastructure strategies in East Asia: the untold story. Washington

D. C. : The World Bank. 1997: 35.

[7] R. J. G. Wens: Tourism planning in apresently developing country-The case of Malaysia, Tourism Management, 1982 (3).

[8] World Bank: Malaysia Country Profile, 2011.

三、网站

[1] 中华人民共和国外交部网站: http: //www. fmprc. gov. cn。

[2] 中国商务部网站: http: //www. mofcom. gov. cn/。

[3] 中国驻马来西亚大使馆经济商务参赞处: http: //my. mofcom. gov. cn/。

[4] 中国—东盟自由贸易区: http: //www. cafta. org. cn/。

[5] 中国—东盟中心网: http: //www. asean-china-center. org/。

[6] 中国建材网: http: //www. bmlink. com/。

[7] 中国粮油网: http: //www. grainnet. cn/。

[8] 中国商品网: http: //ccn. mofcom. gov. cn/。

[9] 中国酚醛树脂网: http: //www. shengyidi. com/。

[10] 中国钢企百科网站: http: //baike. gqsoso. com/。

[11] 360百科网: http: //baike. so. com/。

[12] 大马经济网: http: //www. malaysiaeconomy. net/。

[13] 九正建材网: http: //news. jc001. cn/。

[14] 马来西亚棕榈油局官网: http: //bepi. mpob. gov. my/index. php/statistics/area. html。

[15] 煤炭网站: http: //www. coal. com. cn/。

[16] 南博网站: http: //malaysia. caexpo. com/。

[17] 日本贸易振兴机构网站: http: / /www. jetro. go. jp /。

[18] 商务部商品网: http: //www. mofcom. gov. cn/。

[19] 上海情报服务平台网站: http: //www. istis. sh. cn/。

[20] 生意社网站: http: //www. 100ppi. com/。

[21] 搜狐网站: http: //business. sohu. com/。

[22] 铁业咨询网站: http: //www. ironzx. com/。

［23］冶金网站：http：//www. yejinye. com/。

［24］Overview of MICE in Malaysia Monda：http//www. micedirectory. com. my/.

［25］MATRADE：http：//www. matrade. gov. my/.

［26］Visit Malaysia Year 2014：http：//www. tourism. gov. my/.

后　记

　　马来西亚是一个新兴的多元化经济国家，社会、经济发展迅速。人均GDP达10 060美元，正努力朝高收入国家迈进。马来西亚地理位置接近赤道，属热带海洋性气候，拥有多样化的自然生态环境、自然资源和矿产资源丰富。全国人口突破3 000万，其中马来人为最大族群、其次为华人、印度人以及东马土著。人民享有宗教自由，多种语言、文化并存。马来西亚实行以巫统为首的执政党联盟"国阵"长期执政，马来人占政治主导地位，政局较稳定。中马两国关系一直发展良好，2013年5月两国一致同意将中马战略性合作关系提升为全面战略伙伴关系，这标志着双方在贸易、投资、旅游、教育、金融服务业、基础设施建设等各领域的合作将迈上新台阶。

　　本课题组在广泛借鉴国内外对马来西亚研究成果的基础上，及时追踪新情况分析新变化，编著出《马来西亚经济社会地理》一书。在撰写过程中，作者注重历史与时效相结合，事实描述与分析评论相结合，图表数据和文字解释相结合，力求做到体例合理、论述完整、资料新颖。本书共分为六章，系统论述了马来西亚的自然地理、经济区划、人口地理、农业的发展和布局、工业的发展和布局、交通运输业、旅游业、对外贸易、外国直接投资等问题。我们希望本书能使读者了解有关马来西亚经济社会地理的基本情况和最新信息，为中马两国进一步交流合作提供准确翔实的参考。

　　本书由华南农业大学人文与法学学院的钟继军、唐元平共同主持编著，负责全书写作框架的拟定，指导全书的撰写、统稿和审稿工作。华南农业大学人文与法学学院的唐元平、袁野撰写了第一章；唐元平、向征撰写了第二章；袁海燕、黄仕琦撰写了第三章，厦门市华侨博物馆林翠茹撰写了第四章，华南农业大学人文与法学学院的林玲撰写了第五章，大连海事大学轮机学院的钟一鸣撰写了第六章。作为马来西亚经济和社会方面的国情普及读物，本书适合大学本科生和硕士研究生参考使用，也可供一般读者了解马来西亚经济与社会文化知识。

　　本书从课题规划、提纲设计、内容撰写到出版编辑的全过程，得到了中国出版集团世界图书出版公司的大力支持。在本书的写作过程中，课题组广泛参考并吸收了国内外学者的主要研究成果及其观点，并得到了国内外诸多同行的热情相助，在此一并表示感谢。由于作者水平有限，对于书中错误和不足之处，恳请各位专家批评指正。

作　者

2014年10月

于华南农业大学